정 우 향

정우향은 프랑스 후앙(Rouen)에서 외국어로서의 프랑스어 교육학(FLE) 석사학위를, 서울대학교 사범대학 불어교육과에서 교육학 박사학위를 받았으며, 현재 한국교원대학교 불어교육과 교수로 재직하고 있다. '프랑스어와 프랑스 문화교육, 상호문화교육, 읽기교육, 의사소통능력, 언어적 약자' 등이 연구 주제이다.

『바흐친의 대화주의와 외국어 읽기 교육』(2011 문화관광부 우수학술도서), 『소통의 외로움』(2013), 「한국 대학의 FLE 문화교육과 '시간'의 문화적 특성」(2017), 「FLE 문화교육에서 교수자 질문 구성의 주안점」(2018) 등과 같은 다수의 저서와 논문을 썼다.

표지 그림 최 철 ┃ 또 다른 풍경, Acrylic on canvas, 100x100cm, 2017년 작

홍익대학교 회화과를 졸업하고 프랑스 파리 1대학 판데옹 소르본 조형예술학 박사학위를 받았으며 현재 한국교원대학교 미술교육과 교수로 재직하고 있다. 41회의 개인전과 다수의 단체전, 국립현대미술관 고양미술창작 스튜디오 레지던스 프로그램 등에 참여 하였고, 현재 파주출판단지에서 작업활동을 하고 있다.

본문 그림 윤수현

윤수현은 7살 때부터 동네 미술학원을 다녔으며 그림을 통해 세상을 관찰하고, 자신을 표현하였다. 덕원예고 미술과를 거쳐 현재 성신여대 서양화과에 재학 중이며 미래에도 그림을 그리는 화가로 살고자 한다.

회복탄력성 • 소통 • 신자유주의

소통의 시선

지은이	정우향
초판발행	2019년 10월 29일

펴낸이	배용하
삽화	윤수현
등록	제364-2008-000013호
펴낸 곳	도서출판 대장간
	www.daejanggan.org
등록한 곳	충청남도 논산시 가야곡면 매죽헌로1176번길 8-54
편집부	전화 (041) 742-1424
영업부	전화 (041) 742-1424 전송 0303-0959-1424

분류	교육 | 언어 | 소통
ISBN	978-89-7071-499-8 93370
CIP제어번호	CIP2019041784

 값 20,000원

회복탄력성 · 소통 · 신자유주의

소·통·의·시·선

정 우 향 지음

펼침이 좋고 오래 보관할 수 있도록
전통적인 사철 방식으로 제작했습니다

회복탄력성

●

소통

●

신자유주의

차 례

세상의 자료들을 바라보는 교사의 시선

이 책은 2019년 한국교원대학교에서 필자가 담당하였던 '문화콘텐츠 교육론'이란 대학원 수업의 강의 노트와 그동안 읽어왔던 독서의 결과물이다. 언제나 귓가를 맴도는 땅 밑에 흐르는 이상한 물소리, 헨리 소로우가 들었다던 북소리를 나도 들어, 나는 가만히 있을 수 없어, 글을 쓰고, 학생들을 이해하려 애쓰고, 그 과정에서 쌓인 조그만 지식이나마 나누려한다.

세상에 가득찬 동영상이나 책, 작품을 교육 자료로 활용할 때 어떤 주제들이 중요한가를 고민해보면서 나는 '회복탄력성'과 '의사소통능력'과 '신자유주의'라는 세 가지 개념에 주목하였다. 우리에게는 수업 시간에 교육 자료들로 활용할 수 있는 다양한 문화 콘텐츠들이 주변에 널려 있다. 세상의 콘텐츠들은 교사에게는 잠시나마 아이들을 집중하게 할 수 있는 훌륭한 교육 자료이다. 그 자료들을 선별할 때 교사에게는 '무엇이 중요하고 가치가 있는지'를 볼 수 있는 안목이 필요하다. 우리가 가르치는 아이들을 생각해보자. 오늘날, 우리 아이들에게 다급하게 필요한 것은 무엇일까?

전쟁의 폐허를 딛고 눈부신 경제 발전을 이루어 낸 대한민국에서는 예전과 같은 절대 빈곤이나 기아의 시대는 끝나가고 있는지 모른다. 그러나 2019년, 우리의 인간성과 영혼에 관해 살펴보자면, 현대의 시대는 어른들이나 아이들에게 우호적인 환경은 아니다. 과학과 기술의 급속한 발전에 걸맞는 적절한 윤리를 준비하지 못하였고, 돈과 사적 이익만 중요시하는 신자유주의 경제 체제, 약육강식의 사회 속에서 파울 페르하에허의 말처럼 우리는 '역사상 가장 기분 나쁜' 사이코 패스가 되어가고 있는지 모른다.

자기 자신도 추스르기 힘들고 가치관이 혼란스럽고, 여러 가지 경제난과 관계의 어려움에 처해있는 부모들 밑에서 우리 아이들이 자라고 있다. 예전처럼 부모의 부족함을 어느 정도 보상해주었던 할머니 할아버지와의 친밀한 관계나 다른 친인척들 간

의 교류는 거의 사라져간다. 도시의 놀이터에는 놀 친구가 없고, 유튜브나 인터넷에는 규제되지 않은 선정물과 폭력 게임 등이 넘쳐난다.

우리는 우리의 몸을 편하게 해주고, 무한한 정보에의 접속과 통신을 가능하게 하는 첨단 기술 환경들과 물질적 풍요 속에서 살면서 오히려 예전보다 덜 행복해하며, 점점 더 돈을 '신'으로 삼고, 고립되어가며, 인간성은 황폐해가는 징후를 보인다. 이런 세상과 어른들을 닮으면서 우리 아이들은 매순간 병들어 가고 있다. 일찍이 이오덕 선생님이 말씀하신 것처럼 '아이들을 살려야 한다'를 매일매일 가슴에 새겨야 그 망가지는 속도라도 늦출 수 있는 시점인지 모른다. 이런 생각으로부터 문화 콘텐츠 자료들을 선택할 때 교사들이 주목해야 할 주제들은 무엇일까 하는 고민에서 이 책은 시작되었다. 이 책에서 다룬 '회복탄력성, 소통, 신자유주의'는 우리 아이들이 자라나는 시대적 환경에서 특히 중요하고 다급해보이기까지 한 주제들이다.

'의사소통능력'은 필자의 오랜 관심사이지만 '회복탄력성'과 '신자유주의'라는 주제는 사실 심리학이나 경제학에 걸친 광범위한 주제이며 이것에 대해 말한다는 것은 필자의 능력을 벗어난다. 그러나 교육 현장에서 만나는 학생들을 관찰하고, 내 아이를 관찰하고, 초중고 선생님들과 이야기를 나누어 본 결과, 이 주제들에 대해서 정리해보는 것이 우리 교사들에게 반드시 필요하다는 확신을 하게 되었다. 더불어 이 개념들이 인터넷에서 수많은 동영상 자료 등의 교육 자료들을 선별할 때, 교과 및 비 교과목을 지도할 때, 뭔가 방향성을 줄 수 있으리라는 기대가 생겼다.

그때만 해도 나는 책을 잘 읽지 못했다. 동급생들은 글자를 어떻게 발음하는지 알기 시작했는데도 나만은 그걸 따라가지 못했다. 나는 글자를 읽는 법도, 발음하는 법도 알지 못했다. 나는 같은 반의 아이들과 진도를 맞출 수 없었다.

다른 반이었다면 내게는 멍청하다거나 늦되거나 지진아라는 딱지가 붙었을 것이다. 그러니까 내가 자라던 1950년대와 1960년대만 하더라도 아이의 성장 과정을 판단하는 용어는 두 가지뿐이었다. '영리하다'는 게 하나라면 '멍청하다'는 게 다른 하나였다. 나는 읽는 속도가 너무 느렸기 때문에 멍청하다는 판단이 내려졌다. 그 결과 나는 교실 한쪽에 서서 조롱을 받을 수도 있었고, 남들보다 더 열심히 공부하지 않는다면 완전히 잊혀진 존재가 될 것이라는 말을 들을 수도 있었다. 그 당시 케이프코드 같은 작은 마을의 공립학교에서는 영리하다거나 멍청하다, 혹은 착하다거나 나쁘다는 판단 이외의 판단을 아이에게 내릴 수 있는 사람이 많지 않았다. 영리하지 않다면 멍청한 것이라고 믿는 사람들이 내릴 수 있는 일반적인 처방이란 부끄러움과 상처와 굴욕감을 심어주는 것뿐이었다. 나와 같은 시절에 어린 시절을 보낸 사람들에게 부끄러움과 상처와 굴욕감이라는, 그 잊을 수 없는 교육 방법에 정통한 선생님을 만나기란 그다지 어려운 일이 아니었다.

하지만 엘드릿지 선생님은 아이들에게 부끄러움을 심어주는 분이 아니었다. 엘드릿지 선생님은 자상한 분이셨다. 내가 기억하는 선생님은 연세가 지긋하셨고 매우 둥글둥글한 분이셨다. 선생님은 모든 면에서 둥글둥글하셨다. 얼굴 생김새며 뺨이며 몸집까지. 심지어 입고 계신 드레스에까지 둥근 모양의 빨간 사과가 그려져 있었다. 상당히 오랫동안 1학년 담임을 맡아왔다는 사실을 제외하면 선생님은 읽기를 제대로 하지 못하는 학생을 가르치는 데 필요한 체계적인 교육을 받은 적이 없으셨다.

선생님의 교수법이란 간단했다. 읽기 시간 동안 선생님은 내 옆에 앉아 크고 부드러운 팔을 내 어깨에 두르고 글자를 해독하려고 끙끙대던 나를 꼭 안아주셨다. 나는 읽기를 제대로 못했기 때문에 말을 더듬거리곤 했다. 하지만 그런 나를 보고 웃는 아이는 없었다. 왜냐하면 내 옆에 마피아처럼 힘이 센 분이 앉아 계셨기 때문이다.

엘드릿지 선생님의 팔, 그게 나를 가르치는 '교수법'이었다. 엘드릿지 선생님에게 내가 받은 것이라고는 그게 전부였지만 그것이면 모든 게 충분했다. 공부를 잘 못하더라도 아무런 문제가 되지 않는다는 사실을 내게 가르쳐주셨다. 나 정도의 두뇌면 모든 게 가능하다는 사실을 내게 가르쳐주셨다. 내 머리를 좀 더 좋은 것으로 이식해주거나 난독증을 치유해주지는 못하셨지만, 선생님은 선생님만이 할 수 있는 일, 그러니까 그게 창

피한 일이 아니라는 깨달음을 내게 주셨다. 선생님의 방법은 너무나 훌륭해서 그 이후로 나는 읽기 시간을 손꼽아 기다리게 됐다. 엘드릿지 선생님을 영원히 잊지 못할 것이다. 여전히 나는 내 어깨를 감싸 안은 선생님의 팔을 느낄 수 있다. 고등학교, 대학교, 의과 대학, 전문의 과정 등을 거쳐 작가와 강사, 심리 치료사로 활동하는 동안에도 내내 느낄 수 있었다. 그 느낌만은 영원히 나를 감싸고 있다.1)

십 여 년 전, 박사 논문을 쓰느라 프랑스어 읽기 교육에 대해서 연구하고 있던 무렵 나는 우연히 이글을 읽게 되었다. 그 이후로 교육자로서 지칠 때나, 나와 동료들의 연구주제들은 도무지 세상이나 아이들을 바꿀만한 힘이 없는 것처럼 느껴질 때 이 글을 떠올린다. 위 글을 쓴 에드워드 할로웰은 삶에서 만난 좋은 선생님들과 친구들을 '삶의 든든한 구명조끼'라고 말하며 '세상의 모든 선생님들'에게 경의를 바친다. 그는 역기능 가정에서 자라났으나 지금은 세계적으로 알려진 정신과 전문의이며 베스트셀러 작가가 된 사람이다. 그의 친아버지는 조울증 환자였고, 양아버지는 알콜 중독에 걸핏하면 폭력을 휘두르는 사람이었고 친어머니까지 결국엔 알콜 중독증 환자가 되었으며, 친형 역시 정신 질환을 앓는 사람이었다. 본인 역시 난독증과 주의력 부족 장애라는 학습 장애까지 가지고 있었다. 그러나 할로웰은 '삶의 구명조끼'가 되어 주었던 주변의 친척들, 친구들, 선생님들을 만난 행운으로 의사가 되었고 작가가 되었고 무엇보다 행복한 사람이 되었다.

10여 년 전, 내가 대단한 지식은 없을지라도 적어도 따뜻한 팔로 안아주며 아이들 옆에 앉아 있어 주는 교사는 될 수 있지 않겠느냐고 스스로에게 말을 걸며 나는 공부를 포기하고 싶은 시간들을 버텨냈었다. 할로웰의 글에서처럼 교사가 내미는 따뜻한 손, 눈빛, 말 한마디는 어떤 아이들에게는 처음으로 받아본 따뜻한 손, 눈빛, 말 한마디일 수도 있다. 이 책은 화려한 첨단 미디어 수업 도구들도 사용할 줄 모르고 과학적인 읽기교수법도 잘 몰랐으나 글자를 모르는 아이를 따뜻한 팔로 안아주면서 글자를 가르치기 시작한 할로웰의 엘드릿지 선생님 같은 선생님들을 그리워하며 찾아 나서며 내가 세상에 띄우는 종이 편지이다. 이 종이 편지 속에서 나는 어빈 얄롬의 말처럼 "누군가에게 방향 제시와 위로를 줄 수 있는 나의 어떤 아이디어들이 전달되기를" 바란다. 또한 "그것이 작은 물결로 퍼져나가서 예측할 수 없는 방법으로 내가 알지 못하는 사람들에게 전달되기를"[2] 기도한다.

이 책이 나오기까지 특별히 감사하고 싶은 분들이 있다.

우선 작품을 이 책의 표지 그림으로 사용하도록 허락해주신 한국교원대학교 미술교육과의 최철 교수님께 감사드린다. 최철 교수님은 '새롭게 쓰고 그리고 기억하기'라는 그분의 카카오톡 아이디처럼 다양한 실험정신으로 작품을 하고 계시는 저명한 서양화가이시다. 어려운 선배 교수님이자 전시회와 작품 활동을 하시느라 바쁘신 화가에게 막무가내로 조르며, '책 표지 그림으로 쓸 예쁜 그림 하나'를 달라고 좇아다닌 철없는 후배 교수의 청을 기꺼이 받아주신 그 마음에 감사 드린다.

두 번째로 이 책의 본문 그림들을 그려준 미술학도인 윤수현 양에게 고마움을 전한다. 책의 내용들이 좀 더 이미지로 기억되고 잘 전달되기를 바라는 마음에서 나는 그녀에게 소통의 순간들과 회복탄력성의 이미지들, 신자유주의 시대의 황폐함과 같은 핵심 내용들을 설명하면서 그림들을 요청하게 되었다. 나는 그녀에게 요즘 유행하는 일러스트레이션이나 아이패드로 그린 그림이 아닌, 어떤 화려한 기교도 없이 옛날 국어 교과서에 나오는 그림처럼 그려달라고 부탁하였다. 꼬마일 때부터 미술을 좋아해서 미술 학원에 다니고, 예고를 다니고 미대를 준비하면서 수없이 그림을 그리면서 성장한 순수한 미술학도의 땀과 정성이 들어간 그림들로 이 책의 메시지를 전하고 싶었다. 현대 미술의 조류와는 전혀 상관없는 이 책의 '정직한' 그림들을 정성껏 그려준 수현 양이 앞으로 자신만의 작품 세계를 펼치는 화가로서 잘 성장해 나가길 진심으로 기원한다.

다음으로 도서출판 대장간의 배용하 대표님께 감사드리고 싶다. 필자의 까다로운 편집 요구들을 다 들어주시고, 시간을 낼 수 없어 늘 갑작스럽게 약속을 잡으며 편집과 교정 작업을 진행하였음에도 언제나 이해하고 배려해주셨기에 이 작업을 마칠 수 있었다. 배용하 대표님은 시골에서 농사를 짓고, 책을 만들면서, 하나님과 이웃을 섬기는 귀한 사역자이다. 배 대표님의 사모님이신 박민서 자매님은 불쑥 찾아와서 가을 농사를 방해하는 나에게 늘 뜨끈뜨끈한 밥 상을 차려주셨는데, 이 책의 어딘가에는 그 '밥 심'이 담겨 있으리라.

마지막으로 이영주 대표에게 감사하고 싶다. 그는 '세상의 엄마들이 자기 아이만 돌보면 엄마 없는 아이들은 누가 돌보는가'라는 궤변을 늘어놓으며 학교 일에 빠져 사는 나를 대신하여 딸과 아들을 돌보고, 세상 사는 기술 면에서는 아이들보다 나을 게 없는 나조차 20년이 넘는 시간 동안 돌보고 있다. 그의 선함, 그의 변치 않는 유머가 고마워서 나는 때로 말을 잃는다.

요즘 가끔 애국심이 넘치는 사람도 아닌 내가 머릿 속에서 대한민국의 지도를 떠올린다. 내 머리 속 지도에는 삼천리 화려강산 무궁화들이 피어있지는 않다. 다만 저 남도의 진해에는 빵을 좋아하고 목소리 카랑카랑한 양인선 선생님이, 창원에는 여리하고 온화한 박선후 선생님이, 그 위 울산에는 아이들의 말을 지극한 눈빛으로 언제나 들어주시는 박진경 선생님이, 충청도 시골에는 아이들의 머리를 빗겨주며 단정하게 머리 좀 묶자고 고집 센 여자 어린이를 꼬시는 최하니 선생님이, 저기 전주에는 '중2들' 담임하느라 늘 하루가 전투라면서도 아이들이 너무 예쁘다는 임해인 선생님이, 서울의 큰 학교에서는 수업 준비로 늦게까지 퇴근을 못하시는 정다연 선생님이 무궁화보다 아름다운 꽃으로 피어 있다. 2018년과 2019년 대학원 수업에서 만나, 언제나 쉬지 않고 배움으로써 더 좋은 교사가 되기 위해 책과 씨름하였던 조윤미 선생님, 강수희 선생님, 엄주희 선생님, 김서연 선생님, 정애리 선생님, 이은주 선생님, 서현주 선생님…. 내 가슴 한 구석을 차지하게 될 이 땅의 선생님들은 늘어만 간다. 이 책은 그들과의 만남을 준비하고, 만나서 진한 이야기를 나누고, 이제는 헤어져서 추억하는 시간 동안 시작되고 완성되었다. 어려운 여건 속에서도 교직을 하늘의 소명으로 알고, 자신도 아프면서, 아이들을 위해 사시는 이 땅의 선생님들에게 이 책을 바친다.

2019. 가을.
정우향

Ⅰ. 회복탄력성

I. 회복탄력성

자, 여러분. 인터넷에서 찾을 수 있는 세계 각국의 다양한 콘텐츠들과 작품들을 교육 자료로 활용할 때 어떤 주제들이 중요한가를 고민해보면서 함께 첫 번째로 생각해볼 주제는 '회복탄력성'입니다. 왜 '회복탄력성' 개념에 주목해야 할까요? 한마디로 교사들은 회복탄력적인 아이들을 키워내야 하며 본인 스스로도 강건하게 버텨야하기 때문입니다. 인간은 살아가면서 온갖 역경과 예기치 못한 위기 상황에 직면하게 됩니다. 우리 아이들이 어떤 가정환경에서 태어나고 자라왔는지 교사가 다 알 수는 없지요. 그러나 아이들이 자라온 환경도, 앞으로 헤쳐 나갈 삶도 모든 인간의 삶의 숙명이 그러하듯이 만만치 않을 거라는 것은 우리 모두 알고 있습니다. 우리처럼 우리 아이들도 만 가지의 슬픔과 만 가지 기쁨을 만나겠지요. 친 자식도 어쩌지 못하는데 학교에서 1년을 담임할 뿐인 교사가 아이들의 인생사에 무슨 대단한 영향력을 행사하겠는가 하는 생각을 하실 수 있을지 모릅니다. 그러나 아이들의 가정이 역기능 가정에 가깝고, 주변의 어른들도 도저히 좋은 역할 모델이 될 수 없을 때, 사회 문화적 환경이 모든 의미에서 척박할 때, 학교가 어떤 아이들에게는 처음 만나는 안전하고 재밌는 공간이고, 학교의 선생님은 처음 만나는 균형 잡히고 자애로운 어른일지 모릅니다. 러시아의 문호 톨스토이의 잘 알려진 소설 『사람은 무엇으로 사는가』1)를 보면 쌍둥이를 낳자마자 죽게 된 어머니의 영혼을 거두어 가려고 온 천사 미하일의 이야기가 나옵니다. 천사 미하일은 이제 갓난아이들을 두고 죽어야 하는 어머니와 아버지도 없는데 엄마마저 떠나면 천애 고아가 될 아가들이 불쌍해서 처음에는 하느님의 명령을 거역하지요. 여러분도 부모라면 한번 쯤 그런 생각 해보셨지요? 애들이 성인이 되기 전에 내가 죽으면 내 아이들은 어떻게 클까 하는 생각이요. 이 소설에서 천사 미하일이 아기들 엄마의 영혼을 거두어 가는 것을 망설였던 것도 아이들이 엄마가 없으면 살아갈 수가 없을 거 같았기 때문입니다. 이 소설을 다 읽으면 우리는 생명과 죽음의 문제는 우리가 헤아릴 수 있는 차원을 넘어서며, 인간은 그저 사랑을 나누며 묵묵히 살아가야 하는 존재라는 것을 깨닫습니다. 톨스토이의 『사람은 무엇으로 사는가』에서 생존이 걱정되었던 아빠와 엄마가 죽은 갓난아이들은 이웃집 농부 아주머니가 기꺼이 맡아서 사랑으로 보살피고 잘 자라게 되었지요.

이 소설은 '도덕적 원칙을 가진 민중'을 이상으로 삼았던 톨스토이가 가난하고 잘 못 배운 민중들도 쉽게 이해할 수 있도록 쓴 단편이지만 짧은 이야기 안에 마음에 오래 남게 되는 통찰을 담고 있습니다. 제목인 '사람은 무엇으로 사는가'라는 질문에 대해서 톨스토이는 비참하고 가난한 삶의 조건 안에서도 훼손되지 않는 인간 안에 있는 선한 본성과 도덕과 양심, 무엇보다 '사랑'이 사람을 살아가게 하는 힘이라는 대답을 넌지시 건네고 있습니다. 교사로서 어떤 과목을 가르치던지 관계없이 '회복탄력성' 개념에 주목해야 하는 이유는 우리 교사들이 우리의 직업을 수행하면서 사랑을 베풀수 있는 좋은 통로 중의 하나가 아이들에게 '회복탄력성'을 키워주는 것이기 때문입니다. 우리가 가르치는 지식의 단편적 내용들은 아이들 머릿속에서 쉽게 사라질지 모릅니다. 그러나 '회복탄력성'은 살아가면서 절실히 필요한 순간에 떠올려야하는 삶의 기술이며 지혜와 연관된 주제입니다. 교사가 교과 및 비 교과목 시간에 이 개념을 녹여서 아이들과 나눈다면, 언젠가 아이들이 그것을 떠올릴 수 있지 않을까요? 천개의 씨앗을 뿌렸는데 990개의 씨앗이 죽거나 바람에 날아갈 지라도 적어도 몇 개는 땅 속에 깊이 뿌리내려 풍성한 나무가 될지 모릅니다. 우리는 '씨를 뿌리는 사람'입니다. 저는 나이브하다고 조롱 받을지라도 이런 마음으로 선생님으로서 살아가려고 합니다.

1. '회복탄력성resilience'의 정의

'회복탄력성'은 오래 전부터 긍정심리학 분야의 중요한 연구 주제이며 대중적으로도 잘 알려진 개념입니다. 우선 '회복탄력성'의 정의를 알아볼까요?

충격, 부상과 같은 불쾌한 일이 발생한 후 빨리 회복할 수 있는 능력. 구부러짐, 늘어남, 혹은 압박 후에 원래 형태를 회복할 수 있는 성질2)

역경을 딛고 일어서거나 역경으로부터 회복하는 능력, 원래의 형태나 위치로 되돌아가는 힘이나 능력3)

물이 어떠한 모양의 그릇에 담겨도 그 모양대로 변하듯이 다양한 환경에 적응하면서 살아가는 유연한 삶의 방법 / 질병, 이론, 실직, 재정문제, 학대, 전쟁, 테러 등 심각한 스트레스 상황에 직면해서도 삶을 용기 있게 긍정하는 태도[4]

심리적 기능의 실패나 외상 후 스트레스장애의 증후 없이 심각한 트라우마나 역경(경시, 방치, 홀대)을 겪어내는 능력[5]

역경으로 밑바닥까지 떨어진 사람이 다시 튀어 오르는 능력[6]

위 정의들은 회복탄력성에 대한 책들 중에서 추린 것입니다. 이와 같은 회복탄력성에 대한 정의를 보면 '회복'+'탄력성'을 합해서 영어 단어인 're-silience'의 한국어 번역어를 택한 이유를 알 수 있습니다. 회복탄력성은 어린 시절의 학대나 질병이나 사별과 같은 개인사에 닥치는 고통, 전쟁이나 기아와 같이 시대 사회적 상황으로 인해 겪게 되는 비극 등을 겪고도 트라우마에서 다시 회복할 수 있는 능력이며, '탄력성, 탄성'이 높은 고무공처럼 오히려 고난이 닥치기 전 보다 더 높이 튀어 올라 자신의 삶을 성취해나가는 능력입니다. '회복탄력성'이 한국 사회에서 대중화되는데 큰 역할을 하신 김주환 선생님은 "회복탄력성은 자신에게 닥치는 온갖 역경과 어려움을 오히려 도약의 발판으로 삼는 힘"이라고 정의합니다.[7] "회복탄력성'이 높은 사람들은 인류 역사가 시작된 이후로 언제나 있어왔겠지만, 이 개념이 오늘날 긍정심리학 분야에서 가장 주목받는 주제가 되고, 일반인들도 보편적으로 사용하는 용어가 된 기원은 1954년부터 시작된 미국 하와이 '카우아이 섬 종단 연구'라고 합니다.[8]

카우아이 섬 종단 연구

이 연구는 처음에는 1955년에 카우아이 섬에서 태어나는 모든 신생아 833명을 연구 대상 집단으로 선정하여 그들이 어른이 될 때까지 추적 조사하여, 인간이 출생할 때 주어지는 가정환경이나 사회경제적 환경 요소들이 성인이 될 때까지 어떠한 영향을 미치는가를 조사하고자 기획되었다고 합니다. 카우아이 섬은 섬이라 인구 유동이 적고, 그 당시만 해도 관광산업도 발달하지 않은 경제적으로 매우 열악한 지역이었고 주민들 사이에서는 정신질환, 알콜과 마약 문제 등과 같은 문제도 만연한 지역이었다고 합니다. 이 연구에 주도적으로 참여했던 에미 워너라는 심리학자는 1971년에 '카우아이의 아이들'이라는 1차 연구 결과물이 출판된 이후에도 계속해서 연구 자료들을 분석하면서 연구의 초점을 이동합니다. 이 연구의 초기 의도는 '불우한 환경과 역기능 가정에서 자라나는 아이들이 자라서 사회 부적응자가 될 가능성이 높을 것이다'라는 가설을 확인하는 방향이었습니다. 실제로 이 아이들의 18세까지의 삶을 조사한 초기 연구 결과들은 가정환경이 열악하고 부모가 문제가 있는 경우 아이들에게도 나쁜 영향을 끼친다는 상식적인 내용들이었습니다. 에미 워너는 초기 연구 결과 자료들을 좀 더 구체적으로 분석해야 한다고 생각했습니다. 양육 환경의 특정 요소가 아이가 성인이 될 때 특정 문제를 일으킬 가능성이 높은가에 대해서 구체적인 인과관계를 찾아내고자 한 것이지요. 이를 위해 에미 워너는 연구 대상을 전체 연구 대상 중에서 가장 열악한 환경에서 자란 201명으로 좁히고, 이들의 인생 궤적을 거의 40년에 걸쳐서 연구하게 됩니다. 그러나 연구가 진행되면서 이 201명의 성장과정을 조사하던 도중 에미 워너는 새로운 사실을 발견하게 됩니다. 연구 대상의 3분의 2는 예상대로 학교생활에 잘 적응을 못하거나 범죄를 저지르고, 약물 중독자나 미혼모가 되는 등의 평탄하지 못한 인생을 살고 있었습니다. 그러나 3분의 1의 비율인 72명은 놀랍게도 매우 긍정적이며 장래가 촉망되는 젊은이들로 자랐던 것입니다. 역기능 가정 환경의 영향을 거의 받지 않고 평범한 가정에서 자라난 듯 한 결과를 보여주는 이들 72명의 특이한 사례들을 조사하면서 에미 교수는 연구의 초점을 이동하게 되지요.

> 이것은 에미 워너 교수에게 풀기 힘든 커다란 의문을 제기했다. 어려운 환경 속에서도 마이클이 훌륭한 청년으로 성장할 수 있던 비밀은 무엇일까? 도대체 무엇이 케이나 메리로 하여금 좋은 환경에서 태어나고 자란 아이들 이상으로 사회적응을 잘하게 만들어준 것일까? […] 에미 워너는 이 72명이 역경을 이겨낼 수 있는 어떤 공통된 속성을 지니고 있음을 직감적으로 깨달았다. 삶의 어떠한 역경에도 굴하지 않는 강인한 힘의 원동력이 되는 이 속성을 에미 워너는 '회복탄력성'이라 불렀다. 에미 워너는 무엇이 아이들을 사회부적응자로 만드느냐는 질문을 버렸다. 대신 무엇이 역경에도 불구하고 아이들을 정상적으로 유지시켜주느냐는 질문을 던지기 시작했다.9)

회복탄력성에 대한 수많은 책에서 이미 많이 소개된 에미 워너의 '카우아이 섬 종단 연구'의 과정을 여기 다시 소개한 이유는 우리가 가르치는 아이들이 '카우아이 섬의 아이들'이기 때문입니다. 물론 우리 아이들의 부모님들이 카우아이 섬의 아이들처럼 약물이나 알콜 중독자들이나 정신질환자들은 아니며, 경제적 상황도 훨씬 나을 것 입니다. 그러나 각기 다른 환경 속에서 각자 다른 방식으로 우리 아이들의 성장 과정도 순탄하지만은 않습니다. 그 아이들이 보이는 상처와 이상 징후들을 교단에서 매일 마주해야 하는 우리 교사들도 '회복탄력성'이 필요하겠지요.

에미 워너가 주목하였고, 그 연구의 방향을 송두리째 바꾸게 만들었던

72명의 청년들은 '회복탄력성'이 높은 아이들이었습니다. 에미 워너의 연구 이후 1980년부터 회복탄력성에 대한 많은 연구들이 진행되고 대중 서적들도 출판되기 시작하였습니다. 오늘날에도 회복탄력성은 교육학이나 긍정 심리학에서 가장 주목받는 개념 중의 하나입니다.

2. 회복탄력성이 높은 사람들의 특성

회복탄력성의 정의를 자세히 살펴보면 이 개념이 단순히 어떤 영웅들의 인생사를 기술할 때만 사용될 수 있는 개념이 아니라는 것을 곧 깨닫게 됩니다. 우리는 누구나 병이 들거나 예기치 않은 사고를 당하고, 사랑하는 사람과 헤어지는 고통을 겪습니다. 부모는 자식을 세상의 모든 고통으로부터 보호해주고 싶지만 그건 애초부터 불가능한 바램이지요. 결국 주목해야 할 것은 '어떻게 하면 회복탄력적인 자기 자신이 되며, 회복탄력성이 높은 아이들을 키울까?'라는 문제이겠지요. 부모님들도, 선생님들도 모두 이 질문을 하실 겁니다. 자, 그럼 이 질문에 답하기 위해 회복탄력성이 높은 사람들은 공통적으로 어떤 특성을 지녔는지 알아볼까요?

2.1. 단호한 현실 수용

회복탄력성이 발휘되기 위해 첫 번째로 중요한 사항은 현실을 정면으로 바라보고 수용해야 한다는 점입니다. 보통 어떤 사건이 닥쳤을 때 그 상황에 대해서 우리는 다음 세 가지 노선 중 하나를 선택하게 되지요.

즉 우리는 상황을 낙관하던지 비관하던지 아니면 담담하게 받아들입니다. 회복탄력성이 높은 사람은 이 세 가지 유형 중 어디에 속하는 사람일까요? 상황을 밝게만 해석하는 낙관주의자 유형일까요? 우리는 흔히 '낙관주의자'가 인생을 성공적으로 이끌고 회복탄력성도 높을 것이라고 오해를 합니다. 부정적인 상황에 처해도 별다른 대책도 없이 '잘 될 거야'라고 막연히 생각하는 사람이 '낙관주의자'라면 낙관주의자는 회복탄력성이 높은 사람이라고 말할 수는 없습니다. 진정으로 회복탄력적이 되기 위해서는 '지적인' 낙관주의자가 되어야 합니다. '지적인 낙관주의자'는 사실 '건강한 현실주의자'를 가리키는 말이지요. 조앤 보리센코는 다음과 같이 말합니다.

> 당신이 심각한 병을 진단받았다고 생각해보자. 당연히 희망을 잃지
> 말아야 하겠지만 거기에 그치지 않고 진단서를 두 눈으로 똑똑히 쳐다보
> 고, 치료 계획을 짜고, 재정 상태를 점검해보고, 유언장을 고치고, 매 시
> 기 마다 적절한 도움을 구할 것을 요구한다. 다시 말해, 자신이 어떤 상
> 황에 처해 있든 그것을 있는 그대로 받아들이고 이 상황을 감당하려면
> 무엇이 필요한지를 생각해야 한다.10)

한마디로 회복탄력성은 현실을 있는 그대로 수용하는 태도에서 발휘되
기 시작한다는 것입니다. 즉 인생의 큰 어려움과 고난에 맞닥뜨릴 때, 다시
일어서기 위해서는 우선 주변 상황을 찬찬히 살피고, 내가 지금 처해있는
상황을 이해하고 파악해야 한다는 것입니다.

> 이를 악물고 현실을 똑바로 보아야 한다. 현실 직시는 단기적으로 매
> 우 고통스러울지 모르나 궁극적으로 삶을 지켜줄 것이다. 신뢰하는 친
> 구와 함께 앉아서, 당신이 어떠한 현실에 처해 있는지에 대해 솔직히 이
> 야기를 나누어보라.11)

자기 자신과 자신이 처한 상황을 똑바로 마주한다는 것은 사실 매우 고
통스러운 과정입니다. 우리는 흔히 '도피'하거나 '위장'하며 상황을 있는 그
대로 보기를 무의식적으로 피합니다. 예를 들어 가정 폭력에 오랫동안 시
달린 여성은 '남편이 나를 사랑해서 그러는 거야'라는 말을 하면서 스스로
를 속일 수 있습니다. 우리가 과거에 머물거나 미래에 대한 근거 없는 장
밋빛 환상을 가진 채 현실을 보기를 거부한다면 우리는 진정으로 회복하

비관주의자는 바람이 부는 것을 불평한다.

낙관주의자는 바람의 방향이 바뀌기를 기대한다.

현실주의자는 바람에 따라 돛의 방향을 조정한다.

– 윌리엄 아서워드 –

여 도약할 수 없는 거지요. 나를 힘들게 하는 '현실'은 '우울증'이나 '알콜중독' '카드빚' '형편없는 성적' 등 다양할 수 있습니다. '알콜의존증 환자'들은 자신이 '알콜중독'이라는 것을 쉽게 인정하지 않지요. '약주 한잔 하는 건데요.' '반주 한잔 곁들이는 건데…'처럼 말하면서 스스로에게 최면을 걸고, 자신이 술에 병적으로 의존되어 있는 현실을 감춥니다. 그의 회복은 자신의 병을 인정하고, 주변에 말하고 전문가의 도움을 청하는 것부터 시작되는 것이겠지요.

> 비관주의자는 바람이 부는 것을 불평한다.
> 낙관주의자는 바람의 방향이 바뀌기를 기대한다.
> 현실주의자는 바람에 따라 돛의 방향을 조정한다.[12]

현실직시가 개인이 아닌 조직에서 행해져야 하는 것은 말할 것도 없겠지요. 아주 유명한 사례가 있습니다. 바로 2001년도 9.11 테러가 일어났을 때에 모건스탠리의 대피 사례입니다.

조직의 회복탄력성: 모건스탠리의 대피 사례

2001년 9.11 사태 이전 세계무역센터에 입주해있던 가장 규모가 큰 회사들 중 하나였던 모건스탠리는 테러 당시 2700명의 직원들이 세계무역센터에서 근무하고 있었습니다. 오전 8시 46분 첫 번째 테러가 북쪽 타워에서 발생했을 때, 모건스탠리는 그로부터 단 1분 후부터 직원들을 대피시키기 시작하였고, 두 번째 테러가 발생하여 여객기가 남쪽 타워와 충돌했을 때 직원들 대부분은 대피가 끝난 상태였다고 합니다. 그것은 모건스탠리가 단순히 운이 좋았고 주로 남쪽 타워에 사무실이 위치했기 때문만은 아니라고 합니다. 1993년에 세계무역센터에 폭탄이 발생했던 사건 이후에 모건스탠리의 경영진은 회사의 위치가 테러리스트의 표적이 될 수도 있다는 현실을 철저히 인식하고 재난 상황에 대비한 훈련을 평소에 철저히 실시해왔다고 합니다. 이 훈련들을 이끌었던 보안담당 부사장 릭 레스콜라의 이야기는 매우 감동적이니 다이앤 쿠투가 「회복탄력성이 작용하는 법」이라는 글에서 소개한 내용을 그대로 인용해보도록 하겠습니다.

> 당시만 해도 사내 소방훈련을 심각하게 생각하는 기업이 드물었다. 하지만 모건스탠리는 달랐다. 개인투자그룹의 보안담당 부사장 릭 레스콜라는 숫제 군사훈련을 방불케 하는 소방훈련을 도입했다. 베트남전쟁 유공훈장에 빛나는 퇴역군인이었던 레스콜라는 책임지고 직원들이 재난상황에 대처하도록 맹훈련을 거듭했고, 그 자신이 회복탄력성이 매우 강한 사람이었다. 9.11참사가 미국을 강타한 날, 다른 건물관리자들은 입주자들을 향해 모든 게 잘될 거라는 말만 하던 그때, 레스콜라는 확성기를 잡고 모건스탠리 직원들을 향해 침착하게 평소 훈련한 대로만 하라고 외쳤다. 하지만 안타깝게도 레스콜라 자신은 참사를 피하지 못하고 7명의 사망자 중 한 사람이 되고 말았다.13)

회복탄력성이 높은 개인이었던 레스콜라와 직원들의 안전 문제와 관련해서 현실을 직시했던 조직이었던 모건스탠리는 2700명 중 단 7명의 직원들만이 희생되었다고 합니다. 위의 사례는 조직의 회복탄력성을 높이기 위해서는 현실을 근거 없이 낙관하는 것이 아닌 직시하는 자세가 중요하다는 점을 말해줍니다.

자, 다시 질문을 던지겠습니다. 회복탄력성을 높이려면 낙관주의자가 되어야 할까요? 아니면 현실주의자가 되어야 할까요? 비관주의자가 되어야 할까요?

정답은 여러분이 스스로 만들어가야 합니다. 저는 '크게는 낙관하나 순간에서는 현실주의자' 또는 '지적인 낙관주의자'14), '아주 잠시만 비관주의자'라는 단어들을 정답으로 제시하겠습니다.

2.2. 삶의 의미를 추구하는 자세

두 번째로 회복탄력성을 증진시키기 위해서는 삶을 강하게 붙잡게 할 수 있는 '삶의 의미, 목적'이 있어야 합니다.15) 전쟁이나 기아, 고문, 죽음의 수용소 등에서 살아남은 경우처럼 회복탄력성이 높은 사람들은 인생의 큰 시련이 닥쳤을 때 '인생의 의미'를 추구하며 역경을 오히려 성장의 발판으로 삼았습니다. 대표적인 사례는 『죽음의 수용소에서』를 통해 '로고테라피의미요법'을 창시한 오스트리아 정신의학자 빅터 프랭클Viktor Frankl, 1905~1997

박사입니다. 그는 세계 2차 대전 때 독일의 포로수용소 아우슈비츠에서 3년 동안 상상할 수 없는 모욕과 굶주림, 노동, 가족들의 사망을 겪었습니다. 그러나 그는 살아남아, 자신의 수용소 경험에서 도출한 '로고테라피'[16]를 보급함으로써 전 세계 수백만 사람들에게 깨달음을 주었습니다. 프랭클은 "왜 사는지 그 이유를 아는 사람은 거의 모두 어떻게 살아야 하는지를 알 수 있다"고 말하며, 우리를 '의미를 추구'하는 삶으로 초대합니다. 회복탄력성에 관한 수많은 연구를 보면 회복탄력성이 높은 사람은 모두 의미를 추구하는 삶, 뚜렷한 목적의식을 가지고 산 사람이었다는 공통점이 발견됩니다. 그렇다면 '의미를 추구하는 삶'이란 어떤 삶일까요? 평생을 가난한 자들 중에 가장 가난한 자들과 함께 했던 마더 테레사처럼 인류애를 실천하는 삶을 말하는 것일까요?

빅터 프랭클에 따르면 '삶의 의미'는 전쟁 같은 극한 상황 뿐만 아니라 평상시 일상의 직업 생활을 수행하는 데에도 온전한 정신을 유지하고 책임 있게 살기 위해 필요한 것입니다. 즉 '삶의 의미'는 각 사람마다, 또 그가 처한 상황마다 독특하게 설정되는 것입니다. 또한 삶의 의미를 추구하는 자는 끊임없이 '지금, 여기'의 의미를 탐구하는 자입니다. 그런데 의미를 추구하는 자는 내 삶의 '안정과 균형'만을 추구하지 않습니다. 빅터 프랭클의 관점에서 '의미를 찾는다는 것이 당혹스럽고 도전적인 내부 긴장을 감소시키는 것이 아니고 오히려 증가시키는 것' 입니다. 즉 의미를 찾는 자는 약간의 긴장 속에서 '깨어있는 자' 입니다.

사실상 프랭클은 이런 긴장의 증가를 심리적 건강을 위해 겪어야 하는 선행조건으로 보고 있다. 긴장감이 결여되어 있고 안정과 균형만을 추구하는 삶에서는 노에제닉 신경증에 걸릴 수밖에 없는데, 이는 곧 의미가 결여된 삶이다. 건강한 성격은 이미 성취하여 완성한 것과 앞으로 해야 할 것 사이의 간격으로 인해 생기는 어느 정도의 긴장감, 즉 현재의 자기 모습과 앞으로의 모습 사이의 간격으로 인해 생기는 어느 정도의 긴장감을 가지고 있다.17)

저는 이 글이 '의미추구'라는 문제와 관련해서 우리 교사들에게 시사하는 바가 크다고 생각합니다. 여러분, 교대를 졸업하고 임용고시를 합격한 후 발령을 받아 교단에 처음 섰을 때 그 순간, 교무실을 나와 복도를 걸어 처음으로 교실에 들어갔던 그 순간을 기억하시나요? 제가 아는 초등학교 선생님 한분은 자기의 일생 중에 가장 행복했던 순간이었다고 하십니다. 어렸을 때부터 선생님이 되기를 원했던 분이라, 꿈꾸었던 희망이 현실로 되는 순간이었고, '정말 좋은 선생님이 되리라'라고 다짐했던 순간이라서 지금도 가끔 생각해 보신다구요. 그러나 교단의 현실이 얼마나 무겁고 우리를 지치게 하는지는 아시지요? 수업 연구를 하는 것은 내 여가 시간을 희생해야 하는 것이고, 아이들이 겪는 고통에 일일이 반응하고 공감하다가는 내가 우울해질 것 같아 우리는 어느새 관성에 빠져 수업 준비도 게을리 하고, 내 가정과 내 아이만 챙기는데도 버거움을 느낍니다. 그러나 교사라는 직업은 다른 어떤 직업보다 '의미를 추구하지 않고는' 수행할 수 없는 소명이라고 생각합니다.

아이들은 작은 일에도 쉽게 감동하거나 힘을 얻기도 한다. 내가 전혀 기억하지 못하는 일들을 생생하게 다시 불러내 펼쳐놓기도 하고 특별하게 생각하지 않았던 것들에 의미를 부여하기도 한다. 그것으로 훗날 용기를 얻었다고 전해줄 때, 교사란 과분한 복을 받는 직업으로 느껴졌다. 하지만 그 반대의 경우가 더 많았을 것이다. 내가 사소하게 여겼던 언행에 깊이 상처 받았을 테고, 의식하지 못한 짜증을 오래 기억하고 있을 것이다. 그래서 또 교사란 자기도 모르게 죄를 짓는 직업이기도 하다. 이러나 저러나 교사란 자기 자신을 경계해야 하는 자리인 것은 분명하다.18)

위 글을 보면 교사는 단순히 지식을 전달하는 역할에 머물 수 없다는 것, 스스로를 경계하며 늘 깨어있어야 한다는 것을 새삼 느끼게 됩니다. 어쩌면 교사뿐만 아니라 다양한 직종의 모든 사람들 역시 돈을 벌어서 의식주를 영위하는 수단으로서만 직업을 대할 수는 없는 것 아닐까요? 프랭클은 우리 인간의 본성은 삶에 의미가 결여되어 있는 상태에서는 일종의 신경증에 걸리며, 이것을 노에제닉 신경증noögenic neurosis이라고 불렀습니다. 이 상태에 있을 때 인간은 삶의 설레는 충만감 대신에 '실존적 진공existential vacuum' 상태 속에 살아가게 되며 공허감과 무료함, 목적의식의 부재 속에서 불행합니다. 우리 주변에서 흔히 볼 수 있는 모습이지요. 프랭클은 의미를 추구해야 하는 것은 삶의 조건이 여유 있는 사람들의 선택 사항이 아니라 심리적 육체적 건강과 가치 있는 삶을 살기 위해서 누구나 추구해야하는 것임을 강조하고 있습니다. 그렇다면 가치 있는 삶은 또 무엇일까요? 의미를 추구하는 삶은 어떤 모양새를 띄고 있을까요?

프랭클의 견해에 따르면, 인간이 살아가는 주된 동기는 자아를 찾는 것이 아니라 의미를 찾는 것이다. 어떤 의미에서 이것은 자아를 '잊는 것'이다. 심리적으로 건강한 사람은 자신에게 초점을 맞추는 것으로 부터 초월한다. 완전한 인간이란 자신을 뛰어넘어 다른 사람 혹은 일과 관계를 맺는 것이다.19)

여기서 우리는 의미를 찾는 삶은 나만의 웰빙을 추구하는 삶을 넘어선다는 것을 알 수 있습니다. 역설적이게도 '자아를 잊는 것'이라네요.

넬슨 만델라의 삶

널리 알려진 넬슨 만델라Nelson Mandela, 1918~2013의 경우도 살펴보지요. 만델라는 남아프리카 공화국의 인종차별정책에 반대하여 로벤 섬에 27년간 투옥되어 있었습니다. 인생의 가장 왕성한 시기를 감옥에서 보내면서도 그는 증오 속에 빠져 스스로를 파괴하지 않았습니다. 그에게도 강건하게 살아남아야 하는 이유, 삶의 의미가 있었기 때문입니다.

> 길고 외로운 여러 해 동안 내 민족의 자유에 대한 내 갈망은 흑인과 백인을 포함하는 모든 국민들의 자유에 대한 갈망으로 변화되었다. 나는 억압받는 사람과 마찬가지로 억압하는 사람도 해방되어야 한다는 사실을 무엇보다도 잘 알고 있었다. 다른 사람의 자유를 빼앗은 사람은 증오의 포로가 되어 편견과 편협심의 창살에 갇혀 있게 된다. 내가 만약 다른 사람의 자유를 빼앗는다면 남에게 나의 자유를 빼앗긴 것과 마찬가지로 나는 진정으로 자유롭지 못하다. 억압하는 사람과 억압받는 사람은 마찬가지로 인간성을 상실하게 된다.
> 내가 감옥에서 풀려나왔을 때 억압하는 자와 억압받는 자 둘 다를 해방시키는 것이 나의 사명이었다.[20]

인종주의나 폭력과 압제의 속성을 꿰뚫고 있었던 만델라는 단순히 인종차별정책에 '저항'하는 것을 넘어 가해자와 피해자들 모두를 해방시키고자 한 것입니다. 27년의 감옥 생활을 견디게 했던 근원적인 힘은 높은 소명의식이었습니다. 만델라는 폭력을 폭력이나 증오로 맞서는 것보다 더 깊은 저항을 통해서 이를 이루고자 한 것이죠.

그러나 그는 27년간의 수감기간 동안 엄청난 희생을 치루어야 했습니다.

나는 결코 내 자신이 투쟁에 헌신한 것을 후회하지 않았으며, 나는 항상 내 자신에게 닥칠 역경을 각오했다. 그러나 나의 가족은 심한 대가를 치렀으며, 아마도 투쟁에 대한 나의 헌신 때문에 치러야 하는 대가로는 지나치게 컸다.

인생을 살면서 모든 남자는 두 가지 의무를 지니고 있다. 즉 가족과 부모와 아내와 자식들에 대한 의무와, 국민과 사회와 나라에 대한 의무이다. 문명화된 인간 사회에서 개개인들은 자신의 취향과 능력에 따라 이 두 가지 의무를 완수할 수 있다. 남아프리카에서 인간답게 살려고 하는 유색인은 처벌당하고 격리되었다. 남아프리카에서 국민에 대한 의무를 완수하려고 노력한 사람은 불가피하게 가족과 집으로부터 찢겨져서 비밀과 반역의 희미한 존재로서 떨어져 살아야 했다. 처음에 나는 내 가족 대신에 내 국민들을 택하지는 않았으나, 내가 국민들을 위해 일하면서 나는 내가 아들로서, 형제로서, 아버지로서 그리고 남편으로서 의무를 수행할 수 없음을 깨달았다.

이와 같이 내가 가장 잘 알고 사랑하는 사람들을 희생시켜 가면서 나는 내가 전혀 모르고 만난 적이 없는 수백만 명의 남아프리카 국민들에게 헌신했다. 어린아이가 아버지에게 "왜 아빠는 우리와 함께 있을 수 없어요?"라고 질문하면 가장 간단하면서도 여전히 가장 복잡해진다. 그러면 아버지는 "너와 같은 아이들이 많단다. 아주 많아.……"라고 비참하게 말 할 수밖에 없고, 그리고 나서는 말꼬리를 흐리고 만다."[21]

위 글에서 여러분은 남아프리카 뿐만 아니라 전 세계 사람들에게 감화를 준 위대한 영웅이 아닌 아들이자 남편, 아버지로서의 인간 만델라의 깊은 슬픔이 느껴지시나요? 이와 같이 '인생의 의미를 추구'한다는 것은 말처럼 그리 간단한 것이 아닙니다. 우리는 만델라처럼 널리 알려진 영웅은 아니지만, 내 직업을 온전히 수행하고 오늘 만나는 사람들에게 선한 영향력을 행사하기 위해서는 단순히 효율적으로 내 직업이 요구하는 최소한의 의무나 어떤 기능을 수행하는 역할을 넘어설 수밖에 없습니다. 하루의 스트레스를 풀고 가족이나 친구와 함께 하는 '저녁이 있는 삶'은 물론 좋지요. 그러나 퇴근 이후에 상담을 요청하는 학부모나 학생들의 말을 듣기 위해서 이메일에 답하기 위해서 때로 우리는 우리의 휴식 시간을 희생해야 하는 때도 있지요. 급한 행정 일들을 처리하다보면 퇴근 시간을 넘기고 수업 준비를 위해 여러 자료들을 뒤적거리며 초코파이 하나로 저녁을 떼울 때도 있습니다. 이 땅의 깨어있는 교사, 참 교사들이 얼마나 자기 한 몸 편하고자 하는 욕구를 반납하며, 내 가족을 희생시키며, '바보처럼' 헌신하며 살고 있는지 저도 짐작만 할 뿐입니다.

P 학생의 손목에 자해 흔적이 있었다. 어떻게 된 일인지 묻는 내게 아이는 눈을 마주치지도 못하고 몸을 사시나무 떨 듯했다. 부모가 각목으로 온 몸을 마구 때리기에, 너무 힘들어 그랬단다. 그 학부모를 찾아가 이런저런 대화를 나누고 아이를 때리지 말라고 부탁했지만, 아이는 수시로 피멍이 들어 학교에 왔다. 다시 학부모를 찾아가 한 번 더 이런 일이 있으면 가정폭력으로 조치하겠다는 경고를 할 수밖에 없었다. 그러나 그런 행정조치가 아이를 구제할 수는 없는 것이다. 다행히 부모는 폭력을 멈췄지만, 아이의 일탈은 멈추지 않았다. 아이는 염색, 화장, 흡연, 지각, 결석, 외박, 가출 등 학교가 금지하는 것은 모두 행했는데, 교사를 무시해서 그런 것이 아니었다. 내가 해야 할 일, 아니 할 수 있는 일은 하나밖에 없었다. 기다리는 것이었다. 부모가 매질을 퍼부어도 아이는 변하지 않는데, 어쩌겠는가. 아이가 스스로 자리 잡을 수 있도록 기다리는 수밖에 없었다. 이는 방치와

무관심과는 전혀 다른 것이다. 학교에 오지 않는 아이에게, 전화로, 문자로, 말을 건넸고, 어쩌다 학교에 오면 반갑게 맞아주고, 때로 야단도 치며, 그것으로 손 잡아주는 시간을 보냈다. 다른 아이들보다 훨씬 많은 품을 팔아야 했고, 항상 지켜보면서도 때로는 무관심한 척해야 할 때도 있었다. 염색한 것은 못 본척해야 했고, 잦은 지각에도 학교에 온 것만으로 칭찬해주는 것이다. 이미 교칙을 저만큼 벗어난 아이에게 교칙을 적용해서 해결될 일도 아니거니와, 그랬다면 더 멀리 떠났을 것이다.

아이는 여전히 일탈했지만, 내 눈을 응시하기 시작했고, 자기 고통을 말하기 시작했다.22)

이 글은 한국의 시골, 작은 읍의 중고등학교에서 '국어교사'로 근무하신다는 황주환 선생님이 쓰신 『아주 작은 것을 기다리는 시간』에 나온 것입니다. 아이들의 고통에 공감하며 무기력함을 느끼며, 학교 안팎에서 벌어지는 억압과 비뚤어진 권위들에 분노하며 쓰신 황주환 선생님의 글을 보면, 선생님은 낮은 자리, 보이지 않은 곳에서 높은 소명의식 속에 사시는 귀한 분 같습니다. '각목으로'으로 아이를 때리는 부모를 달래야 하고, 내 제자가 고통에 몸부림치며 자해하는 현실을 솔직히 저는 감당하지 못할 것만 같습니다. 그저 함께 손을 잡고 울 수나 있을까요?

그러나 순간의 감정적인 연민으로 우리는 '먼 길'을 갈 수 없으니, 다시 우리 주제로 돌아가 볼까요? 어쨌든 넬슨 만델라나 빅터 프랭클처럼 '실패와 위기에도 무너지지 않은 항체'가 있는 사람들, 즉 회복탄력성이 높은 사람들을 연구해보니 그들은 자신들만의 핵심 가치관을 굳건히 간직하며 사는 자들이었습니다. 삶의 목표, 소명의식들은 추상적인 것이 아니라 그들 일상의 모든 것을 배열하는 구체적인 삶의 동력이자 에너지원이 되었습니다. 더 깊은 근원과 닿아있는 사람들, 자기 자신을 넘어 공동체를 생각하는 이들이 회복탄력성도 높았던 수많은 실제 사례들을 확인하면서 저는 세상을 향한 신의 선한 의지를 살짝 엿보았답니다.

결국엔 모든 것이 죽지 않겠는가. 그것도 너무 일찍.

내게 말해보라. 당신의 계획이 무엇인지.

당신의 하나밖에 없는 이 거칠고 소중한 삶을 걸고

당신이 하려는 것이 무엇인지 – 메리 올리버 '여름날'

Tell me, what else should I have done?

Doesn't everything die at last, and too soon?

Tell me, what is is you plan to do

With your one wild and precious life? 23)

2.3. 독창적이고 유연한 상황대처 능력

회복탄력적으로 삶을 살아가려면 또 어떻게 해야 할까요? 보리센코에 따르면 세 번째로 중요한 요소는 독창적이고 유연한 상황 대처 능력을 갖는 것입니다.[24]

프랑스어로 브리꼴라쥬bricolage라는 말이 있는데 현재 구할 수 있는 재료들로 물건을 응급수리 하거나 필요한 물건들을 만들어내는 것을 말합니다. 즉 브리콜라쥬는 위기의 상황이 닥쳤을 때 상황을 한탄하는데 그치지 않고 눈앞에 있는 재료와 수단들을 임시변통으로 활용하여 상황을 버티는 것을 말하지요. '브리꼴뢰르bricoleur'는 한정된 재료와 도구를 가지고 생활에 필요한 물건들을 고치거나 만드는 등 창의성을 발휘하는 사람을 말합니다.

넬슨 만델라가 동료 수감자들과 감옥에서 건강하게 생존하기 위해서 활용한 전략도 이런 것입니다.

남아공 아파르트헤이트(인종차별) 정권은 1960년대 초 군대 탈영병과 범죄자를 가두는 임시 감옥이 있던 로벤 섬에 정치범 수 천명을 가두었다. 정치범들은 이곳에서 영양가라고는 없는 옥수수 죽을 먹으며 아침부터 밤까지 노예처럼 일했다. 겨울에는 살을 엘 듯 춥고, 여름에는 불에 덴 듯이 더웠다. 나치가 유대인에게 자기가 묻힐 구덩이를 파게 했듯이 간수들은 수감자에게 자기가 갇힐 감옥을 스스로 짓도록 채찍질했다. 교도관들은 가차없이 몽둥이를 휘둘러댔다.

그런 가운데서도 독방에 갇혔던 넬슨 만델라와 같은 지도자들에게서 메시지가 전달되었다. 온갖 방법이 동원돼 메시지가 감옥 전체에 퍼졌다. 내용은 로벤 섬을 투쟁의 대학으로 변모시키자는 것이었다. 오래지 않아 저녁마다 감방 전체가 많은 종류의 교육활동으로 활기에 넘쳤다.

수감자들은 즐거움을 찾는 일에도 몰두했는데 그들의 창의력은 한계가 없었다. 훔친 비누 조각으로 주사위를 만들고, 종이 조각으로 카드를 만들어 게임을 했다. 하지만 감옥 안의 지옥 같은 일상을 바꿔보려는 재소자의 노력은 무엇이든 철저하게 짓밟혔다. 간수들은 감방을 이 잡듯 뒤져 놀이거리를 빼앗는 데서 가학적인 즐거움을 느끼는 듯했다. 하지만 교도관들도 막을 수 없었던 놀이가 있었다. 어느 날인가부터 수감자들은 셔츠를 뭉쳐서 만든 임시 축구공으로 경기를 했는데 '대박'이었다. 간수가 오면 원상태로 풀어놓기만 하면 됐던 것이다. 이후 저녁 시간이면 감방은 다시 활기로 넘쳤다.25)

넬슨 만델라는 여기서도 '회복탄력성'의 놀라운 특성을 발휘합니다. 회복탄력성을 강화하기 위해서는 충분한 휴식과 스트레스 요인과의 거리를 취하는 게 필수적이라는 것이 오늘날의 심리학자들의 연구로 밝혀지고 있습니다. '마음챙김 명상'이나 '심호흡' '운동 요법' 등과 회복탄력성과 연결시킨 수많은 연구들이 보고되고 있지요. 넬슨 만델라는 감옥 생활을 버티기 위해서 '틈만 나면 같이 즐겁게 노는 것'이 생존하기 위한 필수적인 전략이라는 것을 알았던 거지요. 그리고 '생존을 위해서, 놀기 위해서' 현재 가지고 있는 재료들을 닥치는 대로 활용하며 놀고 있는 것입니다.

3. 회복탄력성의 세부 구성 요소

앞에서 살펴본 3가지 요소들은 많은 학자들이 회복탄력성이 강한 사람들의 공통된 특성으로 발견한 사항입니다. 즉 회복탄력성이 강한 사람들은 첫째로 자신이 처한 현실을 냉철하게 인식하고, 두 번째로 어려움에 처할 때에도 인생의 큰 그림, 소중한 삶의 의미와 목적의식들을 잊지 않습니다. 세 번째로는 상황을 타개하기 위해서 자신이 현재 가지고 있는 인적 물적 자원들을 최선으로 활용하는 대처 능력, 임시변통 능력을 발휘합니다. 이외에도 회복탄력성을 가진 이들이 보여주는 세부적인 특성들이 많이 있겠지요.

3.1. 자기조절능력-대인관계능력-긍정성

그렇다면 이번에는 회복탄력성의 세부 구성 요소들을 알아보겠습니다. 우선 김주환 선생님의 『회복탄력성』에서는 회복탄력성을 이루는 세부 구성 요소들을 다음과 같이 정리하고 있습니다.[26]

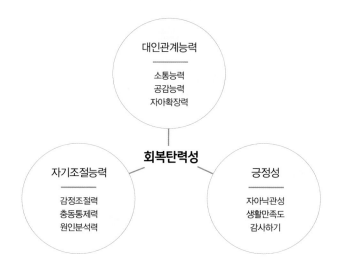

김주환 선생님께서는 한국형 회복탄력성 지수 측정도구인 'KRQ 53'을 제안하신 바 있는데, 위에 제시된 자기조절능력과 대인관계능력, 긍정성과 그 세부항목들의 합산이 회복탄력성 지수입니다. 여러분도 'KRQ 53' 문항을 답해보시면서 스스로의 회복탄력성 지수를 한번 측정해보십시오.[27]

그런데 교사들의 입장에서 왜 회복탄력성을 이루는 세부 구성 요소들에 관한 지식을 아는 것이 중요할까요? 중요하고 어려운 개념을 이해하고 교육적으로 활용하는 방법을 찾기 위해서는 우선 해당 개념을 구성하는 세부 요소가 무엇인지 생각해보아야 하기 때문입니다. 우리는 학생들에게 '회복탄력성'을 1–2차시 수업을 통해 단번에 가르칠 수는 없습니다. 위의 세부 요소들 중에서 하나의 요소를 중심으로 대화를 유도하거나 창의체험시간이나 다른 교과목 시간에 '녹여 낼 수' 있을 뿐이지요. 이 책의 부록에는 실제 초등학교 선생님들께서 회복탄력성 중 '긍정성 키우기'를 항목을 중심으로 '감사하기'나 '나만의 강점 찾기' 활동들을 포함한 수업지도안을 제안해 본 사례가 제시되어 있으니 참고해보시기 바랍니다.

이미 인성교육의 큰 틀 아래 이런 활동들을 교실에서 많이 진행 보셨을 거라고, 새로운 것은 없다고 생각하실 수도 있겠습니다. 그러나 한 명의 교사가 교육과정 문서들이나 정해진 교사용 참고도서만 참조하는 것과 스스로 어떤 문제의식을 느끼고, 어떤 주제에 대해 관계된 책을 넓게 읽어보고, 해당 주제에 대해서 깊게 생각해보고, 명확한 수업 목표를 세운 후 학생들과 잘 구성된 수업 활동을 진행해보는 것은 질적으로 다른 행위라고 생각합니다. 예를 들어 '나만의 강점 찾기' 활동을 통해 학생들이 어떻게 변화하길 기대하시겠습니까? 공부를 못하는 학생에게 각자의 특성과 재능은 다르다는 것을 알게 하고, 열등감에 휩싸이지 않고 자존감이 높은 사람이 되길 기대하십니까? 이런 활동들을 해보는 것이 아이들에게 진짜 중요하다고 믿고 수업을 준비하십니까? 구체적으로 이 활동이 필요한 반 아이의 얼굴이 떠오르시나요? 이 활동들의 진행에 도움을 주는 사례들이나 이론들을 좀 읽어보셨습니까? 수업 활동들은 물건의 사용설명서와 같은 매뉴얼처럼 진행할 수는 없습니다.

그러니 우리는 교사로서 더 공부하고 더 나아가야 합니다. 예를 들어 '회복탄력성' 개념에 대한 지식을 공부하였고, 이 개념의 교육적 중요성에 확신하게 되었다면, '나만의 강점 찾기' 활동은 우리 학생들이 살면서 만나게 되는 역경과 어려움 속에 흔들리지 않고 지켜줄 주춧돌 같은 것입니다. 따라서 공부하는 교사라면 이 때 반드시 하워드 가드너의 '다중지능 이론'을 떠올리게 되어 있습니다. 다중지능 이론을 한 번 더 공부하고, '다중지능 이론'[28]을 아이들 수준에서 설명할 수 있는 언어나 동영상을 찾아보고, 만약 우리가 근무하는 지역이 사회경제적으로 취약한 계층이 많이 살고, 아이들도 부모로 부터 방임된 척박한 환경에서 성장하고 있다면 학교 수업시간에 '다중지능 테스트'를 실시해서 아이들마다 자신의 다양하고 숨은 재능에 대해서 생각해보는 계기를 만들어볼 수 있습니다. 더불어 성적에 따라 아이들을 줄 세우고, 인격모독이나 열등감을 조장하는 한국의 사회풍토나 IQ나 선천적 재능에 대한 그릇된 믿음들이 다 맞는 이야기는 아니라는

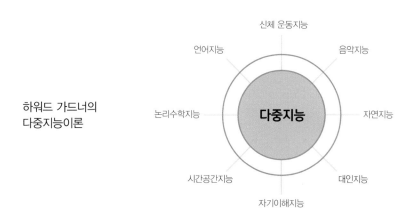

하워드 가드너의
다중지능이론

것을 아이들에게 전달할 수 있는 방법을 고민해보실 수 있습니다.

이와 같이 이미 흔해진 주제들이나 개념, 이미 많이 해본 수업활동들의 의미를 좀 더 깊은 수준에서 교사 스스로가 가진 신념들과 만나는 과정을 거치시길 바랍니다. 그럴 때 더 많은 콘텐츠가 보이고, 더 다양한 수업 활동들이 생각나고, 여러분과 함께하는 아이들의 눈도 더 반짝일 것입니다.

3.2. 어린이와 청소년들의 회복탄력성: 7C

이제 '회복탄력성'의 세부 구성요소들을 어린이와 청소년들에게 초점을 맞추어서 좀 더 알아볼까요? 우리가 교단에 있는 동안 어떻게 우리 아이들을 어려움을 잘 이겨내는 아이들로, '넘어져도 다시 일어서는 아이들'로 성장하게끔 도와줄 수 있을까요?

미국소아과협회에서 펴낸 '어린이와 청소년을 위한 회복탄력성 훈련서'라고 소개된 책 『넘어져도 다시 일어서는 아이』에서는 회복 탄력성을 키우는 7C를 제안하고 있습니다.[29]

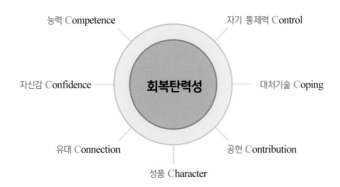

회복탄력성을 키우는 7C

여러분도 어린이와 청소년을 가르치는 교사라면 긴스버그와 재블로우가 여기서 제안하고 있는 세부 요소들에 대해서 스스로에게 다음과 같은 질문을 던져보시길 권장합니다.

어린이와 청소년의 회복 탄력성을 키우는 7C

1C=Competence 능력
1) 아이들이 자신의 강점, 자신만의 '잘하는 영역'을 인식하고, 집중하도록 돕고 있는가?
2) 아이들이 학습기술, 대인관계 기술, 스트레스 완화 기술들을 익히도록 돕고 있는가?

2C=Confidence 자신감
1) 아이들을 충분히 자주 칭찬하는가? 구체적인 성취에 대해서 칭찬하는가?
2) 아이들의 잘못을 교정할 때 어떻게 지적하는가? 효과적인 조언 방법은 무엇인가?

3C=Connection 유대
1) 우리 반 아이들은 가정에서 육체적 정서적 안정감을 느끼고 지내고 있는가?
2) 어려울 때 도움을 청할 올바른 어른이 적어도 한명은 있는가?
3) 자신의 감정을 표현하는데 어려움을 겪는가? 부정적 감정을 억압하고 있는가?

4C=Character 성품

1) 아이가 옳은 것과 그른 것을 따져 보고 즉각적 만족이나 이기적인 욕구를 넘어서 생각하도록 하는가?

2) 아이를 귀하게 여기는가? 다른 사람들을 배려하는 것의 중요성을 직접 보여주고 있는가?

3) 인종차별적, 민족적, 적대적 발언이나 고정관념을 표출하지 않으려고 조심하는가?

5C=Contribution 공헌

1) 아이들에게 각자 특정한 방식으로 세상에 공헌할 수 있는 기회를 주고 있는가?

2) 공동체와 세상에 공헌하는 많은 어른들 중 아이의 역할 모델이 되어 줄 수 있는 이를 찾고 있는가? 이 어른들을 본보기 삼아 자신이 될 수 있는 최고의 사람이 되라고 격려하는가?

6C=Coping 대처기술

1) 운동, 영양소 균형 섭취, 충분한 수면 등을 통해 몸을 돌보는 일이 얼마나 중요한지 몸소 보여 주고 있는가?

2) 창조적 놀이, 표현을 권장하고 있는가?

3) 스트레스 상황에 충동적이거나 분별없이 반응하는 대신 자기통제력을 발휘하는 법을 몸소 보여 주고 있는가?

7C=Control 자기통제력

1) 모든 환경을 통제 할 수 있는 사람은 아무도 없지만, 모든 사람은 긍정적 행동이나 자기보호적 행동을 통해 역경을 헤쳐 나갈 수 있음을 아이가

이해하도록 돕고 있는가?

2) 규율은 가르치기 위해 필요한 것이지 벌주거나 통제하기 위해서가 아니라는 사실을 이해하고 있는가? 규율을 이용해 아이에게 자신의 행동이 특정한 결과를 낳는다는 사실을 이해시키고 있는가?

위의 7C의 내용들은 서로 밀접하게 연관이 되어있습니다. 예를 들어 '능력Competence'이나 '자신감Confidence' 항목은 교사가 학생들에게 막연하게 '난 할 수 있어'라는 생각을 주입하는 게 아닙니다. 그것은 효과도 없을 겁니다. 왕자병이나 공주병, 자아도취증 아이를 만드는 것도 아니지요. 구체적으로 장점을 칭찬해주면서 능력을 키워주면 아이는 자신감을 가지게 되고 가족이나 친구, 학교와 공동체로 유대 관계를 넓히면서 심리적 안정감을 키워갈 수 있습니다. 7C 중에서 특히 '유대' 항목은 교사가 역기능 가정에서 힘들게 자라고 있는 아이들이 좋은 '성품'을 발전시키고 공동체에 '공헌'할 수 있는 성인으로 자라날 수 있도록 주목해야 할 요소입니다.

에미 워너의 연구에서 밝혀진 것처럼, '무조건적인 사랑을 받은 기억' '돌아갈 품' '안전지대'의 역할을 해준 '한 사람'이라도 주변에 있었던 아이들은 알콜중독인 부모와 지독한 가난 속에서도 밝은 청년으로 자라날 수 있었습니다. 우리 교사들이 우리 아이들을 언제나 관찰하고 그들의 가정환경, 그들의 정서적 상태에 대해서 관심을 가져야 합니다. 예를 들어 이라크의 독재자였던 사담 후세인은 어렸을 적 심각한 아동학대의 피해자였다고 하지요. 사담 후세인은 양아버지로 부터 끊임없이 모욕을 당하고 매질을 당하고 노예처럼 노동에 시달렸다고 합니다. '어린 시절의 체벌과 학대가 이후의 삶에 미치는 영향에 대한 보고서'라는 부제가 붙은 앨리스 밀러의 『폭력의 기억, 사랑을 잃어버린 사람들』을 보면 심각한 학대를 받은 불쌍한 어린이였던 사담 후세인이 무자비한 독재자로 자라게 된 과정이 소개되고 있습니다.

　　그의 의붓아버지는 양치기였는데, 끊임없이 소년 후세인을 경멸하며 '후
레자식'이나 '개자식'이라 불렀다. 또한 무지막지하게 매질을 가하거나 인
정사정없이 괴롭혔다. 노예 신세나 다름없는 아이를 한껏 부려먹기 위해 열
살이 될 때까지 학교도 보내지 않았고, 한밤중에 아이를 깨워 양떼를 돌보
게 했다.

　　이와 같이 감수성이 예민한 시기에, 모든 아이의 내면에서는 세계와 삶
의 가치에 대한 표상이 형성되고, 마음속에서는 애타게 바라는 소망이 자
라난다. 의붓아버지의 포로였던 사담 후세인의 경우에 이 소망은 오직 하
나뿐일 수밖에 없었다. 그것은 다른 사람에 대한 '무한한 권력'이었다. […]
어린 시절의 후세인에게는 다른 생각이란 결코 있을 수가 없었다. 그에게는
본보기가 되어줄 사람이 하나도 없었다. 오로지 전능한 의붓아버지와 그의
폭력에 적나라하게 노출된 희생자인 자기 자신 뿐이었다. 훗날 성인이 된
후세인은 이러한 본보기에 따라 자기 나라의 전체주의적 구조를 조직했다.
그의 몸은 폭력 이외에 다른 어떤 것도 알지 못했다.30)

　이와 같이 어린 시절에 어떤 정서적 지지나 사랑도 경험하지 못한 아동
은 어떤 어른으로 자라게 될까요? 앨리스 밀러는 히틀러와 스탈린, 차우쎄
스쿠 등과 같은 독재자들은 어린 시절에 겪은 무자비한 굴욕과 폭력을 어
른이 되었을 때 세상에 되돌려 준 경우라고 말합니다. 그들은 잔인한 독재
자가 되기 전, 성장 과정에서 단 한명의 인간적이고 따뜻한 어른도 못 만났
던 불행한 사람들이었을까요? 우리 아이들 중 그렇게 자라고 있는 아이들
은 없을까요? 교과목만 가르치시는 교사가 되지 말고 7C 중에서 특히 '유
대'와 '성품' '공헌' 항목을 꼭 주목해주시기 바랍니다. 엄마 없이 자라는 아

이들을 돌보는 시골학교의 선생님 같은 마음을 우리 교사들이 간직하자고 한다면 너무 이 시대와 맞지 않을 이야기일까요?

　자, 다시 7C의 요소들로 돌아가 봅시다. 어린이와 청소년들을 대상으로 하는 회복탄력성의 7가지 핵심 요소는 서로 밀접히 연관되어 있다는 것은 짐작하실 수 있으시지요? 긴스버그와 재블로우의 말을 그대로 인용해보겠습니다.

> 　아이는 '자신감'을 얻기 위해 '능력'을 경험해야 한다. '능력'을 강화하기 위해서는 어른과의 '유대'가 필요하다. 가족과 세상에 어떻게 '공헌'해야 할지 알기 위해서는 '성품'이 중요하다. '성품'은 다른 사람과의 깊은 '유대'를 통해 만들어진다. '공헌'은 '성품'을 키우고 더 나아가 '유대'를 강화한다. 공동체에 '공헌'하는 아이는 자신이 '유능'하다고 느끼면서 '자신감'을 얻는다. 이 모든 것을 통해 아이는 자신이 차이를 만들어 낼 수 있고, 환경을 바꿀 수 있다는 사실을 깨닫는다. 이때 아이의 '자기통제력'이 강화된다. '자기통제력'이 있는 아이는 문제를 해결하는 자신의 능력을 믿기 때문에 해결책을 찾아낼 때까지 끈질기게 문제를 공격한다. 여기서 새로이 발견된 '능력'은 아이의 '자신감'을 강화한다. 그리고 이 자신감은 아이가 환경을 '통제'하는 자신의 능력에 대해 믿음을 강화할 필요가 있을 때 다시 사용된다. 자신의 환경을 '통제'할 수 있다는 사실을 아는 아이는 건강한 '대처기술'을 사용할 가능성이 높다. 감각을 죽이거나 현실에서 탈출해야 할 필요성이 줄어들기 때문이다. 가장 좋은 '대처 기술'은 자신과 강한 '유대'를 맺고 있는 사람에게 의지 하는 것이다. 이 밖에도 7가지 핵심 요소는 서로 더 복잡하게 얽혀 있다.31)

이와 같이 회복탄력성을 구성하는 7가지 핵심 요소들은 서로 밀접히 연결되어 삶에서 어려움을 만날 때 발휘할 수 있는 회복탄력성을 신장시킵니다. 교육자의 입장에서는 학습자 맥락이나 교과목의 특성에 맞게 어떤 요소에 중점을 둘 것인가 결정해야 합니다.

『행복의 발견』이라는 책을 보면 지금은 세계적인 의사가 된 에드워드 할로웰의 인턴 시절 이야기가 나옵니다. 인턴 생활을 처음 시작한 날, 병원 안의 응급 상황을 지켜보면서 자신감을 잃어가던 풋내기 인턴 할로웰은 하얗게 질려 남자 화장실로 도피합니다. 화장실 세면대를 움켜잡고 절망에 빠져있던 할로웰은 병원의 응급 상황들에 의사로서 대처할 수 없고 인턴 생활을 감당할 수 없을 거 같은 두려움에 사로잡혀 의사의 길을 포기하고 진로를 바꿀 생각까지 하게 됩니다.

> 이제 와 돌아보면 그 때 병원에서 뛰쳐나왔다면 내 인생이 얼마나 변했을까 하는 생각에 아찔해진다. 그전에 살아오면서 뜻을 이루거나 성취해본 경험이 있었기 때문에 나는 떠나지 않을 수 있는 힘을 찾을 수 있을 때 까지 세면대를 붙들 수 있었던 것이다. 의사의 길을 걸어오면서 많은 힘든 일이 있었지만 내게는 그것보다 더한 것도 이겨낸 경험이 있었다.[32]

여기서 풋내기 청년 인턴이 자신감이 바닥에 떨어졌을 때 현실에 도전하도록 용기를 주었던 것은 7학년 때 축구경기에서 3골을 넣어서 팀이 이기도록 공헌했던 그 짜릿한 기억이었습니다. 별로 축구를 잘하지 못했던 13살의 할로웰은 가까스로 대표팀 2진에 끼었는데 코치들의 격려와 꾸준한 연습을 통해서 준비를 했고 마침내 경기에 나갈 기회를 얻게 되고 경기를 승리로 이끄는 그날의 영웅이 됩니다.

공은 곧장 내 위로 날아왔다. 삼십팔 년이 지난 오늘날 까지도 내 기억 속에서 공은 그렇게 떠있다. 내 인생의 전환점을 알리는 봉홧불처럼. 나는 배운 대로 공의 한가운데를 겨누며 뛰어올랐고 상상도 못할 일이겠지만 공을 정확하게 맞혀, 이제는 완전히 경기를 포기한 골키퍼의 손을 넘어 상대편 골대 왼쪽 위로 깨끗하게 밀어 넣었다. 우리는 6대 1로 승리를 거뒀다. [...] 나는 이 세상 꼭대기에 서 있는 듯한 느낌이 들었기 때문에 세계를 정복하고 돌아온 줄리어스 시저가 부럽지 않았다. 나는 그날의 경기와 골을 넣던 순간들을 똑똑히 기억하고 있다. 그날 내가 느꼈던 느낌들도 그렇다. 그 느낌은 잊을 수 없다. 그런 느낌은 영영 잊혀지지 않는다.[33]

어린 시절의 신나는 놀이나 운동 경기에서 겪게 되는 경험들이 훗날 의대에 들어가 힘든 인턴 과정을 거칠 때 도움이 될지 과연 어떻게 알겠어요? 할로웰은 1963년에 축구 경기에서 골을 넘었던 경험이 없었다면 '세면대에서 손을 떼고' 고민을 끝내고 그 길로 병원을 나와 의사의 길을 포기했을지도 모른다고 말하고 있습니다. 위 사례를 보면 심리학자들이 이론적 내용으로 종합해놓은 결과물들이 보통 사람들의 일상에서 찾아낸 경험들과 일치한다는 것을 알 수 있지요. 이 사례에서도 회복탄력성이 발휘되는 순간과 그 작동방식이 엿보입니다. 할로웰은 아무도 주목하지 않았던 자신을 눈여겨보고 격려해준 축구코치와의 '유대'를 통해 , 자신의 '능력'을 경험하고, 팀에 '공헌'할 기회를 얻으며, '자신감'을 획득하는 벅찬 경험을 하게 된 것입니다. 인턴을 포기하고 싶었던 순간에 과거의 기억을 다시 불러들임으로써, 현실에 다시 '대처'하고 상황을 '통제'하기 시작하며, 간호사나 선배나 동료 의사들처럼 자신을 도울 수 있는 '유대' 관계를 기억해 낼 수 있었습니다.

어쩌면 회복탄력성은 학문적 논의 이전에 우리가 가지고 있는 본연의 '생명력이나 생존능력'인지도 모르겠습니다. 생명은 능동이며, 즐거움이며, 조화이며, 성장이며, 희망이니까요. 회복탄력성이 발휘되는 순간은 우리 세포 속에 새겨진 그러한 힘들을 기억하는 순간입니다. 교사가 아이들의 회복탄력성을 키워주는 것은 나쁜 어른들의 폭력이나 다양한 형태의 학대와 방임으로 인해 손상된 우리 아이들의 생명력을 일깨우는 작업인거지요.

『아동학대에 관한 뒤늦은 기록』 (류이근 외, 시대의 창, 2017)에 따르면, 한국의 아동 학대 신고 접수는 2014년에 1만 7782건이며 아동인구 천 명당 1.1명이다. 아동 학대 가해자의 80% 이상이 친 부모로 조사된다. 아동학대의 문제가 얼마나 심각한지에 대해 『아동학대에 관한 뒤늦은 기록』에 나온 몇 가지 사례를 소개하고자 한다.

① **지훈이 살인 사건**. 2011년 2월, 만 세 살의 아들을 죽인 뒤 시체를 공터에 버린 부모 검거.

② **영훈이 남매 사건**. 1998년 4월, 친아버지와 새어머니의 학대로 기아 상채로 발견된 6살 남자 아이. 2000년 아동복지법 전면 개정의 계기가 됨. 구조 당시에 세 살 아이 수준에 불과한 14킬로그램의 체중, 지독한 영양실조, 발등과 발바닥에 수없이 찍힌 상처, 등에 있는 다리미 자국의 화상, 전신의 멍, 결핵, 파상풍이 발견됨.

③ **민이 사건**. 2013년 겨울, 13살 민이가 109센티미터, 7.5그램 상태로 사망 상태로 발견, 4살 때 엄마로 인해 다리뼈가 부러진 뒤 1년에 한차례 양치질과 목욕, 식사를 제대로 제공하지 않은 등의 극단적 방임 상태로 사망. 엄마의 우울증, 빈곤, 부부갈등, 무지, 사회적 고립이 원인으로 지목됨.

④ **원영이 사건**. 2016년 3월, 경기도 평택에서 7살 남자아이가 숨진 채 발견. 부모는 아이를 때리고, 밥을 굶기고, 맨살에 락스를 뿌리고, 찬물을 끼얹은 채 욕실에 스무 시간 가두어서 사망을 초래함.

4. 회복탄력성 증진을 위한 교육 활동들

자, 지금까지 '회복탄력성'이라는 주제를 알아보았습니다. 교사인 우리들은 이것을 어떻게 가르칠 수 있을까요? 우선 삶에 오랫동안 영향을 주는 모든 가르침이 그러하듯이 단기적인 결과를 볼 수 있는 것이 아니며 아이의 마음 속에 뿌려진 씨앗이, 작은 기억이 언젠가 싹을 틔울 것이라는 믿음을 가지시길 바랍니다. 그리고 작은 것부터 시작하시면 됩니다.

4.1. 교사와 학생의 대화 : 회복탄력적 사고 유도하기

회복탄력성의 관점에서 보자면, 스트레스를 주는 상황이나 예기치 않은 고난을 만났을 때, 그 사건에 압도되지 않으려면, 그 사건에 대한 의미를 긍정적으로 부여하는 게 필요합니다. 마틴 셀리그만의 '긍정심리학'의 핵심 내용도 이것과 관련이 있습니다. 여기서 그럼 '긍정심리학'[34]과 연결된 내용들을 좀 알아볼까요? 마틴 셀리그만은 낙관성을 계발하는 방법으로 ABCDE 방법을 제안합니다. 비관적인 사건이나 생각에 빠졌을 때 상황을 직시하고 분석하여 반박할 수 있는 과정입니다. 마틴 셀리그만의 든 사례를 토대로 간략히 소개해보겠습니다.[35]

우리는 살아가며 무수한 일들을 경험하지만, 그 경험과 사건에 대한 해석은 개인마다 다릅니다. ABCDE 방법의 B단계, 즉 불행한 사건, 상황으로 보이는 A에 대해서 어떠한 신념 체계를 갖고 해석하느냐에 따라 해당 경험의 결과가 달라지는 거지요. 비관적이 되지 않기 위해서는 '왜곡된 믿음'에 따라 사건의 의미를 잘못 해석하지 않는 것이 중요합니다. 이를 위해서는 왜곡된 믿음을 반박하고, ABCDE 단계에서 DE 단계, 즉 '반박'과 '활력 얻기'로 나가야 합니다. 셀리그만은 ABCDE 방법으로 비관적인 생각을 반박해보는 연습이 중요하다고 말합니다.[36]

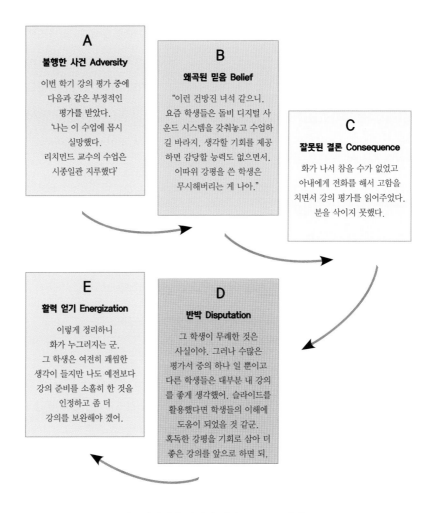

회복탄력성과 낙관성 계발 ABCDE 방법

비관적인 생각들을 반박하여 다시 활력을 얻는 단계로 나아가기 위해서는 낙관적인 사람들이 사고하는 패턴과 비관적인 사람들이 사고하는 패턴의 차이를 이해하는 것이 도움이 됩니다. 스스로 자신의 사고방식은 어떠한 패턴을 따르는 경향이 있는가를 검토해보십시오.

쉬운 예를 들어보겠습니다. 열심히 준비한 시험을 망쳤습니다. 비관적인 사람은 '시험을 망쳤다'는 이 사건, 현재의 상황에 대하여 3P의 방식으로 사고하는 패턴을 가졌다고 합니다. 3P는 마틴 셀리그만 같은 긍정심리학을 연구하는 학자들이 '비관주의자들의 3가지 사고 패턴'이라고 정리한 것입니다.

부정적인 사건에 대한 비관주의자의 3P 패턴

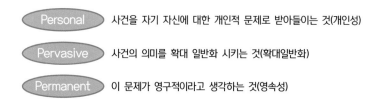

Personal 사건을 자기 자신에 대한 개인적 문제로 받아들이는 것(개인성)

Pervasive 사건의 의미를 확대 일반화 시키는 것(확대일반화)

Permanent 이 문제가 영구적이라고 생각하는 것(영속성)

이 3P에 따라 비관적인 사고 패턴을 따르는 사람은 '열심히 준비한 시험을 망쳤다'는 부정적인 사건에 대해서, 다음과 같은 식으로 생각할 것입니다.

1. 개인성: 나는 노력해도 안 돼. 노력한 애들 중에서는 나만 시험을 망쳤어.
2. 확대일반화: 오늘 뿐 아니라 내일 시험도 망치겠지. 내가 하는 일은 다 잘 안 돼.
3. 영속성: 나는 앞으로도 열심히 해도 시험을 잘 못 볼 거야.

반대로 좋은 일이 생겼을 때는 낙관주의자들은 3P가 긍정적 해석을 더욱 강화시키는 방향으로, 비관주의자들은 그 의미를 축소하는 방향으로 작용합니다.

[상황: 시험에서 예상보다 훨씬 더 좋은 성적을 거둔 경우]

회복탄력성이 낮은 경우	회복탄력성이 높은 경우
1P: 내가 이렇게 성적이 좋다니 다른 애들도 다 잘 보았을 걸.	1P: 역시 나는 노력하면 되는구나.
2P: 오늘 시험은 어쩌다 잘 본거야. 내일 시험은 아마 망칠거야.	2P: 역시 나는 내일 시험도 잘 보게 될 거야.
3P: 어쩌다 오늘만 운이 따라준 거야.	3P: 나는 시험 운이 언제나 좋은 편이야.

즉 비관적인 사람은 나쁜 일이 생겼을 때 3P패턴으로 사고합니다. 반대로 긍정적이고 회복탄력성이 높은 사람은 좋은 일이 생겼을 때 3P패턴으로 사고하고 나쁜 일이 생겼을 때는 3P의 반대 방향으로 사고합니다. 김주환 선생님은 '회복탄력성'의 필수 세부 요소 중의 하나인 '자기조절력'의 세부 항목인 '원인분석력의 기본이 되는 것은 긍정적인 스토리텔링의 능력' 이라고 강조합니다. 인생에서 닥치는 사건에서 3P를 기준 삼아 긍정적인 사고 패턴을 갖는 것은 회복탄력성을 유지하는데 매우 중요하다는 것이지요. 다음 정리한 표[37]를 토대로 상황들을 설정하여 긍정적인 사고 패턴을 따르는 연습을 해보십시오.

나쁜 일이 생겼을 때		좋은 일이 생겼을 때	
비관적인 사람	낙관적인 사람	비관적인 사람	낙관적인 사람
⋮	⋮	⋮	⋮
개인성 확대일반화	비개인성 특수성(사건의 부정적 의미와 범위를 축소)	비개인성 특수성(사건의 긍정적 의미와 범위를 축소)	개인성 확대일반화
영속성	일시성	일시성	영속성

결론적으로 선생님들은 아이들이 비관적인 생각 패턴을 따라 사건들을 해석하지 않는 습관을 갖도록 도와주셔야 합니다. 부모님들 자체가 비관적인 사고방식을 지닌 분들이 많고 아이들에게 부정적 영향을 끼치시는 분이 많기 때문이지요. 아이가 시험을 잘 받아 좋은 성적표를 들고 왔을 때, 엄마가 "네가 맨날 시험을 망치더니 어쩌다 오늘은 시험을 잘 봤네. 해가 서쪽에서 뜨겠네."류의 말을 하신다면 엄마는 자기 아이를 사랑하는 엄마임에도 아이에게 마틴 셀리그만의 ABCDE 모형의 B단계에서 왜곡된 믿음, 부정적 사고 패턴을 심어주는 대화를 하고 계신 것이지요. 늘 주변에서 부정적인 말만 듣고 자라나고 있는 역기능 가정의 아이에게 선생님이 대화와 사고를 긍정적으로 코칭 해주셔야 됩니다.

　이와 같이 '회복탄력성'은 한 번에 가르칠 수 있는 지식이 아니라 긍정적인 사고의 습관화를 통해서 조금씩 키워질 수 있는 것입니다. 따라서 교사들이 평소의 대화에서 아이들의 회복 탄력적 사고를 하도록 유도하는 것이 가장 중요합니다. 자, 그럼 교실 내 간단한 활동들을 통해서 교사와 아이들의 대화 속에 회복탄력성의 내용을 포함시킬 수 있는 방안들을 살펴볼까요?

　앞에서 '자기조절력'이 회복탄력성의 주요 요소이며 그 세부 항목으로는 '감정조절력', '충동통제력', '원인분석력'인 것을 보셨지요? 이 세부요소들은 어린이를 대상으로 자신의 감정을 표현하거나 친구의 감정을 추측해보게 하는 활동이나 대화를 유도하는 활동을 통해서 증진시킬 수 있습니다.

　최성애 선생님이 알려주시는 아이들의 회복탄력성을 높이는 활동들을 몇 가지 소개해보겠습니다.

사진보며 감정 추측하기

　다른 아이들의 감정이 드러난 사진을 보며주면서 사진 속 아이의 기분을 추측하게 하고, 그런 감정이 든 이유나 상황 등을 생각해 보게 합니다.

　교사/부모: 지금 이 아이 기분이 어떤 것 같아요?

　아이: 기분이 안 좋은 것 같아요.

　교사/부모: 어쩌다가 기분이 안 좋아졌을까요?

　아이: 엄마한테 혼나서요.

　교사/부모: 그럴 수 있겠네요. 또 어떤 일로 기분이 안 좋아졌을까요?

　아이: 친구가 안 놀아줘서요.

　교사/부모: 맞아요. 친구가 안 놀아주면 기분이 안 좋지요. 또 다른 이유는
　　없을까요?

　아이: 동생이 인형을 빼앗아가서요.

　교사/부모: 정말 그럴 수도 있겠네요. 동생에게 인형을 빼앗기면 기분이 안
　　좋겠지요.[38]

　'무서워하는 사진' '행복해 보이는 사진' 등을 활용하여 다양한 감정에 대
한 이해와 공감을 유도할 수 있습니다. 이 과정에서 교사인 우리가 아이를

이해할 수도 있지요.

교사/부모: 이 아이는 지금 기분이 어떤 것 같아요?

아이: 무섭고 겁에 질린 거 같아요.

교사/부모: 무엇을 이렇게 무서워할까요?

아이: 엄마가 때릴 것 같아서요.

교사/부모: 그러면 진짜 무섭죠. 또?

아이: 엄마 아빠가 다투는 모습을 보고요.

교사/부모: 맞아요. 엄마 아빠가 다투면 가슴이 콩닥거리면서 굉장히 무섭고 겁나죠.

교사/부모: 또 어떤 게 무서웠을까요?

아이: 천둥 번개가 쳐서요.

교사/부모: 맞아요. 천둥 번개가 쳐도 진짜 무섭죠.39)

감정날씨 그래프40)에 감정 표현하기

감정 그래프를 활용해서 '이럴 때 기분이 어떨까?'라고 물어보면서 감정을 추측하고 표현하게 한다.

-친구 생일 파티에 초대 받았을 때

-놀이터에서 누군가 날 밀어서 넘어졌을 때

-아기 토끼를 만져볼 때

-선생님이나 부모님께 꾸지람을 들을 때 등

높은 에너지

A

B

부정적 감정
cortisol

DHEA
긍정적 감정

나의
감정날씨

C

D

낮은 에너지

청진기로 심장 소리 듣고 묘사해 보기[41]

청진기로 심장 소리를 듣고 묘사하게 한 후, 손바닥으로 심장이 뛰는 것
을 느끼게 합니다.

> 교사/부모: 심장 소리 들으니 어때요? 어떤 느낌이에요?
>
> 아이: 신기하고 기분이 좋아요.
>
> 교사/부모: 기분이 좋아요? 심장에서 어떤 소리가 나요? 얘기해 줄 수 있어
> 요?
>
> 아이: 예쁘고 조용한 시냇물 소리 같아요.
>
> 교사/부모: 그렇군요. 심장 소리를 들으니까 신기하고 좋죠?

위 활동들은 유아나 초등 저학년에 적합하겠지만, 조금만 재구성하면
초등 고학년이나 청소년들과 함께 할 수 있는 회복탄력성을 키우는 활동이
될 수도 있을 것입니다.

4.2. 소명과 의미 추구의 삶으로 안내하기

앞에서 회복탄력성이 높은 사람들의 3가지 특성 중에는 '의미를 추구하는 삶'이란 항목이 있었던 것 기억하시죠? 고난을 이기고, 생존하여, 삶을 가치 있게 이끌기 위해 의미를 추구해야 한다는 것은 설득이 되셨나요? 그런데 의미를 찾는다는 것은 다른 말로 쉽게 풀어쓴다면 어떤 말일까요? 우선 '의미'는 작게는 '지금 이 순간' 이 사건의 의미가 있을 수 있습니다. 또한 좀 더 크게 '의미'는 프랭클이나 만델라의 예에서 자세히 알아본 것처럼 어떤 상황에서도 손상되지 않고 한 개인을 이끄는 핵심 인생관이나 가치관, 그의 삶의 소명 같은 것을 뜻합니다. 여기서 '의미'란 다음과 같은 내용을 포함합니다.

- 살아가는 이유, 살 수 있게 하는 동기
- 내가 가장 가치 있다고 생각하는 것
- 내 삶의 좌우명, 철학, 목적의식

어쩌면 삶은 숙명이니 '질문하지 말고' 그저 열심히 살아야 하는 것인지도 모릅니다. 원래 가장 회복탄력적인 분들, 가장 공동체에 도움이 되는 분들은 요란하게 말씀하시지도 않고 그저 묵묵히 순간 순간 자신의 책임을 감내하며 사시지요. 그분들은 '의미를 추구해야 한다'고 말하면 그저 미소 지으실 겁니다. 그래서 빅터 프랭클도 수용소 체험을 말하면서 '내가 삶에 무엇을 기대하는가보다 삶이 내게 무엇을 기대하는가'를 질문해야 한다고 말합니다. 그러나 우리 아이들에게는 우선 삶의 목적의식을 불어넣어주어야 합니다. 세상 문화가 너무나 쾌락과 소비가 행복의 원천인 것처럼 아이들의 정신을 조종하고 있고, 가정에서도 아이들에게 성적과 물질적 성공 위주의 가치관만 심어주는 경우가 많기 때문입니다.

우리는 누구나 '좋은 삶' '행복한 인생'을 추구하고자 합니다. 어떻게 하면 '좋은 삶'을 살면서 의미로 가득 찬 가치 있는 삶을 살도록 우리 학생들을 안내할 수 있을까요? 이 질문에 대답하기 위해서는 역설적으로 우리 학생들에게 '죽음'에 대해서도 가르쳐야 할지 모릅니다. 결국 '삶의 문제는 죽음의 문제'이기 때문이지요. 우리는 언젠가 모두 죽는다는 것, 세상은 '현재를 즐기라, 모든 것을 누리고 소비하라'라고 광고하며 그들의 정신을 조작하고 있지만, 순간적인 쾌락이나 이기의 추구는 결국 행복의 길도 아니라는 것을요. 그러나 이제 파릇파릇 시작하는 아이들에게 이것을 어떻게 하면 재미없지 않게 지나치게 무겁지 않게 가르칠 수 있을까요? '멋진 삶과 죽음'을 산 사람들의 실제 이야기들을 동영상으로 보여주면 어떨까요? 비전 선언문, 사명 서명문을 작성하는 활동을 시켜보면 어떨까요?

최근에 저는 초등학생들에게 '목적의식'을 심어주는 책들을 찾아보다가 『존 아저씨의 꿈의 목록』42)과 『나는 무슨 씨앗일까』43)를 스스로 읽어보았습니다. 이미 좋은 어린이 책들로 뽑히고 스테디셀러로 잘 알려진 책들이지요. 『존 아저씨의 꿈의 목록』은 세계적인 탐험가이자 다큐멘터

리 제작자 존 고다드John Godard가 어린이들을 위해 쓴 자신의 이야기입니다. 존 고다드는 15살 소년이었을 때 어느 비오는 날 오후, 부엌의 식탁에 앉아 노란색 노트를 펼치고 자신이 평생 동안 하고 싶은 꿈의 목록을 적어나갔다고 하지요. 그때 적은 꿈의 목록은 127개 정도가 되었는데 돌이켜보니 그중 111개는 실제로 이루었다고 합니다. 존 고다드의 꿈의 목록은 끊임없이 추가 되어 500개

이상이 되었고 무엇보다 그는 꿈의 목록을 언제나 되새기면서 설렘과 도전
으로 가득 찬 인생을 살았다고 말하고 있습니다.

- ■탐험하고 싶은 장소(1.이집트의 나일강, 2. 남미의 아마존 강)
- ■답사해보고 싶은 원시문화(15. 아프리카의 케냐)
- ■등반하고 싶은 산(26. 터키의 아라라트 산, 33. 베수비오 산)
- ■갑자기 떠오른 생각(40. 비행기 조종술 배우기, 41. 로즈 퍼레이드에서
  말타기)
- ■촬영해서 사진으로 남기고 싶은 곳(45. 요세미티 폭포)
- ■수중 탐험하고 싶은 곳(50. 오스트레일리아의 그레이트 배리어 리프)
- ■여행하고 싶은 곳(60. 타지마할 묘, 62. 블루 그로토)
- ■수영하고 싶은 곳(71. 페루의 티티카카 호수)
- ■그밖에 해내고 싶은 일(77. 코끼리, 낙타, 타조, 야생말 타기, 81. 1분에
  50자 타자 치기, 103. 윗몸 일으키기 200회, 턱걸이 20회 유지하기, 115.

피아노로 베토벤의 〈월광〉 연주하기, 117. 독사에게서 독 빼내기, 127. 21세기에 살아보기.)44)

존 고다드의 꿈의 목록을 보면 세상적인 성공이나 명예가 보장된 직업 목록이 아니지요. 위 내용들은 존 고다드의 목록 중에서 제가 무작위로 옮겨 적은 거지만 이 목록들을 보면서 무슨 생각이 드세요? 우리 대한민국의 아이들이 꿈의 목록을 만든다면 꿈의 목록의 세부 항목들은 어떻게 바뀔까요? 존 고다드는 자신의 꿈의 목록과 삶을 이야기하면서 꿈에는 반드시 '배움'이 필요하다는 것을 거듭 강조합니다. 책읽기도 끊임없이 중요하다고 말하지요. 그가 탐험하고 싶다고 밝힌 지역명칭들이나 배우고 싶다는 종목이나 듣고 싶다는 음악들을 저는 반도 모르겠습니다. 그만큼 그의 꿈은 구체적이고 배움에서 탄생한 것이고 미래의 배움에 걸쳐 있습니다. 또한 예술 감상이나 일상의 소소한 즐거움, 자신만의 고유한 소망을 담고 있습니다. 이것은 그가 15살 때 쓴 것이라는데 그 이후에 전개된 그의 삶과 비교해보면 127개의 목록들이 '모든 것이 합력하여' 그의 삶의 큰 목표를 이루게 하였음을 알 수 있습니다. 즉 꿈의 목록은 아무리 소소해 보여도 그의 삶 전체를 관통하는 큰 줄기에 협력하는 단계적 목표들인 거지요. 우리 아이들이 존 고다드 방식의 꿈의 목록을 작성해 볼 기회를 주세요. 집에서는 부모님들이 'OO대학에 들어가야 한다'라든지 'OO가 되어라' 등의 학벌이나 직업명을 제시하는 방식으로 어린이들의 꿈을 다루고 있지나 않은지 걱정이 되니까요.

『나는 무슨 씨앗일까』는 직접 읽어보니 한국 사회에서 존경받는 분들의 진솔한 목소리가 가득 담겨 있네요. 집안마다 있는 위인전들은 시대도 나라도 너무 먼 곳의 분들이라 내 삶과 관련시키기가 좀 어렵습니다. 이 책에 소개된 분들은 자신의 환경에서 순간순간 진실 되게 살아낸 평범한 우리의 선배 같지요. 또 한결같이 겸손한 말투로 글을 전개하고 계셔서 '우와. 진짜들은 역시 겸손하구나'라는 생각까지 했습니다. 또한 친환경적인 태평농법을 펼치시는 '농부 이영문'과 같은 분은 이 책을 통해서 처음 알게 되었습니다. 저는 프랑스에서 생태 농업을 주장하시는 '피에르 라비Pierre Rabhi'를 존경하면서 대학의 학생들에게도 소개하곤 했는데 우리 사회 주변의 이영문 선생님도 몰랐다는 것이 스스로가 부끄러웠습니다. 자, 이런 책들, 이런 분들의 삶을 다룬 다큐멘터리들을 자주 보여주십시오.

거듭 강조하지만 특히 오늘날의 시대 문화 속에서 아이들에게 '목적의식'을 심어주는 것, 자기 자신이 아닌 공동체에 기여하고자 하는 마음이나 삶의 비전을 심어주는 것은 매우 중요합니다.

요즘 문화는 전자기기, 비싼 신발과 옷, 화장품, 자동차 같은 물질적 요소에 너무 초점을 맞추고 있다. 아이들은 자연스럽게 그러한 조류에 휘말린다. 주위가 온통 그러하기 때문이다. 이러한 조류에 맞서거나 균형을 잡기 위해, 부모들은 아이들에게 뭔가를 받는 기회보다 주는 기회를 제공해야 한다. 아이들은 우주가 자기를 중심으로 돌지 않으며 자기가 원하는 모든 것을 주지 않는다는 사실을 배울 것이다. 재난 구호를 위해 기금을 모금하거나 재활용품을 모으거나 어린아이들을 가르치면서, 아이들은 세상과 그 세상 안의 자기 자리에 대해 좀 더 현실적인 관점을 얻을 것이다. 아이들은 자기 자신을 넘어서 세상을 바라보기 시작할 것이다. 또한 자기 자신을 좀 더 큰 공동체의 일부로 인식하고, 그 공동체 안에서 자신이 차이를 만들어 낼 수 있다는 사실을 알게 될 것이다.

공헌은 회복탄력성에 직접적으로 기여한다. 아이들에게 목적의식을 안겨주기 때문이다. 열심히 노력해서 달성해야 할 긍정적인 목표가 생기는 것이다.45)

'직지의 꿈 박병선 박사를 통해 이루어지다.' 〈유튜브 캡처 화면 : 반크제작〉

    이와 같이 어린이와 청소년을 위한 회복탄력성 훈련에서도 '공헌'의 항목은 포함되어 있습니다. 공동체와 세상에 공헌한 사람들의 삶을 많이 소개해주십시오. 각 교과목의 특성에 맞게 수많은 사례를 찾을 수 있을 것입니다. 예를 들어 체육 교과에서는 2008년 베이징 올림픽에도 출전한 수단 출신 미국 육상선수 로페즈 로몽Lopez Lomong을 소개해주십시오. 수없이 2등을 했어도 끝까지 최선을 다해 달렸던 이봉주 선수의 알려지지 않은 이야기들을 아이들에게 알려주십시오. 역사 교과에서는 인쇄술과 관련된 세계 역사를 다시 쓰고, 프랑스로부터 우리 문화유산 '외규장각 의궤'를 되찾는데 결정적 역할을 한 박병선 박사님1923-2011의 일대기를 알려주세요. 나의 깊은 꿈을 만나서 온갖 역경을 감내하고, 내가 꿈을 이루어갔던 과정이 결국 나 자신의 행복을 넘어 사회를 이롭게 했던 감동적인 사례들을 아이들에게 들려주셔야 합니다.

4.3. 회복탄력성과 연관된 내러티브 제시

회복탄력성과 연관된 동화나 애니메이션과 같은 수많은 콘텐츠들을 찾아보시고 아이들에게 들려주세요.

『리디아의 정원』 사라 스튜어트 글 | 데이비드 스몰 그림 | 이복희 옮김 | 시공주니어

예를 들어 『리디아의 정원』이라는 동화가 있습니다.

이 동화는 1930년대 미국의 대공황 시기를 배경으로 아빠가 실업상태여서 어쩔 수 없이 잠시 삼촌 집에 가게 된 리디아란 소녀가 가족과 떨어져서 지내면서도 어려움 속에서도 희망을 잃지 않고 오히려 주변을 행복하게 만드는 이야기 입니다. 이 작은 동화 속에서도 회복탄력성이 높은 사람들이 보여주는 특성 3가지가 다 발견됩니다. 주인공 리디아는 회복탄력성이 높은 사람들이 보여주는 3가지 특성을 모두 보여주고 있지요.

1) 현실직시: 리디아 가족은 아빠가 실업자가 되어 집안 형편이 매우 어려워집니다. 리디아는 가족을 떠나 대도시에서 빵집을 하는 삼촌네에서 잠시 더부살이를 해야 한다는 현실을 기꺼이 수용합니다. 가족들이 몹시 그리워도 그것에 매몰되지 않고, 새롭게 만나게 된 사람들과 우정을 나눕니다.

2) 의미추구: 리디아가 신세를 지게 된 삼촌은 매우 과묵하고 감정 표현을 하지 않는 분이십니다. 리디아가 머물게 된 삼촌네 집과 빵집이 있는 대

도시의 풍경은 매우 삭막하고
어두운 도시의 뒷골목, 빈민가 동네처럼 보입니다. 시
골에서 원래 할머니와 늘 정원을 가꾸고 채소와 꽃을 키웠던 리디아에
게는 매우 낯설고 삭막한 곳이지요. 그곳에서 가족과 떨어져 지내게 되었
지만 리디아는 좌절하지 않고 그곳의 삶에서 의미를 찾습니다. 우선 절대
웃지 않는 삼촌을 웃게 만드는 거지요. 그리고 자투리 공간이나 화분들을
모아 꽃을 키워서 삼촌의 빵집과 동네 구석구석을 환하게 만드는 거지요.
그리고 리디아를 걱정하는 가족들에게 늘 건강하고 밝은 안부 편지를 써서
안심시켜 드리는 거지요.

3) 임기응변 : 리디아는
'지금, 여기' 현실을 온전
히 수용합니다. 그리고
여기서 구할 수 있는

재료나 상황에서 자신과 주변을 행복하게 하는 방법을 찾아내지요. 예를 들어 버려진 쓰레기가 모여 있던 건물 옥상을 발견하고 그것을 활용해서 삼촌을 기쁘게 할 아름다운 옥상 정원으로 탈바꿈 시킵니다. 동네 사람들이 리디아의 화초 키우는 솜씨를 알고 가져다주는 깨진 그릇들이나 화분들을 이용해서 동네 구석구석을 꽃으로 채우고 많은 사람들을 행복하게 합니다. 리디아가 삼촌 집에 머무는 동안 동네는 서서히 꽃이 만발하고 사람들의 얼굴들도 밝아지고 삼촌이 운영하는 빵집에는 늘 손님들로 넘쳐나지요.

『무릎딱지』 샤를로트 문드리크 글 | 올리비에 탈레크 그림 | 이경혜 역 | 한울림어린이

무릎딱지는 엄마를 병으로 떠나보낸 어린 꼬마가 상실을 이겨내고 아빠와 삶을 이어나가게 되는 이야기입니다. 제가 가까운 가족 중 한분을 잃고 커다란 상실감과 오랜 슬픔에 빠져있었을 때 이 그림책을 우연히 읽게 되었는데 저는 '커다란^^ 어른이지만 이 책의 주인공인 엄마를 잃은 프랑스 꼬마의 마음

에 공감하며 함께 울었던 기억이 납니다. 20살이 넘은 제 제자가 어려서부터 키워온 동생 같은 강아지를 잃고 시무룩해있을 때 이 그림책을 건네기도 했지요. 다 큰 어른들이 참 유치한가요? 회복탄력성이 필요한 경우 중 하나가 커다란 상실, 이별과 사별을 겪었을 때이지요. 우리 어린이들도 부모가 이혼을 하거나 부모님 중 한 분이 병으로 세상을 떠나시거나 하는 예기치 못한 슬픔들을 만납니다. 그런 때를 대비해서 슬픔이나 상실감과 같은 고통스런 감정들에도 불구하고 삶에 의연히 맞설 힘을 북돋아주기 위해서 '무릎딱지'와 같은 그림책을 한번 같이 읽어보세요.

그림책은 짧고 쉬운 글과 정서가 촉촉해지는 그림들을 잔뜩 담고 있어서 어린이들 뿐만 아니라 어른들까지도 위로할 수 있는 힘을 지니고 있답니다. 좋은 그림책은 계급 불평등이나 가난의 문제, 전쟁의 비극 같은 큰 주제를 담아낼 수도 있고, 어려운 정신의학이나 심리학의 핵심 사항들을 포함할 수도 있지요. 세계 2차 대전을 『블룸카의 일기』[46] 『곰 인형 오토』[47] 『천사들의 행진』[48]이란 그림책으로 도입할 수 있습니다. '성폭력'의 문제를 『슬픈 란돌린』[49] 『내 몸은 나의 것』[50] 『말해도 괜찮아』[51] 등과 같은 그림책으로 아이들과 나눌 수 있습니다. 신자

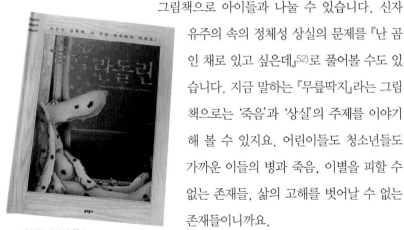

유주의 속의 정체성 상실의 문제를 『난 곰인 채로 있고 싶은데』[52]로 풀어볼 수도 있습니다. 지금 말하는 『무릎딱지』라는 그림책으로는 '죽음'과 '상실'의 주제를 이야기해 볼 수 있지요. 어린이들도 청소년들도 가까운 이들의 병과 죽음, 이별을 피할 수 없는 존재들, 삶의 고해를 벗어날 수 없는 존재들이니까요.

카트린 마이어 글 |
아네트 블라이 그림 |
허수경 역 | 문학동네

요르크 슈타이너 글 | 요르크 뮐러 그림 |
고영아 역 | 비룡소

엘리자베스 퀴블러 로스Elizabeth
Kubler Ross 는 우리가 슬픔이나 상
실을 겪었을 때 대체로 다음과
같은 감정 상태의 주기를 거친
다고 합니다.

1) 충격: 부정적인 소식이나 사람을 불안하게 만드는 소식
을 들었을 때 사람들이 보이는 반응이다.

2) 부정: 불가피한 사실을 회피하려고 하는 사람들이 흔히 보이는 반응이
다.

3) 분노: 좌절과 폭발하는 감정 때문에, 혹은 왜 변화가 일어나는지 모르는
경우 분노가 일어난다.

4) 타협: 위기를 타개할 방법을 찾거나 대안을 협상하려는 시도다.

5) 우울: 결과를 부정적으로 생각하는 사람에게 나타나는 심리다.

6) 수용: 변화를 받아들이고 앞으로 나아갈 준비가 되었다면 수용의 단계에
진입한 것이다.[53]

『무릎딱지』는 엄마를 잃은 아이의 목소리를 통해 겪게 되는 상실의 감정
과 주기를 거의 심리학자들이 정리해놓은 순서대로 보여줍니다.[54]

충격 엄마가 오늘 아침에 죽었다. 사실은 어젯밤이다.
부정 나는 말했다. 엄마가 좀 쉰 다음에 돌아오면 된다고. 나는 엄마 목소
리가 새어 나가지 않게 귀를 막고, 입을 다문다. 안 돼! 열지 마. 엄마가

빠져 나간다 말이야.

분노 나는 화가 나서 소리쳤다. 이렇게 빨리 가버릴 거면 나를 낳지 말지, 뭐 하러 낳았느냐고.

타협 여기, 쏙 들어간 데 있지? 엄마는 바로 여기에 있어. 엄마는 절대로 여길 떠나지 않아.

아빠는 썩 잘하지는 못했지만, 나는 아빠한테 아무 말도 하지 않았다. 아빠가 더 잘하게 하려면 아빠를 격려해 줘야 하니까.

우울 엄마가 죽은 지 몇 밤이 지났다. 나는 이제 잠도 자고 싶지 않다. 배도 좀 아프고, 아빠도 돌보지 못하게 되었다. 눈물이 끝도 없이 쏟아졌다. 아무것도 할 수 없다. 힘이 다 빠졌다.

수용 저녁에 침대에 누워서 손가락으로 무릎을 만져보니 매끈매끈한 새살이 나 있었다. 나는 울까 말까 망설였지만 울지 않았다.

책 제목인 '무릎딱지'는 엄마를 잃은 꼬마가 상실을 극복해나가는 과정을 잘 나타내주는 단어 입니다. 엄마가 죽은 현실을 받아들이기 싫은 아이는 엄마의 냄새가 새어나가지 않게 하려고 여름인데도 집안의 창문을 모두 닫아 놓습니다. 자기가 아프면 언제나 따뜻한 말을 하며 꼭 안아주었던 엄마 목소리를 다시 듣고 싶어서 넘어져서 무릎에 상처가 나도 새살이 돋기 전에 딱지를 일부러 뜯어냅니다. '부정'과 '분노' '우울'의 단계들을 거친 아이는 엄마는 언제나 가슴 속에 있다는 할머니의 말을 통하여 '타협'과 '수용' 단계에 이르고, 엄마의 죽음이라는 현실을 받아들이고 일상을 온전히 살기 시작합니다. 아빠와 할머니를 관찰하고 배려하기 시작합니다. 그냥 뭉클한 이야기로 읽을게 아니라 아이들이 미래의 상실과 슬픔을 만날 때 도움이 될 수 있도록, 소위 '회복탄력성'을 높여줄 수 있는 읽기 지도를 할 수 있는 거지요. 자신의 감정을 잘 인식하는 사람은 회복탄력성의 필수적인 요소인 '감정조절력'을 키울 수 있습니다.

물론 그냥 동화를 자세히 읽어도 우리는 이런 내용들을 알 수 있지만, 회복탄력성 개념을 중심으로 앞에서 배운 지식들을 떠올린다면 이런 동화도 더 깊게, 중요한 부분을 중심으로 잘 읽고 학생들에게 '회복탄력성'의 사례를 은근히 전달할 수 있는 거지요. '회복탄력성'이란 주제로 특별 수업을 기획하라는 게 아닙니다. 여러분의 대화 속에, 체육이나 국어, 미술, 음악 등의 다양한 교과목들에도 회복탄력성 개념은 녹아들어 갈 수 있습니다. 또한 흔히 인성교육에 포함되는 '감정조절하기' '감사하기' '자기를 표현하기' '나의 장점 찾기 활동, 친구의 장점 찾기 활동' 등 의 다양한 활동들을 관성대로 하는 것이 아니라, 회복탄력성과 같은 주제를 중심으로 좀 더 깊이 있게 구체화 시킬 수 있는 거지요.

자, 이제 찾아보십시오. 수많은 좋은 콘텐츠가 여러분이 활용하기를 기다리고 있습니다. 다음 주제로 넘어 가기 전에 드리고 싶은 말은 교사인 여러분의 '회복탄력성'을 늘 검토하시라는 것입니다. 초기의 사명감이 소진되지 않기 위해서 마음 건강, 몸 건강에 늘 유의하시길 부탁드립니다. 교사들의 우울증 지수가 엄청 높은 거 아시지요? 교권 하락이나 과중한 행정업무, 학부모와의 소통의 어려움 등으로 인해 오늘날 교사들은 많은 고충을 겪고 있습니다. '선한 영향력'을 행사하기 위해서는 우선 강해야 합니다. 여러분 자신이 가장 '회복탄력적인' 사람이 되어야 하는 거지요. 스스로를 돌보시길, 강건하시길 진심으로 기도합니다.

Ⅱ. 의사소통능력

Ⅱ. 의사소통능력

두 번째 주제는 '의사소통능력'입니다. 초중고 선생님들은 어느 과목을 가르치시던지 학생들로 하여금 '의사소통'에 대해서 생각해 보게 하고, '의사소통능력'을 신장시킬 수 있는 다양한 콘텐츠들을 보여주고, 느끼게 하고, 토론을 유도해야 합니다. 물론 교사인 본인이 누구보다 의사소통능력을 신장시키기 위해 독서하고 성찰해야 한다는 것은 말할 필요도 없지요.

왜 그럴까요? 우리 모두가 느끼듯이 이제 우리 아이들은 빈곤이나 굶주림이 아니라 다른 것들에 의해서 '오염'되고 무력해지고 있기 때문입니다. 프랑스의 교육자인 에릭 쉬떼르는 오늘날 우리들은 일종의 '정보공해infopollution'의 시대에 살고 있다고 진단하였습니다. 인터넷이나 각종 미디어, 스마트폰 속의 정보들은 우리의 생활을 편리하게 하고 백과사전적인 지식을 대중화시켜왔지만 그 폐해도 많지요. 오늘날의 정보들은 우선 첫째로 지나치게 양이 많고, 왜곡되어 있거나 오염되어 있으며 상업적인 남용의 대상이 되기 때문입니다.[1]

데이비드 버킹엄은 오늘날 어린이들은 '미디어 아동기'라고 부를 만한 삶을 살고 있는데 이는 '어린이들의 일상적 경험이 거대한 글로벌 미디어

기업이 생산해 내는 이야기들과 이미지, 그리고 상품들에 흠뻑 젖어 있음'
을 뜻하는 것이라고 말합니다.[2]

요즘 아이들은 유튜브를 매우 즐겨보고 직접 제작하기도 합니다. 그러
나 그들이 즐겨보는 유튜브를 보면 온갖 욕설과 비속어가 사용되며 직간접
적으로 소비를 부추기며 매우 폭력적이고 선정적인 부분까지 포함하고 있
습니다. 10대 청소년은 하루에 평균 2시간 이상 인터넷 개인 방송, 유튜브
등을 시청한다고 합니다. 이와 같이 무차별적으로 쏟아지는 인터넷의 정보
들과 오락과 게임, 유튜브 방송들을 통해 유포되는 언어들, 소비 욕구 등에
조종당하면서 아이들의 인성은 망가져만 가고 아이들의 언어도 오염되어
갑니다.

니콜라스 카는 『생각하지 않는 사람들』에서 인터넷과 스마트폰이 얼마
나 우리들의 뇌를 재 프로그래밍하고 있으며 깊은 사고 능력을 약화시키고
있는지에 대해 말하고 있습니다. 세계 최고의 인터넷과 스마트폰 보급률을
자랑하는 IT강국 대한민국의 어린이들은 니콜라스 카가 우려하고 있는 스
스로 '생각하지 않는 사람들'로 자라날 가능성이 매우 높습니다. 여기에 엎
친 데 덮친 격으로 대한민국 아이들의 행복감과 시간은 대학입시경쟁에 초
중고 12년 동안 저당 잡혀 있습니다. 이러한 환경 속에서 우리 아이들은 학
교 시험과 직접 연관이 없는 어려운 책들은 읽지 않고, 독서에 즐거움을 느
끼지 못한 채 자라고 있습니다. 아이들은 점점 더 스마트폰에 중독되어가
고 있는데 이러한 현상은 그들의 대인관계 역량과 의사소통능력을 심각한
수준으로 약화시키고 있습니다.

대인관계 역량과 의사소통능력이 약화되어 간다는 것은 다른 사람들과
관계를 맺는 것을 두려워하며, 스스로의 정체성에 대해서 깊이 생각해본 적
이 없고, 감정을 적절하게 표현하거나 타인의 감정을 이해하고 공감할 줄
모른다는 것을 의미합니다. 물질적 풍요 속에서 자라나고 있으나 '스몸비

^{마트폰+좀비}'가 되어가는 아이들의 상황은 매우 심각합니다. 지금 여기서 다루게 될 '의사소통능력'은 이러한 의미에서 우리 아이들의 인성과 앞으로의 삶과 밀접하게 연결된 매우 중요한 주제이며, 국어교과목이나 비교과 활동 속에서 반드시 학생들의 '의사소통능력'을 키우기 위한 수업이 이루어져야 합니다. 의사소통능력은 학창시절이 끝나고 성인이 되어 '10분 안에 상대방에게서 호감을 얻는 법' 류의 자기계발서를 한번 읽으면 갑자기 얻을 수 있는 능력이 아닙니다. 의사소통능력은 의사소통에 대한 '지식'과 '기술'과 '태도'가 적절히 조합되어 꾸준한 노력 끝에 매일 조금씩 생기는 근육과 같은 것입니다. 의사소통이나 언어가 작동하는 방식을 알고, 자기 자신과 타인의 정체성에 대해서 열린 태도를 가지고, 실제 대화와 상호작용 속에서 실천함으로써 서서히 획득되는 것이지요.

개인적으로 '의사소통'과 '의사소통능력'은 오래전부터 제 연구와 교육의 중심이 되는 주제입니다. 2013년에 저는 『소통의 외로움－다시 쓴 언어학 강의』라는 책을 출판하였습니다. 대학에서 학생들을 가르치며 관찰한 결과, 우리 학생들이 너무도 언어나 의사소통에 대해서 모른다는 생각이 들었고, 의사소통능력이 부족해서 자기 자신을 표현할 때, 다른 사람들을 배려할 때 큰 장애물로 작용하는 것이 안타까웠습니다. 저는 순수 언어학자는 아니지만 '다시 쓴 언어학 강의'라고 부제를 붙였던 것은 현대 언어학 연구나 외국어 교육학의 내용들을 그냥 보통 사람들도 알게 된다면, 언어나 의사소통 현상들을 좀 더 깊이 있게 인식하고 자신의 언어나 의사소통방식에 대해서 성찰할 수 있지 않을까 생각했기 때문입니다. 이번 장에서는 제가 『소통의 외로움－다시 쓴 언어학 강의』에서 다루었던 주요 내용들을 몇 가지 다시 다루면서 우리의 의사소통이란 무엇인지, 의사소통에 많은 영향을 주는 요소들은 무엇인지 다시 검토해보겠습니다.³⁾

1. '의사소통능력'이란 무엇인가

의사소통한다는 것은 무엇일까요? 모국어 또는 외국어로 필요한 말이나 생각을 전달하고 이해하는 것일까요? 언어와 의사소통에 관한 현대의 연구자들은 의사소통을 단순히 메시지의 전달과 이해의 교환 과정을 넘어 '상호작용interaction'이란 속성으로 파악하고자 합니다. 즉 의사소통은 메시지의 생산자와 수신자 양 주체의 쌍방향적인 참여와 교류, 표면적인 정보 밑에 담겨진 관점이나 태도 같은 '정의적인 측면의 공유'까지를 포함하는 개념이라는 거지요.

원래 의사소통communication이란 용어는 로베르 사전에 따르면 '기호들을 수단으로 하는 정보의 교환'이나 정보의 처리 과정, 통신 수단이나 통신 기술, 약호의 생산과 해독 과정과 같은 기술적인 사항에 관계된 용어로서 정의되고 있습니다.[4)]

그러나 그 어원을 가만히 살펴보면 의사소통은 메시지의 생산과 해독, 정보의 교환 과정만을 의미하는 것이 아닙니다. 'communication'의 라틴어 어원인 'communicatio, communicare'는 '참여하기' '함께하기' '나누기'라는 의미들이 포함되어 있습니다. 즉 그 어원에서부터 인간들이 '서로 말이나 행동을 공유하거나 나누는 과정, 사회적 관계가 성립되고 유지되는 과정'이란 뜻을 담고 있습니다. 그런데 이와 같이 의사소통을 통해서 나의 의도를 전달하고 공유하는 과정, 사회적 관계를 유지하는 과정은 생각보다 간단하지 않습니다. 간단히 말해 '내가 내 말을 잘 표현하였고, 내 말을 나의 상대방이 완벽하게 이해할 가능성'은 애초부터 환상에 가깝습니다. 그런데 우리는 웬일인지 자주 내 말을 상대방이 잘 이해하였고 성공적으로 '의사소통'되었을 것이라는 막연하게 믿는 경향이 있습니다. 입사면접이나 마음에 드는 이성과의 데이트 때 말고는 의사소통에 대해서 둔감한 채 지내는 게 맘 편하기 때문일까요? 그러나 우리는 아이들을 가르치는 교사이므로 언제나 '의사소통'의 문제에 대해서 생각해야 합니다. 지금부터 한번 알아볼까요?

1.1. 일 방향적 모형에서 상호작용적 모형으로

쉐논Shannon과 위버1949, 야콥슨1963의 의사소통 모형은 인간의 의사소통을 일 방향적으로 파악하였습니다. 쉐논과 위버의 전신모델modèle télégraphique은 의사소통 현상을 발신자가 자신의 경험과 사고 내용을 기호화encoder한 것을 수신자가 해독하는décoder 과정으로서 설명하였습니다. 다음 도표는 널리 인용되는 것으로서 '전신 모델'의 관점에서 의사소통 과정을 보여주고 있습니다.

쉐논과 위버의 의사소통 모형 5)

이 모형에서 의사소통 현상은 일 방향적이고 기계적인 정보 전달 과정입니다. 즉 '날씨 좋다'라는 메시지가 어떤 화자에 의해서 발화되면 그 메시지가 그대로 청자에게 도달한다는 관점이지요. 옛날에 급하게 전해야 하는 메시지의 통신 수단으로 전보가 사용되던 시절에 '아버지 위독'이라는 전보를 보내면 멀리 떨어진 아들이 그 전보를 받는 식의 의사소통 방식인거지요. 이러한 모형에서 의사소통은 일 방향적unilatéral이고 기계적인 정보 전달 과정처럼 인식되는 것입니다. 이러한 관점에서는 언어는 세계를 묘사하고 정보를 전달하는 도구로서, 의사소통의 목적은 한 지점에서 다른 지점으로 정보를 전달하는 것입니다.

이러한 일 방향적 모형은 오래전에 폐기되었지만 아직도 암암리에 의사소통에 관한 우리의 무의식을 지배하는 듯합니다. 타인과 그리 열심히 대화하였는데 늘 오해받고 제대로 자신을 표현 못하고 그의 말도 잘 이해하지 못하였다는 깨달음은 무척 괴롭기 때문이지요. 차라리 우리는 내가 메시지를 잘 전달되게 잘 표현했고, 청자는 잘 만들어진 명확한 내 말을 오해 없이 이해하였을 거라는 추정을 합니다. 그러나 이것도 그냥 내 착각일 수도 있지요. 저의 멘토인 러시아의 문학이론가이며 언어학자인 바흐찐은 의사소통에 대해서 이렇게 말합니다.

> 현실에서 의사소통 참여자 A와 B의 관계는 끊임없는 변형과 형성의 상태에 놓여 있으며, 이 관계는 의사소통이 진행되는 그 순간에도 계속 변모되고 있다. 그리고 이미 정해진 메시지 X도 존재하지 않는다. X는 한사람에 의해서 다른 사람에게 전달되는 것이 아니라, 그 두 인물 사이에 마치 이데올로기적인 다리처럼 축조되며, 그들의 상호작용의 과정에서 축조된다.6)

즉 바흐찐에 따르면 의사소통 상황에서 어떤 것도 고정되고 확실한 것이 없는 거지요. 의사소통 참여자인 말하는 사람 A와 B의 관계도 그렇고 메시지 X도 그렇습니다. 메시지 X가 생산되는 과정도, 이해하는 과정도 사실 얼마나 '불확실한' 과정인지요. 말하고자 하는 바를 적절하게 표현하지 못한 거 같은 경험을 하신 적이 있으시지요? '잘 말하고' '잘 쓰는'것은 사실 어려울 때가 많습니다. 하물며 내가 어조, 단어, 문장 구성, 동반되는 동작들과 표정 등과 같은 비언어적인 요소들 등을 결합시켜 겨우 만들어낸 메시지 X의 세부 단위 요소들의 속뜻을 내말을 듣거나 내 글을 읽는 청자/독자가 제대로 해석해낼 가능성은 더욱 낮겠지요.

그러나 우리는 '소통불능'이라는 인간의 운명을 받아들일 수는 없지요? 타인과 진정으로 연결되지 못하고, 말도 겉돌고 우리의 관계도 겉돈다는 생각은 너무 절망스럽습니다. 높은 산에 큰 돌을 밀어올리는 시시포스의 운명처럼 우리도 내 마음을 제대로 표현하고 타인들의 말을 마음을 다하여 이해하려는 '소통에의 노력'을 계속하여야 합니다. 스스로가 소외되거나 타인을 소외시키지 않기 위해서지요. 여기서는 그 노력을 '의사소통'에 대해서 조금씩 알아가는 것으로 시작해봅시다.

잊지 말아야 할 것은 의사소통은 일 방향으로 이루어질 수 없으며 '상호작용interaction'이라는 것입니다. 우리 자체도 '상호주체적intersubjectif'존재입니다. 우리의 말도 독백monologue이 아니라 대화dialogue입니다. 특정 주제에 대해 내가 구성한 말과 글은 해당 주제에 대해 오랫동안 수많은 사람들이 말해온 사회적 담화들과의 상호작용을 통해서 탄생한 것입니다.

이러한 의사소통이나 말하는 주체의 본질을 알게 되면 일 방향적 의사소통 모형은 의사소통의 실제와 동떨어져 있다는 생각에 이르게 됩니다. 의사소통은 나와 타인의 호흡과 눈빛과 말을 주고받는 '상호작용'인 것이지

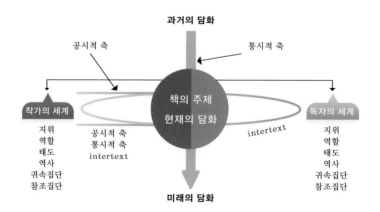

요. 상호작용으로서의 의사소통을 도표로 나타내면 다음과 같이 표현될 수 있습니다.[7]

　독자에게 호소력 있는 글들, 내 마음에 다가오는 타인의 말은 위 모형이 나타내고 있는 의사소통의 상호작용성을 충분히 체화하고 있는 필자나 화자에 의해서 탄생한 글과 말일 가능성이 높습니다. 반대로 횡설수설한 말, 읽어도 무슨 말인지 전달이 안 되는 글은 그 말과 글을 생산한 사람이 청자나 독자, 또는 자신의 언어, 의사소통 상황들을 제대로 인식하지 못하고 각 요소들을 잘 조율하지 못한 경우인 거지요.

　이를 바흐찐이나 다른 연구자들의 견해와 종합하여 다시 정리해보면, 명령 하달이나 상대방을 고려하지 않은 독백과 같은 의사소통, 모르스 전신 부호와 같은 기계적인 메시지 전달 과정과 같은 일 방향적 의사소통은 다음과 같은 점에서 타자에 대한 인식을 전제로 하는 상호작용적 의사소통과 다릅니다.[8]

	일방향적 의사소통	상호작용적 의사소통
의사소통 상황 맥락에 대한 인식	고정/단일/일방향적	역동적/쌍방향적
의미	언어 단위 속에 고정 불변	과정과 구축, 생성
말하는 주체	타자와 별개, 자기몰입, 나르시시즘	타자 인식, 상호주관성

　즉 의사소통능력을 위한 첫 걸음은 어쩌면 우리 머릿속에 '상호작용적 의사소통 모형'을 받아들이는 것, 의사소통은 모두 함께 하는 노력이라는 것을 잊지 않는 게 필요합니다. 이와 관련하여 제가 『소통의 외로움』에서 정리해 놓은 다음 부분을 한번 읽어보십시오.

독백처럼 나의 말을 내뱉거나 타인의 말을 내 마음대로 해석하는 식의 일방적 의사소통을 하지 않기 위해서는, 역설적으로 우리의 의사소통에서 의미가 완전히 공유되기 힘들다는 인식이 필요하다. 즉 고정된 어떤 메시지가 완벽하게 언어로 기호화 되어 상대방에게 왜곡 없이 전달된다는 성공적인 의사소통에의 '환상'을 버리고 의미는 언제나 '협상'되어 의사소통 참여자들이 함께 구성해나가는 것이라는 것을 깨달아야 한다.

오르빅(Orvig)에 따르면 인간의 의사소통은 언어의 물질성을 넘어서 발화 참여자들 간의 상호주체적인 참여로 이루어진다.

한마디로 '말'로만 소통하는 것이 아니라는 것, '말' 자체만 중요한 것은 아니라는 것이다. 의사소통의 이러한 속성상 구어나 문어 의사소통의 수신자가 구성하는 의미인 발화의 해석은 언제나 오해와 참여자들 간의 갈등과 불일치의 가능성을 안고 있는 셈이다. 다음의 예들을 보자.

a) 철수의 엄마: 철수야. 너 손이 너무 더럽구나.

a)의 발화에 대해 수신자인 철수가 다음 b) 또는 c)의 대답을 했다고 가정하자.

b) 알았다고요. 지금 화장실 가면 되잖아.
c) 아까 물감 놀이해서 그래.

a)의 발화에 대해 b)와 c)는 오스틴(Austin)의 용어를 빌면 언표내적 가치를 다르게 해석한 것이라 할 수 있다. b)의 발화는 엄마의 발화 a)를 '손이 더러우니까 씻어라'는 명령으로 해석한 것이고 c)의 발화는 '왜 손이 그렇게

더러워졌니?'하는 이유를 묻는 질문으로 해석한 것이다. 이렇게 일상의 짧고 단순한 발화, 서로 말 안 해도 속을 다 알 것 같은 가족이나 친구들과 같은 친밀한 관계들 사이에서도 의사소통의 성공 여부는 언제나 불투명한 것이다. 따라서 우리는 발화의 문자적 의미를 넘어 발화가 실제로 의도한 의미에 대해서 언어적이거나 준언어적 표지를 근거로 질문하고 능동적으로 이해하는 과정을 거쳐야 된다. 내 앞에 있는 너가 '날씨 참 좋다'라고 말했을 때, 나는 창밖의 날씨가 진짜 좋은지를 직접 보려하거나, 스마트폰의 날씨 정보를 찾는 게 아니라 '왜 날씨가 좋다는 말을 내게 했을까?'와 같은 머릿속 질문을 거쳐 발화의 본뜻을 파악하고자 한다. 초능력을 발휘하여 발화한 타인의 머릿속에 들어갈 수는 없으니 우리는 서로 이해하기 위하여 여러 번의 순서 교대(turn take)를 거쳐 이해와 합일점, 발화의 본뜻에 다가서게 된다.9)

1.2. '언어능력'에서 '의사소통능력'으로

두 번째로 의사소통을 위해서는 모국어의 문법을 알고, 어휘들을 많이 아는 것만으로는 충분하지 않다는 것을 인식해야 합니다. 우리는 자신을 모국어는 완벽하게 말하는 사람으로 알고 있지요. 일반적으로 인간은 태어나서 만 4세가 될 무렵이면 별다른 노력 없이도 자신의 모국어의 발음 구조, 단어, 문법에 대한 백과사전적 지식을 갖게 됩니다. 즉 촘스키Chomsky가 정의한 '모국어 화자가 모국어를 지배하는 규칙을 알고 있고, 그것들에 주의를 기울이지 않고도 그 규칙들을 적용할 수 있는 능력'인 '언어 능력compétence linguistique'을 가지게 됩니다. 이 '언어 능력'을 기반으로 모국어 화자는 무한히 많은 문장을 생성하고 이해할 수 있게 됩니다.

그런데 1972년, 하임즈D. Hymes는 촘스키가 제시한 '언어 능력'과 대비되는 개념인 '의사소통능력communicative competence'이란 개념을 제시했습니다.10) 하임즈에 따르면 '의사소통능력'이란 '언제 말하고 언제 말하지 않아야 하는지, 누구와, 언제, 어디서 어떤 방식으로 이야기해야 하는지 아는 능력'입니다. 1980년대부터 '의사소통능력'이란 용어는 특히 외국어 교육자들을 중심으로 학계에 널리 수용되기 시작합니다. 사실 '의사소통능력' 외국어 교사나 학습자들이 가장 '의식적'으로 추구하는 목표를 나타내는 용어랍니다. 오늘날 외국어 교육자들은 외국어로 의사소통하기 위해서 정확한 문법과 어휘들을 배우는 것만으로는 효과적이지 않다는 것에 동의하고 있습니다. 그러나 어휘와 문법을 생각하지 않아도 되는 모국어로 소통하는 과정 역시 쉽지 않다는 것을 우리들은 모두 알고 있지요. 한마디로 '의사소통능력'이란 개념에는 모국어 언어 능력 만으로 소통이 성공할 수 있는 것은 아니며, 의사소통을 위해서는 무엇보다 의사소통에 참여하는 이들이 의사소통 상황을 정확하게 인식하여 자신의 의사소통 행위를 적절하게 조절할 수 있어야 한다는 언어학자들과 언어교육자들의 변화된 생각이 담겨있습니다. 학자들마다 조금씩 다르지만 의사소통능력을 구성하는 세부 능력들을 고려해보면 다음과 같습니다.11)

물론 학자들마다 의사소통능력을 구성하는 세부 항목, 하위 능력이 무엇인가에 따라서는 의견과 강조점이 조금씩 다릅니다. 그러나 1970년대 이후 언어 교육과 외국어 교육 분야에서 의사소통능력의 개념에 대한 관심이 증가하게 되었다는 것은, 우리가 말을 하고 듣는다는 것이 완벽한 문법적 지식을 가졌다고 성공적으로 이루어질 수 있는 게 아니라는 것을 공감하게 되었다는 것을 나타내지요.

한마디로 의사소통능력은 촘스키의 언어 능력을 포괄하는 '언어 사용 능력'입니다. 의사소통능력이란 개념을 중심으로 언어와 언어 사용을 바라볼 때, 언어는 실제로 사용된 상황과 분리해서 생각할 수 없으며, 의사소통은 언어의 물질성을 넘어 이루어진다는 것을 인정하게 됩니다. 즉 의사소통능력은 언어적 지식뿐만 아니라 상황 해석 능력, 적응 능력을 반드시 포함한 말입니다. 특히 상황문맥이나 의사소통 상대방, 타인에 대한 공감 및 이해 능력이 의사소통능력을 구성하는 가장 중요한 요인임에 틀림없습니다.

2. 의사소통에 영향을 주는 요소들

이번 장에서는 제가 『소통의 외로움-다시 쓴 언어학 강의』에서 다루었던 주요 내용들을 몇 가지 다루면서 우리의 의사소통에 많은 영향을 주는 요소들을 검토해보겠습니다.

2.1. 화자와 청자의 '문화'

우선 우리의 의사소통에 영향을 주는 가장 중요한 요소는 말하는 이, 즉 화자가 속하는 '문화'와 듣는 이, 청자가 속하는 '문화'입니다. 그것은 '문화'가 한 개인의 주요한 '정체성identity'을 형성하기 때문이지요. '문화'는 무엇일까요? 우리는 인류학이나 사회학자들이 정의해온 '문화'에 대한 수많은 정의들을 들어봤습니다. 간추리면 다음과 같습니다.

- 인간의 신체 외적인 적응 수단
- 법률, 신앙 및 기타 물질적인 측면을 포함하는 환경의 인공부분
- 지식, 신앙, 예술, 도덕, 법률, 관습 그리고 사회 구성원으로서 인간이 획득한 다른 모든 능력과 습관
- 관습화된 이해의 조직
- 타고난 본능적인 행위와 대비되는 의미에서의 학습된 행위, 그리고 그러한 학습된 행위의 산물
- 공유된 관념과 사회적으로 유전된 관습과 믿음들의 집합체 (krœber& Kluckhon:1952)[12]

언어와 문화교육 분야에서 문화는 자주 '빙산'으로도 표현됩니다.[13]

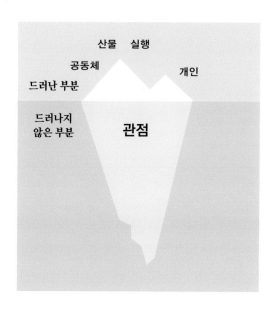

문화가 '빙산'으로 자주 표현되는 이유는 문화가 드러난 얼음 빙산처럼 눈에 보이는 구체적인 현상이자, 드러나지 않지만 빙산을 떠받치고 있으면서 빙산보다 몇 배나 더 큰 빙산 아래 부분이기도 하기 때문입니다. 즉 문화는 드러난 것과 드러내지 않은 부분을 포함하며, 이것을 '물질문화'와 '정신문화'라고 구분하기도 합니다. 한 공동체, 예를 들어 '프랑스인' '한국인'은 '프랑스 문화' '한국 문화'에 속하면서 정신적 소프트웨어라고 할 수 있는 문화의 보이지 않는 측면에 영향을 받기도 하고, 빙산의 드러난 부분이라고 할 수 있는 의식주 생활을 한국인답게, 프랑스인답게 영위하기도 하는 거지요.

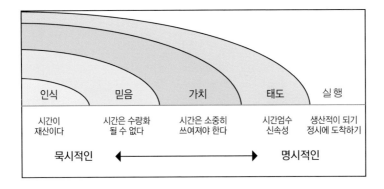

인식	믿음	가치	태도	실행
시간이 재산이다	시간은 수량화 될 수 없다	시간은 소중히 쓰여져야 한다	시간엄수 신속성	생산적이 되기 정시에 도착하기

묵시적인 ←——————————→ 명시적인

위의 도표14)를 보면 일상 속 개인의 행위는 무작위로 행해지는 것이 아니라 특정한 인식과 믿음 체계, 가치와 태도들의 영향을 받는다는 것을 알 수 있습니다. 이러한 문화의 속성을 이해한다면 문화에 따라 '시간'에 대한 인식도 다를 수 있다는 것을 알게 됩니다. 예를 들어 프랑스에서는 보통 저녁 식사에 초대 받으면 15분 정도le quart d'heure de politesse 늦게 도착하는 게 예의입니다. 아무리 바빠도 점심 식사 시간은 여유 있게 확보하려고 하며, 컴퓨터 화면을 보고 일하면서 동시에 샌드위치를 먹는 경우는 거의 없습니다. 일 년에 5주 정도는 여름휴가 기간으로 보장되어 있으며 직장 회식은 거의 없습니다. 프랑스어에는 '회식'이라는 말 자체가 없지요. 이렇게 프랑스인들의 표면에 드러난 행동방식, 시간을 보내는 방식에는 빙산 아래 부분에 해당하는 프랑스인들의 사고방식이나 신념 체계 등이 그 영향을 주는 것이지요.

그렇다면 문화가 우리들의 의사소통에 어떻게 구체적으로 영향을 주는 걸까요? 이것은 의사소통이 충돌하거나 실패하는 경우를 관찰해보면 알 수 있습니다. 다음 사례를 보실까요?

동네 공원에 산책 나갔을 때 일이에요. 프랑스인 할머니 한 분이 눈부시게 새하얗고 털이 곱슬곱슬한 조그만 강아지를 산책시키고 있는 게 보였어요. 강아지가 너무 예쁘고 귀여워서 좀처럼 시선을 떼지 못하고 계속 바라보고 있었죠. 그런데 갑자기 강아지 주인 할머니가 가던 길을 멈추고 내 쪽으로 몸을 휙 돌리더니 날카로운 목소리로 묻는 거예요. "왜, 먹고 싶냐?*Pourquoi, tu veux manger?*"하고요. 어찌나 충격을 받았던지….15)

이 사례는 어떤 한국인 학생이 프랑스 체류 중에 겪은 문화적 쇼크에 관한 경험담입니다. 위 사례에서 강아지 주인인 프랑스 할머니는 동양인들은 모두 '보신탕'을 먹는 사람들이라는 편견이 있었던 것으로 짐작됩니다. 그래서 강아지가 귀여워서 따라온 한국인 학생에게 "왜 먹고 싶냐?"라고 오해에 가득 찬 말을 내 뱉은 것입니다. 이와 같이 '문화'는 여러 가지 방향에서 개인 간의 의사소통의 오해와 충돌을 유발하는 원인이 됩니다.

비언어적 의사소통의 중요성

의사소통은 언어뿐만 아니라 준언어나 비언어의 채널로도 이루어지는 것 아지요? 우리가 의사소통 할 때는 제스처나 자세, 시선 등도 모두 의미를 가집니다. 비언어적 의사소통은 특히 문화에 따라서 차이가 많이 발생할 수 있습니다.

비언어적 의사소통의 문화적 차이로 인한 오해 16)

행동	가능한 내집단 지각	가능한 외집단 지각
직접적 눈 접촉 피하기 (라틴 아메리카인)	주의를 기울이며 존경심을 나타냄	주의를 기울이지 않음: 직접적 눈맞춤 선호

의견이 다른 점에 대해서 공격적으로 도전하기 (아프리카계 미국인)	대화에서 받아들여지는 방식: 언어폭력이나 폭력을 선동하는 것으로 보이지 않음	논쟁은 부적절한 것으로 여겨지고, 즉각적 폭력에 대한 신체적 신호
다른 사람을 부르기 위해 손가락을 사용하는 것 (아시아인)	어른이 아이들에게 사용하는 경우는 적절하지만, 어른에게 사용하면 매우 공격적인 것	아이와 어른 모두에게 적절한 몸짓
침묵(미국인)	존경, 깊은 생각, 불확실성/모호성의 신호	지루함, 동의하지 않음, 참여를 거절하는 것으로 해석됨
신체접촉(라틴 아메리카인)	대인 간 상호작용으로서 정상적이고 적절함	친밀하고 다정한 관계에서는 적절함; 그렇지 않은 경우는 개인 공간을 침범하는 것으로 지각됨
강렬한 감정을 공적으로 표현하기(아프리카계 미국인)	표현의 방식으로서 가치가 있고 받아 들여짐; 대부분의 상황에서 적절	공적인 행동에서 자기 통제를 할 것이라는 기대를 위반함; 대부분의 공적인 상황에서 부적절함
동성 간에 포옹	정신적인 관계에서 친밀함을 나타내는 수용 가능한 행동	부적절한 것으로 지각됨; 특히 남성 친구관계에서

위 표를 보면 같은 행동, 즉 동일한 비언어적 의사소통 방식이라도 어떤 문화적 참조 기준을 갖느냐에 따라 다른 의미로 해석된다는 것을 알 수 있습니다. 예를 들어 한국 여자 친구들끼리 팔짱을 끼거나 손을 잡고 다니는 평범한 비언어적 의사소통 방식이 다른 문화권에서 온 외국인에게는 다르게 해석 될 수 있다는 것입니다.

그렇다면 같은 나라 사람들끼리는 문화로 인한 의사소통상의 충돌이나 오해가 없을까요? 다음 대화를 한번 보십시오.

환자: 선생님. 너무 아파요.

의사: 인생에서 중요한 게 뭐야?

환자: 네? 그게 무슨 말씀….

의사: (레지던트들을 향하여) 자네들, 인생에서 중요한 거가 무엇이야?

환자: 무슨 말씀인지…. 저는 대상포진이 퍼져서…. 너무 아파서….

의사: 그러니까 내 말이…. 대상포진은 너무 과로해서 그런거지….

　　위의 대화는 얼마 전 제 친구가 직접 겪은 경험담입니다. 대상포진이 퍼져 대학병원에 갔는데 나이 많은 의사선생님이 환부를 보이면서 고통을 호소하는 제 친구에게 한 말은 '인생에서 중요한 것이 무엇인가?'라는 선문답 같은 질문이었다네요. 그 말은 '과로하지 마라'라는 연장자인 의사의 자상한 마음을 담고 있을지 모르지만 레지던트들도 쫙 서있는 상황에서 당장 환부의 고통을 호소하는 제 친구의 상황은 아랑곳하지 않는 것 같아 너무 창피하기도 하고 나중에는 화도 났다고 합니다. 저는 병원에서 의사와 환자인 제 친구 사이에서 5분 정도의 진료시간에 이루어진 이 대화가 제 친구가 몹시 맘이 상하는 상황으로 종결된 이유에는 '한국 문화'라는 요소가 있다고 생각합니다. 한국인들은 표면적으로는 완전히 서구화된 생활방식을 살고 있지만 알게 모르게 '유교문화'의 영향 속에 살아갑니다. 유교문화는 나이나 직업, 지위, 성별에 따른 위계질서를 인정합니다.

　　이 의사분이 단순히 의사나 환자라는 기능적인 역할로서 의사소통 상황을 인식했다면 저런 방식의 대화 흐름은 발생하지 않았을 것입니다. 이 의사 분은 제 친구보다 20살 이상의 연장자 남성 어른으로서, 진료 시간 그 자리에 함께 있었던 3-4명의 제자들과 간호사들의 상관으로서 의사소통을 일방적으로 주도하신 것이지요. 대화주제 설정이나 대화의 방식, 반말과 존댓말의 선택에 이르기까지 한 사람이 내면화하고 있는 문화의 규범이 의사소통에 영향을 주는 것입니다. 위 대화에서 제 친구가 내면화하고 있는 의사소통상의 규범과 당시 의사소통 상황 맥락에 대한 인식은 그 의사분과 다르다고 할 수 있습니다. 즉 같은 한국인이지만 다른 가치관, 사고방식, 의사소통 방식 등을 가지고 있는 것이지요. 남녀의 차이, 세대의 차이, 직업군의 차이 때문일 수도 있지요.

정체성을 형성하는 요인으로서의 문화적인 것들

이와같이 의사소통에 영향을 주는 요인으로서 '문화'를 생각해 볼 때, '문화'가 가진 속성 중 하나가 드러납니다. 문화는 한 개인의 정체성을 형성하는 요인인데 이때의 '문화'는 '한국 문화'나 '프랑스 문화'처럼 '국가'라는 큰 범주의 특성으로만 구분할 수는 없다는 것입니다. 오히려 '문화'는 한 개인이 속하게 되는 수많은 하위 집단의 문화, 예를 들어 '세대, 성별, 종교, 정치성향, 취미, 계급, 주거지' 등과 같은 요인들이 작용하여 한 개인이 내면화하고 있는 규범과 가치관이나 의식주를 영위하는 방식을 가리키는 말입니다. 따라서 내 앞에서 나와 대화하고 있는 상대방의 '문화'를 이해하고, 대화할 때 그것을 고려한다는 것은 그가 어떠한 '하위문화'에 소속하고 있는가를 짐작해보아야 한다는 것이지요.

결론적으로 '문화'는 우리의 의사소통에 매우 중요한 영향을 주는 요인임에 틀림없습니다. 앞서 살펴본 것처럼 이때의 '문화'는 글로벌 시대, SNS으로 소통하는 오늘날에는 국가별로 구분되는 한 국가의 '문화'를 가리키는 것이 아닙니다. 예를 들어 어린이들이나 청소년들의 문화를 생각해봅시다. 데이비드 버킹엄이 지적한 것처럼 오늘날의 미디어 환경으로 인해 어린이들은 전 지구적인 '공통문화commun culture' 속에서 아동기를 보내고 있으며, 문화는 국경을 넘어서 '맥도날드, 포켓몬, 디즈니'로 상징되는 일종의 글로벌 문화가 되어간다는 말이 더 정확하지 않을까요?[17] 오히려 문화는 엄밀히 말해, 한 개인이 속하게 되는 다양한 '하위 집단들의 문화'나 개인이 상황에 따라 참조하는 '문화적 영향' '정신적 소프트웨어'들을 말하는 거지요. 즉 프랑스의 사회학자 브루디외Bourdieu가 말한 '아비투스habitus'18)라는 말이 지시하는 의미에 가깝습니다.

따라서 나와 다른 타자의 문화들을 폭넓게 공감하고 차이를 이해하면서 평화롭게 소통하는 사람이 되기 위해서 우리는 다른 사람들의 정체성을 이루는 하위문화들에 대해서 관심을 기울여야 합니다. 흔히 '다문화교육'이나 '상호문화교육'과 같은 슬로건 아래 외국문화에 대한 이해를 도모하는 교육 방안들이 알려져 있지요. 이국적인 외국문화를 텔레비전의 예능 방송 프로그램이나 유튜브의 먹방이나 개인 체험담 보고처럼 호기심과 흥미 차원으로 접근할 수도 있습니다. 그러나 이러한 프로그램에 담겨진 타문화에 대한 정보들을 무분별하게 수용할 때 오히려 외국 문화에 대한 선입견과 고정관념만을 강화시킬 수 있습니다. 저는 '상호문화교육Intercultural education'에 관심이 많은데요. 우리보다 앞서 이민자들의 문화적 충돌로 인해 사회통합에 어려움을 겪었던 서구의 학자들의 연구 성과를 활용하여 이제 우리도 문화 교육을 좀 더 체계적으로 접근할 필요가 있다는 생각이 듭니다.

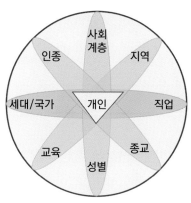

개인이 속하는 하위집단들

위 그림19)에서 보는 바와 같이 우리는 어떤 식으로든 수많은 하위 집단에 소속되어 있습니다. 그리고 이 "집단들 각각은 한 사람에게 잠재적으로 중요한 하나의 정체성을 부여"할 수 있습니다.20) 그러나 수많은 하위 집단에 소속하게 되는 '개인'은 자신이 소속하는 하위 집단에 따른 특정 범주의 일원으로만 인식되거나 그 정체성이 축소될 수 없습니다. 오늘 하루를 보내면서도 우리는 다양한 범주에 속하는 '정체성'을 선택하기 때문이지요.21) 또 우리는 살아가면서 종교를 개종하기도 하고, 국적을 바꾸기도 하면서 다양한 소속 집단들 사이를 이동합니다. 베르분트의 말처럼 개인의 소속들은 시간의 흐름과 함께 변화하며, 소속집단에 따라 일시적으로 한 개인의 정체성을 이루었던 특성들도 변화하기 마련이지요.22)

결론적으로 '정체성'은 한 개인이 지니는 불변하고 고정된 특성이 아니라 타자 또는 소속집단들과의 상호작용을 통해 끊임없이 재구성되는 것이며 본질적으로 '복수 정체성une identité plurielle'입니다. 저는 의사소통능력을 위해서는 이와 같이 '문화'와 자신과 타인의 '정체성'의 속성을 인식하는 게 중요하다고 보고, 대학에서 문화관련 강좌를 할 때 반드시 상호문화접근법에 따라 가르칩니다. 상호문화접근법은 외국문화를 배울 때 자신의 모국문화와 관련지어서 배우는 것이지요. '상호문화적인 것interculturel'의 '상호inter'라는 접두어 자체가 '자신과 타인, 타문화의 만남'을 내포하고 있는 것에도 할 수 있듯이, 상호문화접근법은 자기 자신을 출발점으로 하여 자기 자신과 타인의 정체성을 탐구하는 과정입니다.23) 초중고 학생들에게 문화교육을 할 때 상호문화적인 관점을 취한다면 외국 문화를 한국 문화와 비교하고 성찰하게 되기 때문에 자신의 정체성이나 한국 문화에 대해서도 일종의 '거리를 취하는' 과정을 거치게 됩니다. 이런 과정들이 한국 사회 내에 존재하는 다양한 하위문화 집단들에 대한 인식이나 감수성을 일깨우고 키우는 역할을 할 수 있습니다.

심리학자 엘렌 랭어는 "편견을 만드는 마인트세트를 부수기 위해서는 대상을 포괄적으로 구별하기보다는 아주 구체적으로 구별하는 편이 도움이 된다"라고 말합니다.[24] 즉 타인과의 의사소통을 방해하는 타인에 대한 고정된 '범주화'와 '고정관념' '편견'등은 타인이 소속하는 집단을 크게 구분하고 그것을 고정되고 불변하는 것으로 인식할 때 발생하는 경우가 많지요. 예를 들어 학급의 친구를 향해 '저 아이는 엄마가 못사는 나라에서 온 다문화 가정의 아이이고 절대 한국인이 아니다'라는 편견을 가진 학생이 있다면 교사는 이런 아이들의 인식을 넓혀주어야 합니다.

그런데 '의사소통'에 대한 이야기를 하면서 저는 왜 여기서 상호문화적 접근이나 '정체성'의 이야기까지 하는 것일까요? 그것은 자신의 정체성이 본질적으로 '복수'임을 알고 스스로와 타인들의 정체성을 유연하게 인식하는 사람은 타인과 대화할 때에 '의사소통능력'을 적절히 발휘할 가능성이 높기 때문입니다. 적어도 그는 말로써 타인에게 상처를 주지 않고, 오해했더라도 대화를 시도하면서 자신의 관점을 수정할 수 있습니다. 이것은 '나와 다른 문화를 가진 타인의 정체성을 축소하지 않는다' 식으로 설정되는 문화교육의 목표 중 하나이기도 합니다.[25] 댄 맥애덤스에 따르면 정체성이란 '한 사람의 과거와 현재, 미래를 선택적으로 전용한 결과로서 내면화돼 있으면서 계속 발전하는 이야기'입니다.[26] 시간의 흐름이나 상황에 따라 정체성을 구성하는 세부 이야기들은 바뀌게 되어 있습니다. 유연한 사고를 가지고, 나와 다른 타인에 대해서 개방적 태도를 보이는 사람, 타인의 말에 공명할 수 있는 사람, 특정 규범에 따른 매뉴얼처럼 말하지 않는 사람은 타인과 대화할 때 자신의 정체성과 타인의 정체성에 대해서 고정되지 않은 '복수複數'의 정체성으로 인식하는 사람입니다. 얼마 전 전두환씨의 부인인 이순자씨가 '남편은 민주주의 아버지이다'라고 발언해서 광주시민들의 공분을 일으켰었죠. 자신 남편의 지시로 무고한 광주 시민 수 백 명이 죽거나 고문당한 역사적 사실을 모르거나 인정하지 않고 남편을 오히려 한국의 '민주주의'에 기여한 사람으로 철썩 같이 믿는 이순자씨와 1980년 광주에서 아들을 잃은 어머니가 대화를 할 수 있을까요? 심리학이나 역사학의 관점에서는 어떻게 평가할지 모르겠습니다만, '의사소통능력'이라는 관점에서 보면 이순자씨는 평생에 걸쳐 고정관념을 강화하며 살아온 사람이며, 스스로와 타인의 정체성을 고정관념의 틀 속에서 인식하며 살아온 사람 같습니다. 참으로 부자유하며 불행한 경우이지요. 우리는 언젠가 죽지 않습니까? 살아가면서 맞닥뜨리는 사건들과 만남들을 통해 우리는 조금씩 변화하며, 배우고 성장해야 하지 않습니까? 타인들의 천 가지 삶의 모습이 나의 숨겨진 천 가지 모습을 일깨우는 것이지요. 그리해 우리가 진정으로 성장하는 인생을 산다면 아마 아래의 그림처럼 우리 마음의 눈은 점점 넓어지게 될 것입니다.

내가 인식하는 타인의 범위가 이와 같이 확대되지 않는다면 지적으로 사회적으로 장애를 가지고 사는 것이지요. 오늘날의 통신 기술이 세계를 가깝게 만들었다지만 우리 어린이와 청소년들이 인터넷의 자료들을 통해 이렇게 인식의 대상들을 실제로 넓히고 있는지는 확신이 안 드는군요. 웬지 사이버 세상에서 저급한 자료더미에서 가상과 피상의 가짜 현실 속에 살고 있는 것은 아닌지 우울하기만 하네요. 자, 이제 이 부분을 정리해봅시다. '문화'는 의사소통에 중요한 영향을 주는 요인이라는 것, 그러나 이때의 '문화'는 한국 문화나 프랑스 문화와 같은 뭉뚱그려진 국가 단위의 대표적인 특성이 아니라 한 개인이 자신이 태어나고 자란 사회문화적 맥락 속에서 내면화한 '정체성'을 가리키는 것이라는 점을 기억하도록 합니다. 의사소통능력을 키우기 위해서는 자신의 정체성의 다양한 속성을 인식하고, 타인의 정체성을 고정관념과 편견에 기반 하여 함부로 재단하지 않는 것이 중요하므로 학생들과의 수업에서 교과나 비교과 과정 속에 이런 관점들이 포함되도록 해야 합니다.

2.2. 화자와 청자의 문식성

두 번째로 의사소통에 영향을 주는 중요한 요소로서 '화자와 청자의 문식성'을 살펴보겠습니다.

앞에서 의사소통능력의 세부항목 이었던 '언어적 능력'과 직접 연관이 있는 항목이지요.

1) '문식성'이란?

'문식성'은 영어 단어 'literacy'에 대한 번역어로 주로 1970년대부터 '읽기reading'를 대체하는 용어로서 빈번하게 사용되기 시작하였다고 합니다. '읽기'를 어떻게 보는가에 따라 문식성 개념이 포괄하는 의미도 다양하고 요즘은 '매체 문식성media literacy'처럼 문식성 앞에 다양한 수식어가 첨가되기도 하지요. 저는 사실 국어교육학자가 아니라 외국어로서의 프랑스어 교육학을 가르치는 사람이라서 '문식성'이란 용어보다 '의사소통능력' 중에서 '읽기' 기능에 해당하는 문어 의사소통능력compétence communicative écrite이란 말이 더욱 익숙합니다. 즉 문자로 하는 의사소통을 잘할 수 있는 능력을 가리키는 말이지요. 그러나 이 책은 외국어 교육자들이 아닌 초중등 선생님들을 대상으로 쓰고 있는 것이니 좀 더 여러분에게 익숙한 용어인 '문식성' '문해력' 등의 용어를 사용하도록 하겠습니다.

문식성은 일차적으로는 문자로 된 기호를 해독하는 능력, 외국어일 경우에는 '알파벳 읽기, 음절 읽기에 숙달하기'를 의미합니다. 그러나 글자를 읽어내는 능력만으로는 충분하지 않다는 관점이 대두되고 '문식성'은 '기능적 문식성functional literacy', 즉 텍스트를 통한 '의미 구성 과정'에 도달할 수 있는 능력을 의미하게 됩니다.[27] [28] 모국어든 외국어든 의사소통능력은 크게 '말하기와 듣기'의 구어 의사소통능력과 '쓰기와 읽기'의 문어 의사소통능력으로 구분됩니다. 문자로 된 텍스트의 의미를 제대로 파악하지 못한다는 것은 '기능적 문식성'이 떨어진다고 표현할 수도 있고, 문어 의사소통능력이 취약하다고 말할 수 있습니다. 한국의 공교육에서 초중고 학생들은 국어 과목을 중심으로 문식성 교육을 받습니다. 그런데 요즘 이 부분에 있어서 교사들의 우려가 높습니다.

엄훈 선생님은 『학교 속의 문맹자들—공교육의 불편한 진실』에서 심각한 읽기 부진을 보이는 학생들에 대해서 말합니다. 학교 속 문맹의 범주에 들어가는 학생들은 한글 해독 자체가 어려운 아이들과, 독서를 통한 의미 재구성이 안 되는 독해의 문제를 겪는 아이들, 독서의 태도와 습관이 나쁜 아이들 범주로 나뉩니다. 우리는 여기서 글자는 아는데 글의 흐름과 의미 파악은 전혀 안 되는 아이들, 기능적 문식성의 부진을 보이는 아이들에 대해서 이야기 하고자 합니다. 이들은 초등학교 저학년 뿐만 아니라 대학생들에서도 발견되기 때문이지요.

엄훈 선생님은 한국 공교육 체제 속에서 만난 중학교의 읽기 부진아들을 지도하면서 읽기 능력이 초등학교 3학년 수준도 안 되는 학생들이 다수 있다는 사실에 충격을 받습니다. 글자는 아는데 독해가 안 되는 아이들이지요.

창우는 문제의 장면에서 인물의 말과 행동의 의미를 전혀 파악하지 못하고 있을 뿐 아니라 글 속에 명시적으로 드러나 있는 내용도 읽어 내지 못하고 있었다. 창우는 읽어도 읽지 못하는 아이였다. 초등학교에 문자를 해독하지 못하는 아이들이 의외로 많다는 이야기는 들어 보았지만 창우처럼 문자를 해독하면서도 글의 내용을 전혀 이해하지 못하는 눈뜬장님 같은 아이가 중학교에 있다는 것은 놀라운 일이었다.[29]

민수는 『우리 누나』를 집었다가 첫 두 페이지를 읽고는 "무슨 소린지 하나도 모르겠어요." 한다. 그래서 첫 두 페이지를 같이 읽어 주었다. 이 소설의 첫 대목은 장애인인 누나가 알아듣지 못할 소리로 가족과 약속을 하는 장면인데 민수는 그 맥락을 파악하지 못하고 있었다. 그래서 글을 읽어주면서 왜 그럴까 질문도 하고 설명도 하니까 겨우 알아듣겠단다. 두 페이지를 읽어 주고 혼자 더 읽어 보라고 격려했더니 그러겠다고 했다. 그런데 다른 아이들 좀 봐주고 돌아왔더니 세 페이지를 못 넘어가고, 규태가 가지고 있던 『안데르센 동화』로 바뀠다. [⋯] 하지만 잠시 후 돌아와 보니 다른 걸 읽고 있었다.[30]

위 글에 나온 창우와 민수와 같은 아이들은 갈수록 늘어갑니다. 긴 책을 못 읽는 아이들, 중학생인데 세 페이지가 넘어가면 금세 흥미를 잃어버리는 아이들, 핵심주제를 파악하지 못하는 아이들, 책 내용 중 주요한 사건의 의미를 놓치고 대충 건너뛰며 읽는 아이들입니다. 이와 같이 '이해 없는 읽기 reading without sense'31)를 하는 창우와 민수와 같은 읽기 부진아들은 의미 구성에 어려움을 겪는 아이들이며, 의사소통능력의 관점에서 보면 텍스트를 통한 필자나 주요 등장인물들과의 대화에 실패한 이들, 심각한 문어 의사소통능력의 결핍을 보이는 아이들이라고 할 수 있지요.

창우와 같은 민수와 같은 아이들은 7년간 한국의 공교육을 받았지만 '읽어도 읽지 못하는 아이'입니다. 엄훈 선생님은 '아이의 머릿속에서는 어떤 배움이 진행되고 있었을까, 이런 아이들이 그동안 수업 시간 동안 겪었을 고통은?' 등과 같은 질문을 던지며, 문자를 해독하지만 글의 내용을 전혀 이해하지 못하는 아이들에 대해서 우리 교육자들이 주목해야 한다고 말하고 있습니다.

그것은 교사 개인의 힘으로는 어쩔 수 없는 문제였고, 초등학교와 가정에 일차적인 책임이 있는 문제였으며, 형식주의에 빠진 현행 공교육 시스템의 문제였다. 읽고 쓰는 능력, 즉 문해력literacy에 대한 교사들의 피상적인 이해도 문제의 본질을 인식하는 데 방해가 되고 있었다. 교사들은 아직도 문해력을 문자를 읽고 쓰는 능력으로 환원하여 이해하는 경향이 강하다. 형식적으로만 보면 글을 비교적 유창하게 읽어 내는 창우가 실제로는 글의 내용을 전혀 이해하지 못한다는 사실을 받아들이지 못했다. 문자의 해독解讀과 글 읽기를 동일시하는 생각은 의외로 널리 퍼져 있는 뿌리 깊은 고정관념이다. 이런 상황에서 창우는 지금까지 누구의 주목도 받지 않은 채 문맹 상태로 무사히 7년째의 공교육을 받고 있었다. 창우 같은 아이는 민주 사회를 지탱하는 근간인 공교육의 울타리

안에서 무시와 무지라는 이중의 베일에 가려져 있었던 것이다. 창우는 학교의 베일 속에 가려진 문맹자였다.[32]

엄훈 선생님은 "어떤 학생이 일상적인 수업에서 읽고 쓰기를 통한 의사소통을 할 수 없다면 그 학생은 학교 수업에서 기능적으로 문맹 상태에 있다고 할 수 있다."고 말합니다.[33] 또한 정상적인 학년 수준에서 읽기 능력이 2년 이상 뒤떨어지면 그 학생은 교실 수업에서 실질적으로 문맹자 된다고 합니다.

그런데 한국 공교육 체제 속에서 발견되는 초등학교 중학교 읽기 부진아들은 열악한 문식성 환경文解 環境과 독서 경험의 부족이라는 공통점을 가지고 있다고 합니다. 문해 환경은 사회의 문해 환경과 가정의 문해 환경으로 나눌 수 있습니다.

2) 사회의 문해 환경

엄훈 선생님은 사회의 문해 환경에 대해서 다음과 같이 설명하십니다.

사회의 문해 환경은 사회의 온갖 대중매체들과 환경 인쇄물 그리고 각종 정보 자원을 제공하고 문해력 발달을 지원하는 도서관 같은 지원 기관으로 구성된다. 아이들은 이러한 사회적 문해 환경 속에서 인쇄물에 적절히 반응하는 것을 배우며, 메시지의 소통이라는 인쇄물의 기능을 이해하고, 인쇄물의 방향성을 익히고, 색깔, 이미지, 맥락 등의 다양한 단서 체계를 활용하여 인쇄물을 범주화하여 읽어 내는 방법을 익히게 된다.[34]

넓은 의미에서 사회의 문해 환경은 아이들이 처한 읽기 환경입니다. 미디어 환경과 문해력 발달을 지원하는 도서관 같은 기관이 이에 해당됩니다. 그러나 오늘날 사회적 문해 환경을 구성하는 가장 주요한 요인은 제 생각에는 '스마트폰' 같습니다. 스마트폰을 밀어 올리면서 아이들은 문자나 텍스트들을 그나마 접하고 스마트폰을 통해서 가장 많은 양의 문자 의사소통을 하기 때문이지요. 이와 같은 사회 분위기 속에서 아이들은 어떤 글들을 읽고, 어떤 글들을 생산해내고 있을까요?

아동문학자 이오덕 선생님은 1996년도에 『어린이를 살리는 글쓰기』에서 다음과 같이 말하셨습니다.

> 아이들을 생각하면 눈앞이 캄캄하다. 우리말도 제대로 익히지 못하면서 꼬부랑 서양 말을 배워야 하고 어른들 흉내 내는 거짓을 지어내기와 논설문 쓰기에 시달리면서 그 마음이 무섭게 병들고 있기 때문이다.[35]

우리는 2019년도를 지나고 있습니다. 이오덕 선생님이 우려하셨던 사교육과 입시경쟁에 시달리고, 자연에서 멀어지고 인간성이 황폐화 되어가는 대한민국 어린이들의 상황은 더욱 심각해지고 있습니다. 특히 디지털 시대, 미디어 환경 속에서 태어나고 자라고 있는 어린이들에게는 그 폭과 깊이를 알 수 없는 변화가 이미 시작된 거 같습니다. 그들의 '인간관계' '시간을 보내는 방식' 무엇보다 그들의 '언어'는 이전 세대와 첨예하게 다릅니다.

우리 아이들은 모두 태어날 때부터 초고속 인터넷과 스마트폰에 둘러싸여 태어나고 성장한 '디지털 원어민들' 입니다. 니콜라스 카는 『생각하지 않는 사람들』에서 '인터넷이 우리의 뇌 구조를 바꾸고 있다'라고 합니다.[36] 니콜라스 카는 1959년 출생하였고 흑백 텔레비전과 아날로그 집 전화기를 경험한 세대이며, 대학에서 문학을 전공한 사람입니다. 그는 자신이 유년기를 아날로그로 시작했으나 성인기에는 갑자기 디지털 세상을 경험하게 된 X세대라고 소개합니다. 1986년도에 컴퓨터가 자신의 삶의 일상에 들어오고, 웹이 2.0시대로 진입하게 되는 2005년에는 자신도 소셜 네트워크 사이트를 이용하며 인터넷상에서 콘텐츠 생산자로 활동하였다고 말합니다. 그가 자신의 삶의 변화를 말하는 아래 부분을 한번 들어보십시오.

온라인에서 무언가를 읽는 행위 역시 새롭고 자유롭다. 하이퍼링크 검색엔진은 나의 모니터에 무한정 많은 정보를 사진, 소리, 동영상과 함께 제공한다. 저작권자들이 무료화 정책을 펴면서 공짜 콘텐츠는 거대한 파도처럼 불어났다. 헤드라인 뉴스는 야후 홈페이지와 나의 RSS리더를 통해 24시간 내내 흘러나온다. 링크를 누르기만 하면 수십 개, 수백 개의 더 많은 콘텐츠로 이어지고 불과 몇 분만에 새로운 메일이 도착한다. 나는 마이스페이스와 페이스북, 디그와 트위터의 계정을 만들고, 신문과 잡지 구독을 줄이기 시작했다. 누가 그런 것들을 필요로 하겠는가? 이슬에 젖은 인쇄물이 도착할 즈음 나는 이미 그 안에 담긴 기사들을 다 읽은 것만 같았다.

내 안에 정보의 천국에 대한 의심의 뱀이 기어든 것은 2007년 어느 날 이었다. 인터넷은, 홀로 외롭게 서 있는 오래된 컴퓨터에 비해 내게 더 강력하고 광범위한 영향을 미치고 있음을 깨닫기 시작했다. 많은 시간 컴퓨터 스크린을 주시하며 보내는 것은 적절한 행동이 아니었다.

인터넷 사이트와 서비스에 익숙해지고 의존하게 되면서 나의 습관과 일상생활의 많은 부분이 변하고 있는 것도 정상은 아니었다. 나의 뇌가 기능하는 방식이 바뀐 듯했고, 나는 한 가지 일에 몇 분이상 집중하지 못하는 무능력함을 걱정하기 시작했다. 처음에는 중년에 들어서면서 머리가 무뎌져 일어나는 현상이라고 생각했다. 하지만 나의 뇌가 단순히 일시적으로 표류하는 정도가 아님을 깨달았다.

　나의 뇌는 굶주려 있었다. 뇌는 인터넷이 제공하는 방식으로 정보가 제공되기를 바랐고, 더 많은 정보가 주어질수록 더 허기를 느끼게 된 것이다. 나는 컴퓨터를 사용하지 않을 때조차도 이메일을 확인하고, 링크를 클릭하고, 구글에서 무언가를 검색하고 싶어 했다. 나는 누군가와 연결되고 싶었다. 마이크로소프트 워드는 내게 살과 피와 같은 워드프로세서가 되었고 인터넷은 나를 초고속 데이터 처리 기기 같은 물건으로 바꾸어놓았다. 나는 마치 인간의 모습을 한 할처럼 변해가고 있었다.

　나는 이전의 뇌를 잃어버린 것이다.37)

　출생 년도만 볼 때 이 글을 쓴 니콜라스 카는 디지털 원어민, N 세대에 속하지 않습니다. 자라면서 아날로그 세대를 경험하였고 책을 좋아해 온 그가 '이전의 뇌를 잃어버렸다'라고 말하고 있습니다. 오랫동안 테크놀로지에 대한 글을 쓰는 프리랜서로 활동하고 통찰력 있는 칼럼을 써왔던 그는 정보 기술이 인류에 미치는 영향에 대해 여러 가지 방향에서 경고하고 있습니다. 그는 이 시대 기술 환경 속에서의 '읽는 방식'은 예전의 종이책을 읽을 때와는 다른 방식이라고 말합니다.

　책을 읽는 데 있어 매우 특이할 만 한 점은 깊은 집중이 매우 활발하고 효율적인 문자 해석 활동 그리고 의미를 파악하는 활동과 협력한다는 것이다. 인쇄된 책을 읽는 행위는 독자들이 저자의 글에서 지식을 얻기 때문만이 아니라 책 속의 글들이 독자의 사고 영역에서 동요를 일으키기 때문에 유익하다. 오랜 시간, 집중해서 읽는 독서가 열어준 조용한 공간에서 사람들은 연관성을 생각하고 자신만의 유추의 논리를 끌어내고 고유한 생각을 키운다. 깊이 읽을수록 더 깊이 생각한다.38)

위 글에 나타난 독서, 가장 본래적인 방식으로 깊이 사고하며 책을 읽는 행위는 오늘날 우리 아이들이 책을 읽는 방식과는 너무 다른 거 같지요? 우리 아이들은 3살 때부터 스마트폰을 손에 쥐고 놀면서 자랐습니다. 니콜라스 카는 "미디어는 생각을 전달할 뿐만 아니라 생각의 과정도 형성한다" 라고 말합니다. 초고속 인터넷과 스마트폰을 통해서 정보를 소비하는 우리 아이들은 종이책을 읽던 세대와는 너무도 다른 사고 방식, 의사소통 방식을 가지고 있습니다. 특히 디지털 환경의 영향은 우리 아이들을 갈수록 산만하게 만들고 집중해서 책 읽기를 할 수 없게 만듭니다. 18분 정도만 집중할 수 있다는 연구 결과도 있습니다. 긴 글은 짧게 나누어 편집하고 일러스트레이션과 같이 제공되고 마치 컴퓨터 화면 구성처럼 편집되어야 독자가 겨우 읽을 수 있다는 이야기도 들립니다.

> 저는 대학에서 문학을 전공했고 책벌레라 할 정도로 열심히 책을 읽는 사람이었습니다. 그런데 어찌 된 일일까요? […] 제가 대부분의 읽는 행위를 웹에서만 하는 이유는, 저의 읽는 방식이 변했기 때문입니다. 그러니까 단순히 편의를 위해서가 아니라 제가 생각하는 방식 자체가 변했기 때문이라면 어떻게 되는 걸까요?[39]

위 글은 어린 시절에는 종이책을 좋아했고 대학에서 문학을 전공한 사람의 고백입니다. 그렇다면 세 살 때부터 틈만 나면 스마트폰을 가지고 논 우리 아이들은 어떤 성인이 될까요? 이제 우리 아이들은 평생 두꺼운 책 한권을 읽는 경험을 못하게 될지 모르지요. 재빨리 핵심만 훑는 온라인 웹서핑 방식의 읽기 능력만이 발달하고 있습니다. 읽기와 읽기 방식, 책 이야기를 하는 이유는 이런 요소들이 우리의 언어와 생각의 중요한 재료를 공급해왔기 때문이지요. 거대한 기술 문명의 흐름이 우리의 언어 사용과 의사소통 방식, 생각하는 방식들을 바꾸고 있습니다. 니콜라스 카는 "인터넷은 단순한 정보의 유통 수단이 아니다" 라고 말합니다.

> 온라인상에서든 오프라인 상에서든 나의 마음은 인터넷의 유통 방식, 즉 숨 가쁘게 빠른 속도로 움직이는 작은 조각들의 흐름에 따라 정보를 받아들이게 될 것이다. 한때 나는 언어의 바다를 헤엄치는 스쿠버 다이버였다. 하지만 지금은 제트 스키를 탄 사내처럼 겉만 핥고 있다.40)

바다 속을 천천히 유영하며 깊은 바다 속을 탐험하는 스쿠버 다이버 같은 언어 사용자는 이제 점점 사라져 갑니다. 이러한 변화를 아이들의 교육과 관련해서 생각해 볼 때, 단지 '문식력이 갈수록 떨어진다' '사회의 문해력 환경이 열악하다'라는 한탄의 범위를 넘어서게 됩니다. 도서관을 더 많이 짓고, 공교육을 위한 독서 지도사를 양성하는 것조차 사회의 문해력 환경을 개선하기 위한 진정한 해결책이 되기에는 역부족이라는 절망감이 드

네요. 인터넷의 정보를 소비하고 활용하는 방식은 우리들의 생각하는 방식, 집중하는 능력, 타인과 관계를 맺는 방식 전반에 걸쳐 그 영향을 주고 있기 때문입니다. 앞으로 이러한 경향은 가속화 될 거 같아서 아이들을 생각하면 저는 두려워집니다.

3) 가정의 문해 환경

사회의 문해 환경과 더불어 읽기 부진에 가장 중요한 영향을 미치는 요인은 '가정의 문해력 환경'이라고 합니다. 집에 책이 얼마나 다양한 종류로, 아이들 발달 단계에 맞는 책들이 구비되어 있는지, 책을 매개로 부모와 아이가 얼마나 상호작용을 하는지, 부모들의 읽기 태도는 어떤지 등이 모두 가정의 문해력 환경을 구성합니다. 초중고 아이들이 처한 가정의 문해력 환경은 각 가정의 사회 경제적 조건, 부모의 문해력 정도와 양육방식 등에 따라 천차만별일 것이라고 생각합니다. 엄훈 선생님의 『학교 속의 문맹자들-공교육의 불편한 진실』에서는 중학생인데 초등학교 저학년 수준의 읽기 능력을 보이는 학생들이나 초등학생인데 글자를 아직 못 읽는 아이들 가정의 문해력 환경을 짐작하게 하는 부분이 나옵니다.

"그러니까 책이 없다기보다는 이제 가정환경 자체가 조손 가정이다 보니 엄마가 있으면 좀 읽어 준다든지 그런 게 있는데, 할머니는 그냥 데리고 먹이고 입히고 하니까. 유치원에 갔다 오면 놀고, 텔레비전 보고, 자고 하는 게 반복되니까 책 읽기를 할 만한 여건도 형성이 안 되고 해 본 적이 없어서 관심도 안 생기는 거죠."41)

"경험이 없어서 그럴 수 있다고 보고, 찬규 같은 경우는 사는 곳이 멀어서 학교 버스로 한 40분 가야 해요. 굽이굽이 산골에 살다 보니까 눈이 오면 차가 들어갈 수가 없어서 학교를 못 와요. 그러다 보니까 그런 아이들 집에서 신경을 안 써 주면 책을 스스로 읽는다는 건 사실 어렵잖아요. 태어나서부터 학교에 입학하기 전까지 책 읽기 경험 자체를 해 본 적이 있을까? 그런데다가 글자도 모르니까 무수히 쏟아지는 문자 때문에 위압감을 느끼고 위축도 되고……"[42]

"이 문제는 교사 혼자 힘으로는 해결이 되기 힘들고요 제 생각에는 부모 교육부터 해야 해요. 왜냐하면 부모들이 관심이 없어요. 그리고 그런 부모 보면 그 아이와 수준이 비슷해요. 그러니까 그 부모들을 먼저 교육을 시키고 그 다음에 교사와 부모와 아이가 같이 협력해서 공부하는 형태가 이루어져야 해요."[43]

이와 같이 읽기 부진은 가정의 문해 환경 요인과 밀접하게 연결되어 있는 경우가 많다고 합니다. 시골학교는 사회적 취약 계층이 많고, 이런 계층의 아이들의 학부모들 자체가 충분한 문해력을 갖추지 못하였고 문해력의 중요성에 대한 인식도 낮아 고학년이 될수록 읽기 부진의 수준이 더욱 심각해지는 악순환에 빠집니다. 반면에 대도시의 교육열이 높은 곳에서는 4살 때부터 유명 독서 학원에 등록하게 해서 매주 그림책을 바꿔가면서 읽히고 집에도 독서지도교사를 오게 한다고 합니다. 집의 거실을 아이 도서관처럼 꾸며주고 엄마 아빠가 자기 전에는 책을 읽어주는 환경에서 크는 아이들이 있습니다. 반면에 집에 읽을 만한 책 한 권이 없는 아이들, 엄마 아빠가 일터에서 돌아오시기 전까지 텔레비전을 보거나 혼자 게임만 하며 시간을 보내는 아이들도 이 땅에 다수 존재합니다. 이들이 처한 가정의 문해 환경은 비교할 수가 없겠지요. 이 문제들은 사실 교사가 해결할 수 있는 범위를 초월합니다. 그러나 교사들은 적어도 읽기 부진을 보이는 아이들을 파악하고 그들의 문해력 결핍을 완화시킬 수 있는 읽기 지도를 해주어야 합니다. 문해력은 글자를 해독하고 공교육을 잘 따라가다 보면 완성될 수 있는 능력이 아니라 평생에 걸쳐 발달해나가는 능력입니다.[44] 읽기 부진아들은 독서 경험 자체가 절대적으로 부족하고 책 읽기가 얼마나 즐거운 행위임을 경험해본 적이 없습니다. 교사에게는 아마도 삶에 지친 부모님들이 책을 사주거나 읽어준 경험도 없었을 환경 속에서 자라난 아이들의 부정적인 독서 태도를 바꾸어주는 것이 무엇보다 중요한 지도의 방향이 될 것입니다.[45]

이제 다시 우리의 주제인 '의사소통능력'과 관련하여 '문식성'이나 문해 환경을 왜 고려해야 하는가 생각해 봅시다. 앞에서 말한 바와 같이 문식성은 문어 의사소통능력의 개념과 밀접한 관련이 있기 때문입니다. 문식성은 쉽게 말해 제대로 읽고 쓰는 능력이고, 문자를 매개로 필자와 독자 간의 '지식, 정보, 의견, 정서의 교류와 교감' 능력입니다.[46] 그런데 앞서 말한 사회와 가정의 문해 환경은 아이들이 문어 의사소통능력으로서의 문식력을 신장시키는데 오히려 방해가 될 수 있는 요소들을 잔뜩 가지고 있습니다. 특히 부모 역시 스마트폰 세대로 자라나 책읽기의 중요성을 인식하지 못하는 가정의 아이들은 특별한 계기를 만나지 않는다면 평생 책을 읽지 않고 스마트폰만 밀어 올리며 살아가는 어른이 되어갈지 모릅니다. 그 특별한 계기, 책읽기의 즐거움, 책을 통해 등장인물들이나 필자와 소통하는 과정에서 오는 충만함을 경험할 수 있는 기회를 선생님들이 만들어 주셔야 합니다.

2.3. 화자와 청자의 의사소통 기술과 전략

저는 몇 년 전 쓴 『소통의 외로움』에서 소통의 문제를 자기계발 차원이나 기술과 대인관계 전략 차원으로만 접근하려는 현시대의 담론에 대한 반감으로 소통을 위한 태도를 강조하였는데, 그 책에 관해 독자와 나누었던 어떤 시간에 한 분이 이런 질문을 하더군요. "선생님이 말씀하시는 대로 스스로 소외되지 않고 내 대화 상대방도 소외시키지 않는 소통을 하려면 어떤 기술이나 방법을 사용하면 좋을까요?"라고요. 저는 그때 모두들 진심으로 소통하는 방법을 몰라서 어려움을 겪고 있으며, 의사소통 기술에 관한 괜찮은 조언들을 찾아서 학생들에게 전달해야 한다는 생각을 했지요. 요즘은 의사소통 기술 담론들에 대한 제 생각을 수정하고 있습니다. 요즘 세대들에게 소통을 위한 구체적 기술을 가르치는 것이 필요합니다. '열심히 경청해야 한다.' 류의 조언은 뜬구름 잡는 거 같습니다. 그러나 '소통의 기술'에 대한 조언 중 맞지 않거나 본질이 뒤바뀐 경우도 많습니다. 마이클 니콜스의 『듣는 것 만으로 마음을 얻는다』에 나온 다음 글을 한번 보세요.[47]

> 환자가 "저는 우울합니다"라고 말하자 상담사가 "당신은 우울하군요"라고 따라 말한다.
> 환자는 "아니, 진심이에요. 전 '정말로' 우울해요"라고 말하자 상담사는 "당신은 '정말로' 우울하군요"라고 말한다.
> 환자가 격분해서 "나는 너무나도 우울해서 자살하고 싶은 기분이에요"라고 말하자 상담사는 "당신은 자살하고 싶은 기분이군요"라고 말한다. 환자는 "제가 보여드리죠!"라고 말하고는 벌떡 일어나서 창문 쪽으로 걸어가 뛰어내린다.
> 상담사는 창문 쪽으로 다가가 아래를 내려다보더니 "쿵"이라고 말한다.[48]

위 글은 듣기가 기계적인 작업이나 매뉴얼대로 반응하는 것이 될 때 얼마나 실체가 없는가를 슬프게 깨닫게 하지요. 예를 들어 '경청해야 한다'라는 말이 소통 관련 책에는 반드시 등장하고 상대방의 말을 되받아서 질문형식으로 바꾸어서 공감을 표시한다는 의사소통기술도 가르쳐줍니다. 솔직히 이해되지도 제대로 듣지도 공감하지도 않은 채 "너가 그래서 화가 났구나!"라고 앵무새처럼 말하거나 "고객님. 세탁기가 고장 나서 무척 불편하고 화가 나셨겠군요."라고 응대하는 AS 센터 직원 같은 말들을 경청하고 공감하는 기술로 가르치는 경우가 있습니다. 사실 너무 많은 고객의 불평을 상대해야 하므로 정해진 매뉴얼대로 응대해야 하는 감정노동자인 담당 직원들의 고충을 저는 짐작하지 못할지 모르며 그 경우에는 매뉴얼을 따르는 게 가장 효율적일 것입니다. 그러나 평소 의사소통 생활에서도 공감이나 경청을 표현하는 방법이 기업의 고객 상대 매뉴얼을 모델로 기술적 차원에서 진행되어서는 안 된다는 겁니다. 또한 의사소통능력을 키우기 위해 지나치게 기술과 전략에 집중하다보면 자기 홍보에 열중하게 되는 태도를 배우게 됩니다.49)

선전과 홍보의 언어로 가득 찬 세상 속에서 우리는 언제나 타인에게 자신 있고 유능한 이미지와 언어를 구사할 것을 강요받는다. 서점에는 자신을 효과적으로 PR하는 방법, 상대방을 설득하는 기술, 화술의 달인이 되는법, 성공하는 대화법을 전수하는 책들로 넘쳐난다. 세상이 가르치는 현란한 스피치 기술 속에서 우리는 누군가와 대화하고 자신에 대해서 말한다는것이 의미하는 본질을 잊고 살게 되었다. 얼마 전 우연히 '10초안에 적을 친구로 만드는 대화 기술'이란 책 제목을 보았다. 아니, 가장 가까운 가족 간에도 말을 않고 그를 외롭게 하는데 10초안에 적을 어떻게 친구로 만든다말인가. 제목 자체가 거짓이며 우리가 의사소통할 때 임하는 병든 자세와병든 습관을 대변해주고 있었다. 틀에 박힌 말과 충고, 상투적인 언어, 거짓 확신, 타인의 의식을 주도하고 조종하고자 하는 숨은 의지, 현란한 수사속에서 우리의 말과 영혼은 얼마나 병들어가고 있는가.

어쩌면 성공적인 의사소통을 위한 기술보다 필요한 것은 '평범한 진리일지라도' 상대방을 향한 마음 상태 그 자체이다. 인간의 마음을 연구하는 심리학자들은 우리들이 얼마나 천성적으로 자아 중심적인지, 얼마나 나르시시즘으로 기울기 쉬운지를 지적한다. 흔히 '공주병 왕자병' 중증 환자가 아니더라도 자신을 '겸손하며 남의 말을 잘 듣는 타입'이라고 인식하고 있는사람들도 대화에 임하면 자신도 모르게 대화를 주도하고자 하거나, 자신의이미지를 꾸미는 수사법과 기술에 열중하여 상대방이 표현하고자 하는 바

를 놓치거나 제멋대로 해석하는 경우가 많다.50)

　그러나 의사소통의 본질을 잊지 않는다면 의사소통의 기술들을 배우는 것은 대인관계를 원활히 하는데 큰 도움이 됩니다. 특히 의사소통능력은 운동 근육과 같아서 잘 배우면 조금씩 그 능력이 증가할 수 있다고 합니다. 그래서 요즘 저는 제가 가르치는 다양한 강좌에서 직간접적으로 의사소통 기술을 소개합니다. 학생들이 졸업하고 나서 사회생활을 할 때 도움이 될 수 있는 가장 중요한 지식이라는 생각도 합니다. "자신이 하고자 하는 바를 다른 상대에게 정확하게 표현하는 것, 상대의 말을 제대로 듣고 의견을 모아 같은 길을 가자고 격려하는 것, 그것이 성공으로 가는 가장 빠르고 분명한 길"이라는 빌 맥고완의 말에 어느 정도 동의하기 때문이지요.51) "제대로 된 소통법은 듣는 이의 마음을 사로잡고, 설득력 있게 자신의 의견을 전달하며 사람들에게 깊은 인상을 심어주며 현명하고 자신감 있게 넘쳐보이게 하는 비장의 무기이다."고 합니다.52) 그래서 오늘날 '소통 능력'은 성공을 위한 '자기계발 능력' 중 가장 중요한 항목으로 취급되고 있지요. 그러나 의사소통능력을 '성공'을 위한 도구로만 인식해서는 곤란합니다. 의사소통은 무엇보다 타인을 진정으로 배려하면서 나의 언어를 조율할 때 가장 잘 이루어질 수 있기 때문이지요. 그러나 이런 말은 '착하게 살아야 한다' 처럼 당연하고 원론적인 이야기 같기 때문에 당장 여러 관계에 시달리며 살아가는 우리들에게는 실질적인 도움을 줄 수 있는 전략과 의사소통기술들을 배우는 것이 필요하지요. 특별히 교사의 의사소통 기술은 그 어떤 직업군보다 중요합니다.

　미국의 어느 대학에서 강의 시간에 신발을 신지 않고 오는 학생이 있었습니다. 이런 경우에 담당 교수는 어떻게 해야할까요? "당장 신발부터 신고 바보 같은 짓을 그만두지 못해!"라고 소리쳐야 할까요? 아니면 모른 척

하며 이번 학기가 어서 끝나서 그 학생을 안 봐도 되는 시간을 기다려야만 할까요?

> "학생. 내겐 목표가 하나 있다네. 그 목표는 학생이 졸업해서 만나게 될 이 미친 세상에 대비할 수 있도록 최선을 다해 돕는 거라네. 나는 학생이 행복하고, 성공적이고, 충만한 삶을 살았으면 좋겠어. 그런데 때에 따라서는 그 행복이 우리가 정해 놓은 규율을 지키는 능력에 따라 정해지기도 하지. 어떻게 행동하느냐, 어떤 옷을 입느냐 등 말이야. [⋯] 학생이나 나나 신발을 신지 않는 사람에게 일자리를 줄 곳은 없다는 거 잘 알잖아. 학생이 맨발로 교실에 들어오는 것을 방관하는 것은 내가 학생에게 몹쓸 짓을 하는 것과 같다네. 내가 이 상황을 방치한다면 학생은 신발을 신으라고 말하는 고용주에게 아무 대응도 하지 못하게 될 거야. 그러니 내일은 신발을 신고 오길 바라네. 그렇게 하는 것이 앞으로의 삶을 살아갈 수 있도록 해주는 근육을 단련하는 거라 생각하네."[53]

위와 같이 교수가 말했다면, 아마도 '당장 신발을 신지 못해!'라고 소리쳤을 때 보다 그 학생이 다음번 강의부터는 신발을 신고 나타날 가능성이 높지 않을까요? 위 교수의 말을 자세히 살펴보면 꾸중하거나 조언할 때 감정을 표현할 때 사용하라는 'I 메시지 전달법' 같은 의사소통 기술이 활용되었습니다. '비평하는 말 중간에 상대방이 잘한 일이나 장점 등을 인정하는 말을 끼워 넣는 방식'[54]처럼 '샌드위치식 비평'도 흔히 추천되는 의사소통 전략이기도 하지요.

『교사와 학생 사이』를 쓴 하임 G 기너트는 교사가 교실의 사건들에 대해 어떻게 대응하느냐에 따라서 아이들의 품행과 인격이 달라지기 때문에 교사의 언어가 너무나 중요하다는 것을 강조합니다.

난 놀라운 결론에 도달했다. 교실의 분위기를 결정적으로 좌우하는 요인은 바로 나다. 나 한 사람의 태도에 따라 교실의 기후가 달라진다. 교실의 날씨를 결정하는 요인은 그 날 나의 기분이다. 교사인 나의 손 안에는 어마어마한 힘이 쥐어져 있다. 아이들의 삶을 비참하게 할 수도, 즐거움에 넘치게 할 수도 있는 힘이다. 나는 고문 도구도 될 수 있고, 영혼에 힘을 불어넣는 악기도 될 수 있다. 아이들에게 창피를 줄 수도, 어를 수도, 마음에 상처를 줄 수도, 치료해 줄 수도 있다. 상황이 어떻든, 내가 어떻게 대응하느냐에 따라 위기가 고조되거나, 완화되기도 하고, 아이가 인간다워지거나 인간다워지지 못하게 될 수도 있다.55)

오늘날 '교권이 땅에 떨어졌다'라는 말이 자주 들리지만 아직도 아이들에게 선생님은 중요한 영향력을 행사하는 사람입니다. 교사의 말과 행동은 아이들이 어른이 된 후에도 잊혀지지 않은 상처가 될 수도 있고 꺼지지 않는 별빛이 될 수도 있습니다. 아이들을 동료 학생들 앞에서 조롱의 대상으로 삼는다는 지 모욕감을 불러일으키며 꾸중을 하는 것은 아이의 입장에서 보면 칼로 베이는 것과 같을 수 있답니다. 하임 G 기너트는 "교사는 외과의사와 같아서 칼을 아무렇게나 휘둘러서는 안 된다"라고 말하면서 교사의 폭력적인 언어는 아이들에게 평생 남는 상처를 줄 수 있다고 말합니다. 그러나 학생들을 지도하고 훈육할 때 말에 조심하느라 '가르쳐야 할 것'을 안 가르칠 수도 없습니다.

그런데 '잘 가르치기 위해서는' 폭력적인 언어로는 안 된다는 것이지요. 기너트는 "폭력적인 언어로는 성과를 높일 수도 없고 인격을 향상시키지도 못한다. 오로지 증오에 불을 댕길 뿐"56)이라고 합니다. 다음의 예를 한번 보십시오.57)

사회시간,15살 학생의 말	
"난 우리 나라가 UN에서 탈퇴해야 한다고 생각해요. UN으로는 아무것도 성취할 수가 없어요. UN은 쓸데없는 소리로 가득 차 있어요. 하는 일이라고는 토론, 토론, 토론이 전부예요."	

교사 1	교사 2
"말도 안 되는 소리 하지 마. 어린 게 그런 중요한 문제에 대해서 뭘 안다고. 네가 UN에 대해서 아는 게 뭐야? 그 문제에 대해 책이라도 몇 권 읽어본 적 있어? 아니면 논문이라도? 신문을 읽어본 게 언제야? 무식한 녀석 같으니. UN이 없으면 평화에 대한 희망이 없다는 걸 알기나 해?"	"내가 보니 넌 UN에 대해서 좋지 않은 감정을 갖고 있구나. UN의 업적에 대해서 깊은 환멸을 느끼고, UN이 직접 행동에 나서지 못하는 것 때문에 크게 실망하고 있어. 그렇다면 우리에게 무슨 대안이 있겠니?"

여러분은 교사 1처럼 말하십니까? 아니면 교사 2처럼 말하시나요? 솔직히 미숙한 지식과 언어로 배움에 대해서도 진지하지 않고 아무 말이나 내뱉는 것 같은 학생들을 보면 저도 교사 1처럼 대응해버리고 싶을 때가 많습니다. 그러나 학생들이 바로 미성숙한 존재이므로 가르침과 배움의 과정 속에서 우리 교사들과 만난거지요. 그러니 화가 난다고 해서 아이들을 무시하거나 경멸을 표현해서는 안 되고 그들이 말 속에 포함하고 있는 의도와 감정을 최대한 수용해주면서 가르침으로 이끌어야 합니다. 기너트가 소개하고 있는 사례들과 함께 교사들이 기억하면 좋은 몇 가지 사항을 말씀 드리겠습니다.[58]

교사의 적절한 의사소통	교사의 적절하지 못한 의사소통
1) 학생이 처한 상황에 집중하여 말한다. "너 도서관에 책을 반납해야겠더라. 기간이 넘었어."	학생의 성격이나 인격에 관한 단정적인 발언을 한다. "넌 참 무책임하더라. 늘 꾸물거리고 잊어버려. 왜 도서관에 책을 반납하지 않은 거야?"

2) 교사의 감정(분노, 슬픔, 짜증 등)을 I 메시지로 전달한다. "난 시끄럽게 떠드는 모습을 보면 화가 나."	교사의 감정을 You 메시지 전달법으로 표현한다. "이렇게 시끄럽게 떠들다니 너희들이 성난 망아지들과 뭐가 다르지?"
3) 지시할 때는 무비판적 메시지를 통해 '협력'을 얻어낸다. "(말을 도중에 끊는 학생을 향해) 내 말을 마저 했으면 좋겠는데" "내가 지금 숙제를 내주고 있으니 받아 적어야지"	비판적 메시지를 통해 반발심과 저항을 유발한다. "버르장머리 없는 녀석 같으니라구. 선생님 말을 가로막다니" "떠드는 일 말고는 할 일이 없니? 왜 숙제를 받아 적지 않는 거야?"
4) 꾸중할 때는 인격에 '낙인' 찍지 않는다. "아무리봐도, 네 몸가짐과 옷차림을 좀 더 단정하게 하는 게 좋겠어."	학생의 인격을 예단, 분석, 낙인찍는 폭력적인 언어를 구사한다. "넌 모든 게 엉망징창이야. 옷차림은 단정치 못하고, 머리는 지저분해. 머릿속도 엉망일 거야. 무슨 문제가 있는 거냐? 차림새를 말끔하게 하지 않으면, 교실 밖으로 쫓아낼 거야."
5) 평가할 때는 구체적인 안내를 제공한다. (작문숙제 평가 시) "신문 기사에서 사용하는 문장 작성법을 사용해서 다시 써봐. 독자에게 누가, 무엇을, 어디서, 언제, 왜 했는지에 대해서 이야기해 줘"	비난과 모욕을 주는 방식으로 평가한다. "도대체 뭘 썼는지 알 수가 없구나." "글이 횡설수설하면서 장황해. 소화하지 못한 언어를 그대로 토해내는 것 같아." "형편없는 글쓰기로 따지자면 네가 전문가야. 넌 우리말을 망치고 있어."
6) 칭찬을 할 때는 특정한 행동에 대해서 구체적으로 칭찬해야 한다. "(친구의 돈을 찾아준 학생에게) 돈을 찾아줘서 고맙다. 너가 철수의 큰 걱정을 덜어주었어."	아이의 인격에 형용사를 붙여서 평가한다. 재판관의 자리에서 판결을 내리는 방식으로 칭찬한다. "넌 정말 정직하구나." "넌 착한 아이구나."

교사로서 여러분의 의사소통 방식은 어떤 유형과 가깝습니까? 그동안 자신도 모르게, 의도하지 않았어도 아이들에게 폭력적인 의사소통 방식을 구사하지는 않았는지요? 칭찬도 항상 교육적 효과가 좋은 것은 아니라는

것이 이상하지요? 교사도 감정에 휩싸이는 인간인데 매순간 자신의 언어에 신경 써야 한다는 것이 매우 피곤하게 느껴지기도 합니다. 아무리 열심히 해도 아이들은 바뀌지 않고 학부모들과 피곤한 일만 늘어나고 교사의 업무나 실적 평가에 교사의 언어 항목은 포함되지도 않을 것입니다. 그러나 교육자는 자신이 처한 '맥락'과 '환경'을 끊임없이 새롭게 긍정적으로 해석해 내야 합니다. 우리의 언어는 한 아이의 인격과 품성을 선하고 밝게 만들 수 있는 '씨앗'이 되기도 한다는 것을요. 교직은 어쩌면 '선한 영향력'을 행사할 수 있는 가장 보람 있는 직업이라는 것을 늘 떠올리시면 좋겠습니다.

오늘날 대한민국은 물질적으로는 과거와 비교도 안 되게 풍요로워 졌습니다. 1960년대에 남한의 전체 GDP는 아프리카의 가나와 비슷한 수준이었다고 합니다. 오늘날 우리는 부자국가 클럽이라고 불리는 OECD에 가입하게 되었고, 세계 10대 무역대국 중의 하나이며, 세계경제의 리더라는 G20 국가 중 하나입니다.[59]

단군 이래에 가장 잘 산다는 농담이 오고 갈 정도의 국가 경제 발전을 이루었습니다. 그러나 감사할 줄 모르고 남들과 비교해서 명예와 부를 얻는 것만이 성공이라고 믿는 가치관이 갈수록 팽배해지고 있고, 삶의 척박함이 부모들의 마음을 병들게 하고 있습니다. 우리 교사들이 공부하고 노력하고 안아주지 않는다면 우리 아이들은 한 겨울, 춥게 서 있는, 깊이 뿌리 내리지 못한, 외로운 나무와 같습니다. 의사소통의 다양한 기술과 전략들은 학자들의 연구 결과들로부터 나온 것이라서 기억해두면 학생들과의 의사소통에서 유익한 도움이 될 거라고 생각합니다. 그러나 다시 한 번 강조하지만, 의사소통 기술들을 '매뉴얼'대로 움직이면 성공할 수 있는 도구로 인식해서는 안 됩니다. 제가 『소통의 외로움』에서 인용한 사례를 한번 더 들어보도록 하겠습니다. 예를 들어 스콧 펙은 15살 때 미국 최고의 명문 고등학교로 알려진 엑시터를 그만둘 결심을 하면서 3명의 교사들과 상담한 경험을 이야기합니다.

1) 첫 지도교사

"스콧, 이 학교에서 네 능력을 충분히 발휘하고 있지 못한 건 사실이지만, 졸업을 하지 못할 정도로 심각한 것은 아니지. 네가 다른 학교에 가서 좀 나은 성적으로 졸업을 하는 것보다는 성적은 좀 떨어지더라도 엑시터 같은 명문 학교를 졸업하는 것이 더 나을 거야. 중간에 학교를 바꾼 기록이 남는 건 좋지 않거든. 그리고 부모님도 걱정을 많이 하실 거야."

2) 학년 담당 교사

내가 30초 정도 이야기를 하게 했다. "엑시터는 세상에서 가장 좋은 학교야." 그분은 헛기침을 하면서 말을 이었다.

"넌 어리석은 생각을 하고 있는 거야. 자, 정신 바짝 차리고 열심히 해보라고, 이 친구야"

3) 린치 선생님

난 기분이 더 참담해진 상태에서 난 린치 선생님을 찾아갔다. 그는 내가 이야기를 하게 내버려두었다. 5분 정도의 시간이 지났다. 그리고 아직 잘 이해할 수 없다며, 엑시터 학교, 가족, 신(그분은 내가 신에 대한 이야기도 하도록 허용했다) 그리고 내 머릿속에 떠오르는 무엇이든 더 이야기하라고 했다. 그래서 나는 10분 정도 더 두서없이 이야기를 늘어놓았다. 모두 합해서 15분 정도를 이야기했는데 그것은 우울한 기분에 빠져있고 말도 잘하지 못하는 15살 소년에게는 상당히 오랜 시간이었다. 내가 이야기를 마치자, 그분은 몇 가지 질문을 해도 되겠느냐고 물었다. 선생님이 관심을 보이자 힘이 나서 나는 '예'라고 대답했다. 그 후 그분은 30분 동안이나 내게 여러

가지 질문을 했다.

마침내 45분 정도의 시간이 흐른 후, 냉정하게 보이는 이 수학 선생님은 고통스러운 표정을 지으며 의자 뒤로 몸을 젖히면서 말을 했다.

"미안하지만 난 널 도와줄 수 없구나. 네게 해줄 말이 없어" 그분은 말을 이었다. "너도 알겠지만, 완전히 다른 사람의 입장이 되어본다는 건 정말이지 불가능해. 네 입장이 되었다고 해도-내가 그런 상황이 아니어서 다행이다만-내가 무엇을 해야 할지 잘 모르겠다. 솔직히 말해 어떤 조언을 해주어야 할지 모르겠구나, 도움이 되지 못해 미안하다."

사실은 그가 나의 목숨을 구했다고 할 수 있다. 45년 전 어느 날 아침, 내가 린치 선생님의 사무실에 들어갔을 때 나는 거의 자살직전이었다. 그런데 그분의 사무실을 나설 때 나는 커다란 짐을 덜었다는 느낌이 들었다. 천재도 어떻게 해야 할지 모른다는데 내가 어떻게 해야 할지 모른다는 것이 무슨 문제가 될까. 세상 사람들이 눈에는 미친 짓처럼 보이는 일을 생각하고 있었지만, 천재가 분명히 미친 짓이라고 말할 수 없는 거라면, 아마도 신이 나를 부르는 소명 같은 것일지도 몰랐다.

내가 필요로 했던 도움을 주었던 분은 아무런 대답도 하지 않았고, 틀에 박힌 조언도 하지 않았으며, 내가 무엇을 하는 것이 좋은지 모르겠다고 말하며 비움(공허)을 실천하고자 했던 바로 그분이었다. 내 말에 귀를 기울이고, 자신의 시간을 기꺼이 할애했으며, 나의 입장이 되려고 노력했고, 나를 위해 자신을 베풀고, 희생시켰던 바로 그분이었다. 나를 진정으로 사랑한 사람은 바로 그분이었다. 나를 치유한 사람도 그분이었다.60)

스콧 펙의 체험담을 읽어보면서 저는 교사의 언어는 진부하고 평범한 말이 되어버린 '사랑'에서 출발하는 것이라는 생각을 다시 합니다. 사랑이 우리와 우리의 언어를 안내해줄 거라는 말을 믿고만 싶어집니다. 그러나 적절한 의사소통은 '배움과 연습과 자율'이 필요하며, 그래서 노력 끝에 얻어지는 하나의 '성취'라는 기너트의 말을 잊지는 말아야겠지요.[61]

2.4. 화자와 청자의 마음과 태도

이번에는 의사소통 할 때의 마음과 태도에 대해 말해보겠습니다. 디지털 세대가 대인관계와 의사소통에 어려움을 겪는다는 사실은 여러 방면의 연구에서 잘 알려져있지요. 예를 들어 현대 사회에서 일반인들의 집중력과 주의력은 갈수록 줄어들고 있다고 합니다. 문자나 카톡, 트위터, 이메일 등을 통한 단문 메시지를 통해 인간관계를 주로 하다 보니 사이버 공간에서의 의사소통 방식에 더욱 편안함을 느끼는 사람들이 늘어가고 있습니다.[62]

의사소통 전문가로 알려진 빌 맥고완은 오늘날 우리들의 '커뮤니케이션 근육'은 퇴화되고 있다라고 말합니다. 각종 디지털 기기에 익숙해질수록, 적절하게 말하고 듣는 인간의 의사소통능력은 부족해지기 쉽다고 경고합니다. 빌 맥고완의 말대로 '쌍방향 형식을 띤 첨단 미디어 수단을 통한 의사소통의 방식에 흐르는 나르시시즘을 충족시킬 뿐인 일 방향적 소통"이 현대인들의 의사소통 특성일지 모릅니다.[63] 의사소통은 양적 횟수가 많다고 해서, 오래 기다리지 않고 즉각 멀리 떨어진 상대방과 접속할 수 있다고 해서 원활히 진행되고 있다고 말할 수 없습니다. 그의 말을 읽어보시죠.

> 샌디에이고 주립대학의 연구 결과에 의하면 1982-2000년에 태어난 이른바 Y세대가 1965-80년에 태어난 X세대보다 나르시시즘 기질이 더 많다고 한다. 심리학자 진 트웬지는 이 세대를 '미 제너레이션 Generation Me'이라고 부른다.
>
> 나르시시즘의 확연한 증가는 우리가 살고 있는 시대, 즉 모든 사람이 자기만의 방송 네트워트를 가진 이 시대에 두드러지게 나타나는 현상일 것이

다. 블로그, 페이스북, 트위터, 핀터레스트pinterest, 인스타그램instagram, 스냅챗snapchat 등 많은 사람이 자신의 일상을 매일 기사화하며 공개하고 있다. 이 놀랍고도 새로운 소통 기술은 한 가지 자명한 결과를 초래한다. 바로 말로 하는 커뮤니케이션 기술의 쇠퇴이다. 문자로 생각을 전하고 웹에 글을 올리는 것은 말과는 역학적인 차이가 있다. 문자나 트위터는 '다음에는 무슨 말을 할까?'에 초점이 있다. 이는 대화라기보다는 독백에 훨씬 가깝다. 상대가 하는 말보다 내가 어떤 말을 할 것인지, 나의 말에 상대가 어떤 답변을 할 것인지가 훨씬 더 큰 관심사가 된다. 당연히 상대의 생각을 곰곰이 생각할 일도 줄어든다. 다른 사람과 대화를 나눈다기보다는 상대에게 일방적으로 디지털 언어를 쏟아내는 셈이다.

얼굴을 직접 보고 말하거나 전화로 이야기하던 방식에서 인터넷으로 연결된 벽에 대고 이야기하는 사람들, 젊은 세대에게 가장 편한 대화는 어쩌면 입이 아닌 손으로 하는 대화일지도 모른다.[64]

빌 맥그완이 쓴 이 글을 보면 오늘날 편리해진 미디어 환경, 겉으로는 쌍방향의 소통방식이 오히려 자기중심적인 독백, 일방향의 속성을 부추기고 있음을 새삼 깨닫게 됩니다. 디지털 기기들은 사람과 사람이 얼굴을 맞대고 하는 의사소통 방식을 오히려 낯설게 만들고 있지요. 연인관계로 보이는 젊은이들이 카페에서 만나 각자의 스마트폰을 들여다보고 있는 모습은 웬지 우리가 가상현실에 살고 있는 것이 아닌가하는 두려움을 갖게 합니다.

어떤 것이 더 익숙한 풍경이세요? 저는 제 딸이 커서 사랑을 해서 데이트를 하는 시간, 스마트폰 화면이 아니라, 사랑하는 사람의 눈을 한참 쳐다보면서 잠시 '시간'의 흐름을 잊는 경험을 하기를 소망합니다. 물질적으로 유복하고 교육의 혜택은 넓어졌으나 사이버 공간속에서의 인간관계에 더 익숙한 우리 아이들에게 타인과의 원활한 의사소통을 위한 태도와 마음가짐에 대해서 가르쳐야 하는 것이 갈수록 중요한 시대가 되었습니다.

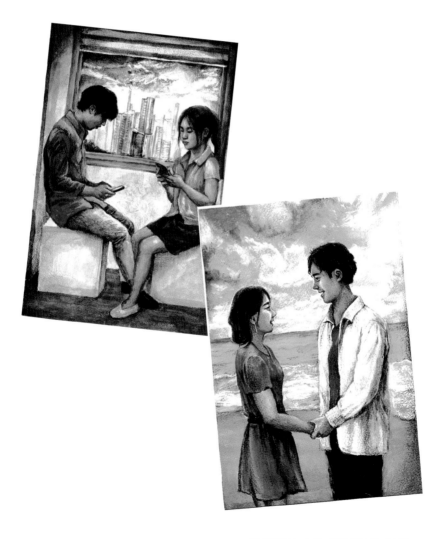

3. 의사소통능력 신장을 위한 교육 활동들

자, 지금까지 '의사소통'에 대해서 살펴보면서 '의사소통능력'을 키우는 것이 우리 자신이나 우리 아이들에게 매우 중요하다는 것에 공감하십니까? 그렇다면 이번 장에서는 의사소통능력을 신장시키기 위해 수업 시간에 어떤 실천을 할 수 있는지 알아보겠습니다.

3.1. 다양한 의사소통 실패 사례 분석 및 토론

우선 우리 아이들이 의사소통에 대해 생각해보고 스스로의 말과 글을 성찰할 수 있게 가르쳐야 합니다. 그 가장 좋은 방법 중 하나가 다른 사람들의 의사소통을 관찰할 수 있는 기회를 주는 것입니다. 소통의 주제를 다룬 수많은 책들에는 반드시 소통이 실패한 대화들을 소개하고 있습니다. 아니면 영화나 코미디 프로그램에서도 실패한 의사소통의 수많은 사례가 등장합니다. 그런 동영상을 시청하거나 대화들만을 옮겨서 PPT자료로 만들어 학생들과 해당 의사소통 상황과 소통이 잘 되지 않은 이유에 대해서 분석해보거나 학생들의 비슷한 사례를 공유해보는 시간을 갖는 것도 좋습니다.

하인츠 야니쉬가 쓴 『내 말 좀 들어주세요, 제발』이란 책을 보면 친구들에게 자신의 문제를 이야기하러 간 곰이 자신의 이야기를 제대로 듣지도 않고 마음대로 추정하여 해결책을 제시하는 여러 명의 사람들을 만나는 이야기가 나옵니다.

"저에게 문제가 조금 있어요. 그게 뭐냐면 ……."
곰이 말했어요.

"어서 오게! 잘 왔어!"

발명가가 소리쳤어요.

"뭐가 문제인지 난 척 보면 알아. 자네같이 몸이 무거운 곰에게는 가벼운 느낌을 갖게 해 주는 게 있어야 해. 다행히 그런 게 있지!"

발명가는 작업실에서 날개 한 쌍을 가져와 곰에게 둘러매 주었어요.

"흠"

곰은 잠시 머뭇거리다가 그곳을 나왔어요.[65]

이와 같이 여러 번 자신의 문제를 말하려고 했으나 잘 듣지도 않고 제멋대로 충고하고 조언하는 사람들과의 의사소통에 좌절한 곰이 실망하여 앉아있을 때 파리 한 마리가 다가옵니다.

"왜 그러니? 무슨 일 있어?"

바로 옆에서 작은 목소리가 들렸어요.

파리 한 마리가 풀줄기에 앉아

호기심 어린 눈으로 곰을 바라보고 있었어요.

"아. 그 얘기는 꺼내고 싶지 않아."

곰이 말했어요.

"아무도 내 얘기를 귀 기울여 들어주려고 하지 않아."

"내가 들어 줄게. 무슨 얘긴데?"

파리가 물었어요.[66]

이 이야기는 곰의 문제를 진심으로 들어준 파리와 함께 해결책을 찾아 집으로 귀가하는 것으로 결말이 납니다. 평범한 동화지만 초등학교 저학년 어린이들과는 이런 그림책들을 읽고 함께 나누면서 의사소통의 관점에서 주인공 곰과 다른 인물들의 의사소통이 실패한 이유, 주인공 곰의 마음, 곰의 말을 제대로 듣지 않고 자기 멋대로 해석하고 해결책을 제시하는 다른 등장인물들의 의사소통 방식들, 그들과는 달랐던 파리의 의사소통 방식을 함께 이야기해본다면 의사소통능력을 키우는 좋은 수업이 될 것입니다. 초등 고학년이나 중고등학생들과의 수업도 같은 방향에서 진행될 수 있습니다.

대화 사례 분석 67)

A	B
민수: 재수없어 영호: 왜? 민수: 점심 먹은 지 얼마 안 됐는데 복도에 흘려져 있는 음식물을 담임이 나더러 치우라잖아. 영호: 왜 네가 치워? 민수: 주번이라고. 영호: 그럼 네가 치워야겠네. 민수: 그걸 왜 내가 치우냐고? 흘린 애를 찾아 걔한테 치우게 해야지. 영호: 야. 주번이 그런 일 하는 거잖아. 민수: …… .	민수: 재수없어 영호: **무슨 일이 있었니?** 민수: 점심 먹은 지 얼마 안 됐는데 복도에 흘려져 있는 음식물을 담임이 나더러 치우라잖아. 영호: **어휴 짜증났겠다.** 민수: 그걸 왜 내가 치우냐고? 흘린 애를 찾아 걔한테 치우게 해야지. 영호: **자기가 한 일은 자기가 책임졌으면 하는 거지?** 민수: 그럼, 그래야 다음에는 조심할 거 아냐. 주번이 그런 일까지 다해야 하는 거 아니 잖아. 영호: **주번이라 할 일도 많은데 그 일까지 하려니 속상했니?** 민수: 그래.

위의 대화는 민수의 감정을 영호가 있는 그대로 받아주었을 때 서서히 짜증과 분노가 가라앉는 사례를 보여줍니다. 청소년들은 B의 대화가 어색하다고 웃을 수도 있겠지만 A와 B의 대화 흐름이 달라지는 이유에 대해 함께 토론해보면서 친구의 감정을 공감해주는 듣기와 대화 연습을 하게 합시

다.

쌩 떽쥐베리의 『어린왕자』에서 부터 미국 드라마 『빅뱅이론』까지 의사소통이 실패하는 장면을 포함하는 동서고금의 문학과 영상물은 넘쳐나지요. 그것을 교육적 안목으로 잘 해석하고, 명확한 학습목표 하에 수업 지도안을 작성하고 구상해본다면, 학생들과 의사소통에 대해서 인식하게 하는 활동과 토론을 유도할 수 있을 것입니다.

빅뱅이론에서 쉘던과 이웃집 여인의 첫인사 장면

3.2. 책읽기, 글쓰기 훈련

의사소통은 결국 제대로 말하고 듣고, 읽고, 쓰는 문제입니다. 물론 나 혼자가 아니라 타인들과 함께 하는 활동이라는 점이 중요하지요. 언어의 표현 활동은 '말하기와 쓰기'이고 언어의 이해 활동은 '듣기와 읽기'이지요. 이와 같은 언어의 표현과 이해활동을 잘 하기 위해서는 뻔한 대답이지만 '책읽기', '글쓰기' 만큼 중요한 것이 없습니다. 책읽기는 의사소통을 잘 하기 위해 반드시 익혀야 할 기본기이며 그림을 그리는 사람이 배우는 기본 데생 실력과 같은 것입니다.

우리는 스마트폰을 통해 무수히 많은 문자 메시지를 보내고 정보들을 수집하지만 이런 일상의 활동들은 정보를 겉으로만 훑는 읽기 방식, 간단한 말장난들의 연속인 '문자 배틀' 실력만 늘릴 뿐입니다.

제가 강조하는 '책읽기와 글쓰기'는 가장 고전적인 방식에서의 종이책 읽기와 짜임 있게 특정 주제를 중심으로 완성되는 글쓰기를 말합니다. 현재의 기술문명과 시대적 환경은 긴 텍스트를 천천히 읽으면서 잠시 멈추고, 상상하고, 앞부분을 다시 읽어보는 등과 같은 느릿느릿한 독서 방식과는 정면으로 배치됩니다. 우리는 스마트폰을 밀어 올리면서 몇 초안에 읽는 웹툰이나 일러스트레이션과 산만한 광고가 가득한 화면을 통해서 텍스트를 읽습니다. 책 읽는 환경의 이와 같은 물리적인 변화는 단순히 다운로드가 쉬운 전자책을 이용하기 쉬워졌다는 용이함을 넘어 아이들이 책을 대하는 태도와 의미를 받아들이는 방식에 까지 영향을 끼칩니다. 짧은 집중력, 독서의 즐거움을 위해 종이로 된 책을 사거나 천천히 음미하며 읽는 것을 낯설게 여기는 요즘 세대의 성향을 이 시대의 기술 환경이 가속화 시키고 있는 거지요. 학생들의 학습 동기를 유지시키기 위해 교사들은 동영상이나 미디어 교육기자재를 활용합니다. 그러나 이런 디지털 시대의 '대세'에 대해서 교육의 본질과 수단의 순서가 바뀐 것은 아닌지 한번 쯤 질문해 볼 필요가 있습니다.

나는 유치원에서 아이들을 TV나 컴퓨터 앞에 모여 앉혀 놓고 교육 프로그램이나 애니메이션 영화를 보여주는 것을 반대한다. 유치원 아이들에게는 노래와 동화와 신화 이야기를 풍성하게 공급해야 한다. 디지털 기기에서 나오는 기계음이 아니라 교사가 직접 피아노를 치고 유아들이 함께 부르는 노래야말로 아이들에게 좋은 경험과 교육이 된다.

디지털미디어를 통한 아무리 좋은 교육프로그램이라 할지라도 '한 방향' 교육이다. 아이들의 감정을 반영하고 아이들의 질문에 대답해줄 수 없다. 교사가 직접 동화책을 읽어주면 아이들은 서로서로 감정을 표현하고 나눌 수 있고 이해되지 않는 부분을 질문하여 설명을 들을 수 있다. 교사도 아이들의 반응을 보면서 아이들의 이해를 촉진하고 상상력을 자극할 수 있다. 쌍방향 교육이 중요한 이유이다.

오랜 세월 동안 사랑받아온 동요와 이야기를 통해 아이는 리듬을 익히고 어휘를 늘리며 언어를 배운다. 또한 이야기와 노래는 아이의 상상력을 깊게 해주기에 더할 나위 없이 좋다. 유아들에게 있어서 언어는 장난감이라고 했다. 아이들이 즐겁게 노래를 부르면 구전되어온 동요 속에 감추어진 시적 정서, 운율, 의미를 즐기기 시작한다.[68]

저는 위 글에 나온 유아들뿐만 아니라 초중학생들을 위해서도 아날로그 식 교육, 즉 종이책을 활용한 책읽기, 글쓰기 연습이나 교사와 반 친구들과 의 대화를 통한 나눔의 시간을 확보해야 한다고 생각합니다. 의사소통능력 을 높이기 위해서도 이런 접근방식이 매우 중요합니다. 읽기와 쓰기는 문어 의사소통이라고 말씀 드렸지요. 그런데 문어 의사소통으로서의 책 읽기와 글쓰기는 '나 자신과의 대화' '너와의 대화'[69] '사회와의 대화'를 통해 의미 를 구성해가는 과정입니다.[70] 즉 책읽기와 글쓰기는 본질적으로 타자를 전 제로 한 대화인 것 이지요.

무엇보다 책 읽기는 '대리 경험une expérience vicariante'입니다.[71] 독서는 타 자에 대한 공감 능력과 이해 능력을 높여 준다는 수많은 연구 결과가 있습 니다. 책 속의 등장인물의 관점에 동의하거나 거부하면서, 반감을 가지면 서, 우리의 세상에 대한 경험을 풍부하게 하고, 다양한 사람들과 세상의 모 습들을 만납니다. 핵가족 형태에서 자라나고 외동인 경우가 많은 요즘 우 리 아이들, 디지털 기기와의 의사소통에만 익숙하고 혼자 게임을 하면서 여 가 시간을 보내는 우리 아이들에게 책을 깊게 읽게 하고, 글을 써보게 하고 함께 나누는 것만큼 의사소통능력을 위한 기초 체력을 길러주는 것은 없습 니다. 또한 책을 읽는 과정은 의사소통을 위한 언어와 생각의 재료들을 만나는 과정입니다. 글을 쓰는 과정은 내가 그동안 만나서 기억해 온 단어나 문장들, 품어온 생각들을 내 안에서 다시 찾아보는 과정이지요. 평소에 풍부한 문장과 단어들을 씨앗처럼 뿌려놓지 않는다면 나는 글을 제대로 읽어낼 수도 써낼 수도 없지요. 제대로 말하거나 들을 수도 없습니다. 의사소통하는 자로서의 나의 언어와 생각은 그 형식과 내용이 언제나 빈곤함을 면할 수 없습니다. 책 읽기와 글쓰기는 타자에 대한 상상력과 공감 연습을 위한 최고의 활동이기도 합니다. 이 시대 환경 속에서 갈수록 우리 아이들은 마음으로 다른 이들의 삶을 이해하는 것을 어려워합니다. 요즘 같은 세태 속에서 우리 마음 속에서 내 눈 앞의 사람들, 타자는 점점 사물이 되어갑니다. 몇 개월 전 런던에서 한국인 유학생이 길가에서 맞고 있었을 때 그 광경을 본 대부분의 행인들이 카메라를 들이대고 촬영을 했을 뿐 도와주려는 행위를 하지 않았다고 하지요. 얼마 전 뉴욕의 지하철에서 70세 노인이 폭행을 당하고 있을 때도 지하철 안의 어떤 누구도 말리지 않고 핸드폰으로 촬영만 했다는 이야기도 들립니다. 우리 아이들도 이렇게 어려서부터 스마트폰만을 통해 세상과 사람들을 접촉하다보면 진짜 사람들을 만날 때 어떻게 대해야 하는지 모르는 어른이 되어갈 거 같습니다.

다음 글은 『너는 나의 달콤한 ㅁㅁ』[72] 라는 책을 읽고 초등학생들이 모여 등장인물인 '지혜 엄마'의 입장이 되어서 '누군가의 마음이 되어 글쓰기'를 해 본 것입니다.

아이들이 쓴 글 –지혜 엄마 이야기..

에어로빅 강사가 되던 날 비가 내렸다. 비가 내리니 맥주를 마시고 싶고, 에어로빅 강사가 된 게 기뻐 마시기로 했다. 맥주를 사 갖고 와 집에 와서 혼자 마셨다. 채연이가 집에 들어왔다. 채연이가 내 모습을 보고 옆에 앉아 내게 물었다.

"엄마…… 왜 술을 마셔요?"

내가 말했다.

"[…] 술을 마시면 감정이 아주 풍부해지거든. 기쁜 일은 더 기쁘게 느껴지고, 슬픈 일은 더 슬프게 다가오고, 절망적인 사람은 더 비참해지지."

말을 하고 나니 기쁘기만 하던 에어로빅 강사가 된 게 하찮아졌다. 그리고 내 인생이 너무 슬프게 보인다.

[…] 지혜가 다시 나한테 물었다.

"그런데 엄마, 슬픈 감정을 뭘 하러 더 크게 부풀려요?"

"글쎄다. 엄마는 그런 것까지는 생각 안 해 봐서…, 똑똑한 지혜가 알아서 생각해 봐."

몇 분이 지나자 지혜가 말했다.

"엄마. 그건 슬픈 사람은 자기가 슬픈 걸 다른 사람한테 말하고 싶어서 그러나 봐. 절망적인 사람은 자기가 얼마나 절망적인지 남들이 알아주길 바라서 그렇고."73)

학생들이 쓴 글을 보면, 책 속의 등장인물인 지혜 엄마는 아마도 술을 자주 마시며 경제적 상황도 좋지 않아서 직장을 구했던 분으로 나타납니다. 아이들은 함께 책을 읽으면서 술을 마시고 매번 아빠에게 싸움을 걸고 지혜를 때리는 것으로 책에 그려지는 지혜 엄마의 삶과 꿈에 대해 생각해 보고 이야기를 나누어보았습니다. 그런 후 지혜 엄마 입장에서 글을 써 보면서 아이들은 지혜 엄마가 겪고 있는 감정과 혼란 등을 더욱 깊이 있게 공감해보거나 이해해 보는 과정을 거칩니다. 아이들에게는 이런 책 읽기 경험, 글쓰기 경험이 스스로의 상처나 감정도 간접적으로 표현해보는 경험과 연결되는 과정이 되지 않을까요? 책읽기와 글쓰기는 이와 같이 등장인물들을 통해 자신과 다른 사람들을 이해하고 표현하는 과정이 되지요. 다음 글은 초등학교에서 '온작품 읽기'를 통해 학생들을 지도하신 선생님의 말씀입니다.

> 2시간 내내 책 이야기만 하는데도 하나도 힘들지 않았습니다. 어쩔 때는 함께 웃기도 하고, 어쩔 때는 모두 쓸쓸한 마음이 되기도 했습니다. 책에 나오는 인물 이야기를 할 때도 있었고, 책에 나오는 대로 흉내 내기를 할 때도 있었고, 어떤 날은 돌아가면서 마음에 드는 장면을 찾아 읽기도 했습니다. 그렇게 우리들은 책 속으로 난 길을 따라 천천히 걸어 들어갔고, 그 속에 잠시 머무르며 함께 나누는 즐거움을 알아챌 수 있었지요.74)

이 글을 보면 책을 읽고 그 느낌을 교실에서 함께 나누는 과정과 책 읽기가 유발할 수 있는 리듬과 감정, 반향들이 어떻게 학생들의 인성이나 타자와의 공감 능력을 키울 수 있는지 느낄 수 있습니다. 또한 무엇보다 선생님과 학생들이 함께 만들어가는 즐거운 책읽기 교실에 떠오르지요? 이런 선생님 밑에서 책을 읽으며 자란 아이는 다른 사람과 대화할 때도 눈을 반짝이며 들을 수 있는 사람, 다른 사람의 고통에 공감할 수 있는 사람, 자신을 표현하는데도 덜 어려움을 겪는 사람으로 자랄 수 있을 거 같습니다. 한마디로 '의사소통능력'이 출중한 사람 말이지요. '상상력'이라고 부르는 마음의 힘은 책을 읽을 때 가장 힘차게 움직인다고 합니다.75) 모든 것을 화려한 색채와 움직임으로 보여주는 영상과는 달리 하얀 종이위에 인쇄된 문자들은 역설적으로 아이들의 상상력이 촉발할 수 있는 조건들을 만들지요. 타인과의 진정한 의사소통은 '타인의 삶에 대한 상상력'이 있어야 가능합니다. 내가 보아온 세상과는 다른 세상에 대한 상상력이기도 하지요. 종이 책을 천천히 읽는 것은 이를 위한 가장 좋은 훈련이지요.

느낌은 생각보다 더 몸에 붙어 있습니다. 그래서 따로 설명하지 않아도 아이들은 느낍니다. […] 느낌은 몸에 가까운 것이기 때문에 몸이 있는 사람이라면 누구나 나눌 수 있습니다. 내가 아닌 누군가의 마음이 되어 보거나 그 마음을 함께 응원하기도 합니다. 그 정도는 아니지만 적어도 '그럴 수도 있겠구나.' 이해를 하지요. 등장인물과 함께 느끼는 것입니다. 다른 이들의 마음을 함께 느끼는 일이 많아질수록 세상을 넓게 보는 힘이 생길 것 같습니다. 교실에서 함께 읽으며 우리는 조금씩 더 느낌을 나눕니다. 나는 느끼지 못하고 지나친 것들을 다른 아이의 이야기 속에서 느끼기도 하고, 누군가가 던진 물음을 풀어 가면서 '아하! 그런 느낌이구나!' 깨닫기도 했습니다.76)

깊게 읽기 위해서는 천천히, 차분하게 읽어야 합니다. 찬찬히 살피며 읽어야 한다는 말입니다. 달려가면 보이지 않는 것이 많기 때문입니다. 책과 함께 여행하는 길에 천천히 걸으며 바람을, 구름을, 풀을 느낄 수 있어야 합니다. 그러기 위한 하나의 방편이 '질문하기'일 것입니다. 멈추고 질문하고 스스로 답을 말하거나 적어보는 것을 말합니다. 던진 질문을 다른 이와 나눌 수 있으면 더욱 좋습니다.77)

글에는 언제나 다른 사람들의 감정과 생각들이 녹아있지요. 인공지능이 쓴 글이 아니라 사람이 쓴 글을 읽을 때는 우리는 필자나 등장인물들과 교감하게 됩니다. 그럴 때 책읽기는 더욱 '문어 의사소통 행위'가 되며, 이런 방식으로 책을 읽거나 가상의 독자를 의식하면서 짧은 글이라도 써본 경험을 가지며 자라난 학생들은 말을 하거나 들을 때, 글을 쓰거나 읽을 때 나와 의사소통 하는 타자에 대해서 관심을 가지고 그의 눈빛과 목소리에 주목하는 공감할 수 있는 어른으로 자라날 수 있습니다.

예를 들어 아동 문학가 권정생 선생님의 모든 동화에는 권정생 선생님의 분신 같은 인물이나 자연물들이 흩어져 있습니다. 언제나 독자가 필자의 인생사를 알아야만 책을 잘 읽을 수 있는 것은 아닙니다. 그러나 책 읽기를 지도하는 교사라면 글쓴이에 대한 조사나 자서전이나 평론을 읽어보는 것이 크게 도움이 될 것이며 그 준비 과정은 교사라면 반드시 해야 되는 거지요. 『몽실언니』나 『강아지 똥』의 저자로 잘 알려진 권정생 선생님은 작품만큼이나 인생사도 애잔합니다. 그의 인생사를 알게 되면 그가 지병과 극심한 가난과 외로움 속에서 글을 쓰면서 어린이에게 전하고자 했던 가치들이 무엇인지 더욱 선명해지며 교사가 이것을 읽기 지도 중에 적용시킨다면 한 인간이 일생을 통하여 후세에게 '전수transmit' 하려고 했던, 가치, 눈물, 사람에 대한 사랑 한 조각이 부활될 수 있습니다. 바로 어린이의 마음속에서 말이지요. 저는 이런 읽기 교육이 인성 교육이나 의사소통 교육을 통합시키는 교육이라고 생각합니다. 우선 가장 시급한 것은 아래 글에 나온 '오닐' 선생님처럼 교사 스스로 책을 사랑하는 모습을 보여주셔서 학생들에게 책

권정생 글 | 정승각 그림 | 길벗어린이

이충렬 지음,
『신처럼, 아름다운 사람 권정생, 2018』

읽기의 즐거움을 알게 하는 거겠지요.

> 많은 사람들은 책 읽기를 어떻게 배웠는지 기억하지 못한다. 단지 어느 날 읽을 수 있게 되었다는 것을 신기해했던 기억만 남은 경우가 많다. 필자의 경우, 어린 시절에는 독서 자체를 그리 좋아하지 않았다. […]
> 하지만 6학년 때 필자가 오닐(O'Neil) 선생님을 만나면서 상황은 달라졌다. 오닐(O'Neil) 선생님은 읽기를 형식적으로 가르치거나 강요하지 않았다. 예를 들면, 선생님은 학기 첫날 우리들에게 책을 읽어주셨다. 처음에는 선생님이 책을 읽어주시는 것이 이상하고 정말 유치하다고 생각했다. 그러나 이내 선생님이 친근한 목소리로 들려주시는 이야기를 듣는 때를 기다리게 되었다. 선생님은 부드럽지만 감정을 담아서 읽으셨으며 가끔은 읽기를 멈추고 선생님의 개인적인 일화를 들려주시기도 하였다. 또 질문을 하거나 선생님이 읽으셨던 다른 책들과 비교해주시기도 했다. 선생님은 책을 항상 손에 들고 계시거나 책상 위에 두셨고 책에 대해 모든 걸 다 알고 계시는 것 같았다. 선생님은 정말 책을 사랑하셨다.78)

편하게 학생들을 둥그렇게 둘러앉게 하고, 그림책을 읽어주거나 함께 읽은 책에 대한 이야기를 도란도란 나누어 봅시다. 글을 쓰게 합시다. '돈, 소비, 물적 욕망만이 판치는 세상에서 우리는 새판을 열고, 터를 잡고'79) 세상을 순응하는 것만이 아닌 대안이 되는 교육을 실천해야 합니다. 문어 의사소통으로서의 읽기 쓰기 교육은 적어도 교육자로서 우리가 할 수 있는 '한걸음'입니다.

3.3. 의사소통 기술과 전략 교수/학습

학생들의 의사소통능력을 높이기 위해 할 수 있는 실천 중 하나는 잘 알려진 '의사소통기술'을 함께 연습해 보는 것입니다. 예를 들어 '사과하기' '조언하기' '부탁하기' 등 일상생활에서 빈번히 만나는 의사소통 상황 별로 효과적인 의사소통 기술들을 아이들 눈높이에 맞춰서 연습할 수 있습니다. 김미경 선생님의『어린이를 위한 비폭력 대화』[80]『청소년을 위한 비폭력 대화』[81] 를 보면 수업 시간에 활용할 수 있는 활동들이 다양하게 소개되어 있습니다. 예를 들어 상대방의 감정을 상하게 하지 않고 자신의 감정을 전달할 때 많이 소개되는 'I 메시지 전달법'을 아이들에게 맞게 가르쳐줄 수 있습니다.

김미경 선생님은 '나로 시작하는 말로 마음을 전해 보세요' 라는 부분에서 아이들과 할 수 있는 활동들을 소개하십니다.[82] 예를 들어 다음 아래와 같이 아이들에게 '너' 메시지 전달법을 '나' 전달법으로 바꾸어서 말하는 연습을 해보게 할 수 있습니다. 비폭력 대화 연습으로 제시된 다음 사례들을 가만히 살펴보면 단순히 의사소통 기술이 아니라 아이들이 스스로의 감정을 인식하고 표현하게 도와줄 수 있다는 생각이 드네요.

너를 주어로 말하기	나를 주어로 말하기
엄마는 잔소리가 심해	(저는) 엄마가 제 말을 들어 주셨으면 좋겠어요.
아빠는 맨날 자기 마음대로야	
선생님은 진수만 칭찬하셔	
너) 왜 날 무시하는 거야?	

중고등학교 선생님이신 경우에는 청소년들에게도 여러 가지 방향에서 친구나 부모님과의 관계를 원활하게 할 수 있는 간략히 의사소통 기술을 가르쳐줄 수 있습니다. 마셜 로젠버그에 의해 개발된『비폭력 대화』[83] 모델도 '나를 주어로 내가 본 것과 들은 것, 내 느낌, 내가 원하는 것을 말하는

대화법' '나 전달법' 입니다.[84)]

	뜻	형식
관찰	본 그대로, 들은 그대로 말하기	내가 ~을/(를) 보았을 때/ ~을/(를) 들었을 때
느낌	몸과 마음에서 일어나는 반응을 말하기	~을/(를) 느낀다.
필요	필요로 하는 것 원하는 것을 말하기	왜냐하면 나는 ~을/(를) 원하기 때문 에
부탁	필요를 충족하기 위해 스스로에 게 혹은 상대에게 요청하기	~해 줄래?/~해 주시겠어요?

[사례] 엄마가 부탁하신 일을 깜박 잊고 집에 돌아왔는데 엄마가 "그럴 줄
　　　알았다. 너를 믿은 게 잘못이지. 네가 하는 일이 그렇지."라고 말씀
　　　하심.

　관찰: 엄마 말씀을 들으니

　느낌: 서운하고 속상해요. 저도 깜박한 거 알고 얼마나 실망했는지 몰라요.

　필요: 저도 엄마를 도와드리고 싶었거든요.

　부탁: 다음엔 잘 기억할 수 있도록 전화나 문자로 한 번 더 알려 주실래
　　　요?[85)]

『비폭력 대화』 모델을 바탕으로 김미경 선생님은 '관찰하는 말하기'에
대해 알려주십니다. 다음 사례를 보십시오.[86)]

평가	관찰
동현이한테 여친 생겼나 보더라. 어제 보니 어떤 여학생이랑 좋아 죽던데.	동현이가 여학생이랑 편의점 앞에서 삼각 김밥을 먹으며 웃고 있었다.
승재가 그러더라. 너랑 카톡 하다 보면 할 일을 제대로 못한다고.	승재가 "영진이랑 카톡하다 깜박했어."라고 말했어.
너 왜 거짓말했어?	난 그 모임을 그만두겠다고 한 적이 없는데 네가 그렇게 말했다고 하더라.
민수는 무책임해.	민수는 나한테 "너 혼자서 해."라고 말했어.
준영이는 돼지야.	준영이는 떡볶이 3인분을 먹었어.
날 무시하는 거니?	문자를 3번 보냈는데 답이 없었어.

우리는 보통 위에서 '평가'로 분류된 대화들처럼 말을 하기 쉽습니다. 그러나 '관찰과 평가가 뒤섞이며 소통에 문제'가 생기기 쉽다네요. 위에서 '평가'의 사례들을 가만히 생각해보면 이 말을 들을 사람 또는 대화에서 평가의 대상이 되고 있는 대상에게 부정적인 감정을 유발할 가능성이 높아 보이지요? 아이들과 다른 사람을 비난하거나 비판하지 않으면서 자기 자신의 감정과 느낌을 솔직하게 표현하는 의사소통 기술들을 나누어 보십시오.

3.4. 타인의 말 경청, 타인의 마음 공감 연습

1) 비언어적/준언어적 의사소통 수단들에 주목하기

이 시대는 사람과 사람 사이의 관계를 마치 매력적인 상품과 소비자 사이의 관계처럼 변질 시키는 측면이 있습니다. 바로 앞의 친구와 이야기하면서도 친구의 말에 집중하기 보다는 자신의 말이나 자신의 이미지에 열중해

있고, 내 앞의 친구의 목소리와 표정을 찬찬히 살피기보다는 지금 이 자리에 없는 다른 친구들에게 문자 메시지를 끊임없이 보내고, 먹고 있는 케이크의 사진을 SNS에 올려서 부러움을 사야 '인싸'로 인증받을 수 있는 시대입니다. 나르시시즘을 부추기는 시대환경은 자기를 어떻게 이미지 메이킹하며 홍보하는 것에만 열중하게 합니다. 또한 이 시대는 산만합니다. 아이들도 이리저리 리모컨을 누르며 채널을 바꾸고 컴퓨터 화면에 여러 개의 창을 띄워놓고 음악을 들으며 멀티테스킹을 하며 부유하며 자라고 있습니다. 아이들은 오래 집중하지 못합니다. 이런 아이들에게 의사소통 할 때의 마음 자세나 태도에 대해 알려주어야 합니다.

끊임없이 산만한 시간 흐름 속에서 디지털 문화와 물질 문화의 홍수 속에서 태어나고 살아가는 우리 아이들 역시 어른들이 인간관계를 맺는 방식, 소비하는 방식, 여가를 보내는 방식 등을 흉내 내며 크고 있기 때문이지요. 종이책을 안 읽으니 기초적 문식력도 부족해서 자주 언어적 메시지 자체도 이해하거나 집중할 수 없는 아이들도 많이 있습니다. 이러한 환경 속의 아이들에게 말 속에 담겨진 속뜻이나 비언어적 준언어적 수단에 대해 생각해보라고 하는 것은 결국 타자를 응시하고 관찰하고 나아가 배려하는 것을 가르치는 것입니다. 스마트폰을 이용한 소통 방식의 본질은 자기가 전할 말을 전하는 것이고 상대방의 얼굴을 맞대고 직접 소통하는 것이 아닙니다. 따라서 학교에서라도 아이들이 친구가 말할 때의 표정을 관찰하고, 상대방의 눈을 응시하거나 침묵하며 말을 듣는 연습을 하면서 의사소통할 때 마음을 집중하고 타자를 존중하는 태도를 배워야 합니다. 그 연습 중 하나가 나와 말하는 대화 상대방의 비언어적 의사소통 수단들을 관찰하는 것입니다. 예를 들어 둘씩 짝을 짓게 하고 한 명은 특정 감정을 담은 표정을 지어보게 하고 한 명은 친구가 말하려는 바를 언어적 메시지로 만들어보게 할 수 있습니다.

또한 의사소통은 언어적 통로뿐만 아니라 준언어나 비언어적인 수단이 모두 합하여져 이루어지는 것이라는 것을 새삼 깨닫게 하기 위해서 다음과 같이 상황별로 다른 표정과 느낌, 동작과 목소리를 직접 만들어보게 하는 활동을 하는 것은 어떨까요? 다음 아래의 활동들은 김미경 선생님께서 『청소년을 위한 비폭력 대화』에서 소개해주시는 활동들입니다.

〈활동〉 1 [87]

느낌이 어떻게 표정으로 나타나는지, 또 동작이나 목소리에는 어떤 변화가 있는지 알아볼까요?

느낌	표정	동작	목소리
기쁠 때	눈, 볼, 입꼬리가 위로 올라간다.	몸이 펴지고 걸음도 가벼워진다.	높아지고 빨라진다.
신 났을 때			
슬플 때			
재미있을 때			
불안할 때			
호기심이 생길 때			
사랑을 느낄 때			

〈활동〉 2 [88]

* 두 사람이 짝을 지어 다음 활동을 해 봅시다.

① A가 하고 싶은 말을 자유롭게 합니다. B는 A의 표정, 목소리, 호흡, 몸동작의 변화를 주의 깊게 지켜보다가 중간에 시계를 보거나 문자를 하거나 딴청을 피웁니다.

② 끝나는 종이 울리면 역할을 바꿔서 똑같은 방법으로 진행합니다. 과정

이 끝나면 서로 소감을 나눕니다. 상대가 잘 들어 주었을 때와 딴청을 피웠을 때 각각 어떤 느낌이었는지 말해 봅시다.

③ 이번에는 A가 먼저 하고 싶은 말을 2분 정도 합니다. 말이 끝나면 30초 정도 침묵합니다. 30초 후 B는 A에게 들었던 말을 그대로 들려줍니다. 다시 30초 정도 침묵합니다.

④ 다시 역할을 바꿔 B가 말합니다. 이렇게 대화했을 때 서로 어떤 느낌이 들었는지 나눠 봅니다.

2) 경청과 공감 연습

마이클 니콜스는 "공감 반응이 무엇인지 정확하게 알려주는 공식은 없지만 모든 갈등에는 두 가지 측면이 있다는 점만 기억하면 도움이 될 것이다. 이해, 즉 공감이란 불확실성의 인정을 의미하는 경우가 많다."[89]라고 말합니다. 즉 공감하는 듣기의 핵심은 '상대방의 관점에 귀 기울여 들어주는 행위' 이고 나와 다른 감정과 관점을 '허용하는 것'입니다. 공감이 상대방의 말을 무조건 수용하여 내 관점을 바꾸거나 맞추는 것이 아닙니다. 타인의 관점이나 감정을 일단 허용하는 것을 의미합니다. 다음 대화를 한번 보십시오.[90]

"엄마, 이것 봐요! 내가 애벌레를 잡았어요!!"		
1) 이런! 가서 얼른 더러운 손 씻어!	2) 그래, 우리 딸 잘했네. 하지만 손이 더러워졌으니 어서 씻도록 해.	3) 와, 정말 예쁜 애벌레네. 우와 대단한 걸.

위의 대화에서 엄마가 만약 아이의 기쁨을 일단 수용하는 3의 반응을 한다면 스스로 알아서 손을 씻을 확률이 매우 높다고 하네요. 공감 유지란 아이가 스스로의 꿈, 스스로의 관심사, 스스로의 감정을 갖도록 허용하는 것

을 의미한답니다. 다음 사례를 보면 공감하는 의사소통은 상대방의 말을 듣고 자신의 해결책을 제시하는 과정이 아니라는 것을 알게 됩니다. 또 '대화를 차단하는 공감적 발언'으로 분류된 아래 사례처럼 겉으로는 '공감하는' 발언 같지만 그 이후의 대화가 이어지기가 힘든 경우도 발생합니다.

[사례] 91)

A. 오후 내내 두통이 심했어.	B. 뭘 입어야 할지 결정을 못하겠어.	C.다른 사람들보다 두 배로 일해도 아무도 인정해주지 않아	D.직원회의 정말 짜증나	각 표현이 전달하는 가치
1) 아스피린을 먹어야겠네.	이걸 입지 그래?	일을 좀 줄여야겠네	회의 때 지루해하면서 앉아 있는 편이야, 참여하려고 노력하는 편이야?	충고
2) 커피를 너무 많이 마시지 마.	네가 뭘 입든 아무도 신경 안 쓸 거야.	그건 네 잘못이야. 언제나 남들 일을 해주잖아.	짜증이 나도 업무 중 일부잖아?	비판
3) 저런, 안됐네.	그러게. 결정하기 힘들지.	그건 공정하지 않네	어떤 기분인지 알겠어.	대화를 차단하는 공감적 발언
4) 저런 안됐네. 언제부터 머리가 아프기 시작했어?	그 기분 알 것 같아. 어떤 옷을 입고 싶어?	그런 상황이 된지 얼마나 됐어?	얘기 들었어. 대체 어땠기에 그래?	*대화를 여는 공감적 발언
5) 나도 머리가 아파. 아마도 날씨 때문인가봐.	무슨 뜻인지 알겠어. 나도 뭘 입어야 할지 결정 못했어.	무슨 뜻인지 알겠어. 나도 항상 제일 먼저 출근하고 제일 늦게 퇴근해.	우리 회사는 회의에 참석하면 전부 자기 의견을 말해야 해	자기 자신에 관한 말하기

위 사례를 보니까 제대로 '공감'하는 참 어렵게 느껴지시지요? 위에서 '대화를 여는 공감적 발언'이 모든 의사소통 상황에서 처음 대화를 시작한

사람에게 충족감을 주며 내가 공감하였음을 전달해줄 수 있는 모범 답안이 될 수 있는 것도 아닙니다. 그러나 이런 사례들은 우리가 흔히 상대방의 말에 대해서 보일 수 있는 반응들에 대해서 생각해 볼 여지를 주고 우리의 말에 대해서 성찰하게 합니다.

즉 자기 자신에만 집중하는 청자는 상대방의 말을 물리적으로 듣는다고 해서 소통하고 있는 것이 아닙니다. 자기 마음대로 듣고 싶은 것만 듣는 것이 경청은 아닙니다. 예를 들어 동료가 '난 내 상사가 정말 미워.'라고 말할 때 어떤 반응을 보이겠습니까? 92)

"난 내 상사가 정말 미워."	
① 나도 그래. 내 상사는 너무 거들먹거려.	② 저런, 당신 상사가 어떤 사람이기에 그래?

사실 ①과 같은 대답을 하기가 쉽지요? 그러나 ②와 같은 반응, 즉 일단 그 말에 담겨진 감정을 인정해주고 질문을 하고 타인이 말하려고 하는 바에 귀를 기울여주어야 합니다.

타인의 말에 귀를 기울인다는 것은 쉽지 않지요. 귀 기울여 듣기 위해서는 자신의 욕구를 내려놓아야 합니다. 93) 흔히 남자들은 여자 말을 잘 듣지 않는다고 하지만, 여자가 남자들보다 생리적으로 남의 말에 잘 공감한다던가 잘 듣는다는 증거는 없습니다. 단지 대화하는 순간, 타인을 깊게 응시하는 자, 그 순간 만큼은 자기 자신을 잊고 타인이 자신의 언어를 조율하면서 내게 들려주는 세계로 입장하는 자가 진정으로 잘 듣는 자 입니다. 이렇게 산만한 우리 시대의 환경에서는 이러한 행위가 지극히 어렵습니다. 스콧 펙에 따르면 잘 듣는다는 것은, 곧 자신을 괄호 밖에 두는 것이기 때문에 일시적으로 다른 사람의 존재를 완전히 수용한다는 의미라고 합니다.

참으로 들어 주고, 다른 사람의 이야기에 집중해 주는 것은 사랑의 표현이다. 참으로 들어 주는 것은 근본적으로 내가 무엇을 바라는가, 내가 놓인 사회적 처지가 어떠한가, 내가 상대방이나 혹은 상대가 말하는 일을 어떻게 생각하는가 하는 것들로부터 떨어져 나와 일시적으로 그것들을 포기하거나 젖혀 놓는 그런 훈련이다. 이것은 말하는 사람의 세계 안으로 들어가 가능한 한 말하는 사람의 체험을 함께 하기 위해서 그렇게 하는 것이다. […] 참으로 들어 주는 것은 자신을 분리하고 자신을 젖혀 놓는 것이므로 이것은 또한 다른 사람을 완전히 받아들이는 것을 포함한다.94)

오늘 저는 '공감과 경청, 다른 사람을 이해한다는 것'에 대해서 생각하다가 우연히 김용옥 선생님의 책에서 루이 암스트롱이 부른 노래 「얼마나 아름다운 세상인가!What a wonderful world」에 대해서 언급하신 부분을 읽게 되었습니다. 여러분도 이 노래를 들어본 적이 있지요?

I see trees of green, red roses too

나는 본다. 초록빛 나무와 붉은 장미를.

I see them bloom for me and you

당신과 나를 위해 피어난 것을 본다.

And I think to myself what a wonderful world.

얼마나 아름다운 세상인지.

I see skies of blue and clouds of white

나는 본다. 푸른 하늘과 하얀 구름을.

김용옥 선생님에 따르면 루이 암스트롱이 부른 이 노래에서 '보다'라는 것은 단순히 물리적 시력으로 사물을 '본다'라는 것이 아니라네요. 미국의 흑인들이 노예로서 온갖 압제와 고통의 세월을 살면서, 땅에 머리를 쳐 박고 허리 한번 제대로 못 펴고 노동을 하며 살며 하늘이 푸른지 꽃이 붉은지도 모르고 산 세월 이후, 그 한을 딛고 몸의 해방뿐만 아니라 영혼의 해방과 각성을 거친 후 새롭게 바라보는 하늘과 자연의 빛깔들을 표현한 거랍니다.[95] 저는 전에는 아무런 생각 없이 들었던 그 노래를 새로운 감동으로 듣게 될 거 같습니다. 이 경우에 노래 가사를 공감하여 듣는다는 것은 '보다', '장미', '나무', '초록빛' 등과 같은 평범한 단어 하나하나의 문자적 의미의 합산만으로는 부족합니다. 이와 마찬가지로 타인이 내게 진짜 말하려는 바는 그가 사용한 어휘나 문장을 대략 이해하는 것만으로는 그 의미에 다가갈 수 없다는 것도 다시금 느낍니다. 모든 의미는 맥락 속에서 탄생한다는 것, 타인을 이해하고 공감한다는 것은 얼마나 어려운지를 새삼 깨닫습니다. 그러나 의사소통이나 공감이나 경청이 어렵다는 것을 아는 자들이라면 적어도 무례한 의사소통을 하지는 않을 것 같습니다.

자, 여러분. 이번 장에서는 의사소통능력이란 주제로 이야기를 나누어 보았습니다. 교사인 우리 자신과 우리가 가르치는 학생들이 살아가면서 의사소통능력을 꾸준히 신장시킬 수 있는 사람이 되기를, 그리해 타인이나 스스로와 편안하고 조화로운 사람이 되기를 바랍니다.

마지막으로 교사의 의사소통능력에 대한 이야기를 덧붙이고자 합니다. 즉 우리가 교사로서 학생들과 어떻게 교류하며, 지식을 전달해야 하는지에 대한 부분이지요. 이 주제는 어쩌면 교사뿐만 아니라 사회생활을 하면서 다른 사람에게 자신이 가진 의견이나 정보를 전달하고자 할 때에도 해당되는 내용이라고 생각합니다. 다음 글을 한번 같이 읽어볼까요?

내가 중학교 3학년 때 미국사를 가르쳤던 프란시스코 선생님이 떠오른다. 얼마나 지겹던지! 그런데 어느 날 칠판에 글씨를 쓰고 있던 그가 느닷없이 우리를 돌아보며 말했다.

"내일은 나 학교에 못 나온다. 이번 주말에 결혼하거든."

그리고 고개를 저으며 덧붙였다.

"휴, 결혼식 한 번 하는 데 이렇게 할 일이 많다니."

맨 앞줄 두 번째 자리에 앉아 있던 나는 정신이 번쩍 들었다. 프란시스코 선생님도 사람이었구나. 자기 삶이 있었어. 1년 동안의 미국사 수업시간 중에 내가 유일하게 기억하고 있는 순간이 그때였다. 콜럼버스도 아니고 바스코다가마도 아니고, 프란시스코 선생님이 자신의 결혼식을 우리에게 알려주고 혼란을 느낀 순간만이 기억난다. 교실에 있는 학생들은 누구나 인간적인 접촉을 원하고 있었다. 그런 일이 일어난 순간, 우리는 모두 깨어났다. 하지만 프란시스코 선생님이 다시 등을 돌리고 칠판에 1492년이라고 쓰자, 우리는 역사의 어둠 속에서 다시 길을 잃었다.96)

여기 나온 프란시스코 선생님은 역사 과목 선생님이시고, 아마도 좋은 분이셨겠지만, 조금은 교수법적 요령이 없으셨던 분으로 짐작이 됩니다. 우리가 이번 장에서 살펴본 '의사소통능력compétence communicative'이란 측면에서 약점이 있으신 분 인거지요.

사람간의 소통은 언어적 메시지만 왔다 갔다 하는 무성의 정보의 흐름이 아닙니다. '나'와 '너'의 만남이고 주고받음이지요. 선생님의 지식이 아무리 풍부하시더라도 학생들이 그것을 전달 받을 수 있는 상태를 수업 시간에 '창조'하지 못한다면 그 수업은 실패하게 됩니다. 그렇다면 문제는 '어떻게 학생들이 지식을 능동적으로 전달받을 수 있는 상태를 창조 할 것인가'란 주제로 귀결되지요. 교수법상의 수많은 논의는 어쩌면 이 주제를 놓고 벌어지고 있는 것입니다. 그래서 이번 장은 아주 뻔한 이야기로 끝을 맺으려고 합니다. 우리가 어떤 사람을 좋아하면, 그 사람이 말을 할 때 말을 더 듬거려도, 내용이 쬐금 재미없어도, 그 사람 눈을 응시하면서 대화를 계속하고 싶잖아요. 마찬가지로 학생들이 여러분들을 인간적으로 좋아하게 조금씩만 노력해보십시오. 아이들이 여러분을 쳐다보고 싶은 마음이 들도록, 목소리에 귀를 기울이도록 만들어야 합니다. 한마디로 언제나 메시지만큼이나 메시지를 전달하는 자가 의사소통 흐름의 핵심인거지요. 결론적으로 교사의 의사소통능력은 어떤 기술보다도, 대단한 교과목 지식보다도 의사소통하는 자인 교사에게 아이들이 다가올 수 있도록, 아이들이 선생님의 눈을 바라보게 만드는 데에 달려있다고도 할 수 있겠네요! 그 어렵고도 황홀한 노력을 포기하시지 않기를 기도합니다.

Ⅲ. 신자유주의

Ⅲ. 신자유주의

　마지막으로 살펴 볼 주제는 '신자유주의'입니다. 우리는 초중고 교사들로서 경제학자는 아니지만, '신자유주의'는 우리 아이들의 인성 교육을 위해 교사들이 주목해야 할 개념입니다. 먼저 닉 콜드리가 구분한 정의를 참고하여 '신자유주의'를 이해해보겠습니다. '신자유주의'는 우선 "하이에크, 프리드먼 등으로부터 비롯된 경제 사상"이라고 일반적으로 정의 됩니다.[1] 즉 '자유경쟁'과 '시장 기능'이 최우선의 가치를 지니며 정치, 사회, 교육, 의료와 같은 다른 부분들은 모두 시장 원리에 따라 조직되어야 한다고 보는 사상입니다. 이러한 사상이 시장 원리를 위해 공정한 경제 질서를 위한 국가의 개입까지도 배제하며 '금융 자유화, 공공자산 사유화, 무역 개방'과 같은 정책으로 까지 나아갈 때 '신자유주의는 국가 운영 나아가 지구 경제 질서를 규정하는 정책과 정치 이데올로기'가 됩니다.

　'신자유주의 자체'는 경제의 작동, 그리고 경제가 사회 정치, 통치gov-ernment와 맺는 관계에 관한 일련의 원칙으로서, 원래 경제 사상에서 나왔으나, 1980~2000년대의 특정 환경에서 정치적, 사회적 조직에서 지배적인 '독트린'으로 발전했다. [...] '신자유주의 자체'는 시장이 삶의 영역으로 확산되는 것을 넘어선다. 가장 단순히 말하면, '신자유주의 자체'는 시장 기능이 정부가 작동하는 방식, 그리고 실제로는 모든 사회조직이 작동하는 방식을 조직하는 특권화한 참조점이라는 원칙이다. 이 참조점은 사회복지, 비시장('공공') 재화 서비스 자원 공급, 또는 관료조직의 비시장적 양식 등 어떠한 정치 원칙도 넘어선다.2)

닉 콜드리는 이것을 '신자유주의 독트린'이라고 부릅니다. '신자유주의'가 경제 분야에 직접 영향을 끼치는 경제 사상으로서가 아니라 정치와 사회의 전 분야를 조직하는 '특권적인 참조점'이 될 때 '신자유주의'는 '신자유주의 자체'를 넘어서는 '독트린'이 된다는 것이지요. 세 번째로 '신자유주의 원리가 일상생활과 사회 전 영역을 틀 짓는 합리성'으로 작용하는 상태, 신자유주의가 정책 입안자나 기업인이 아닌 우리 같은 보통 사람들의 규범과 가치관에 영향을 끼치는 상태로 정의할 수 있습니다.

교육자로서 우리가 관심 있는 부분은 신자유주의적 현상이 일상으로 스며들어 우리 아이들의 가치관에 영향을 주는 지점입니다. 앞서 살펴본 닉 콜드리의 정의 중 세 번째에 해당되는 부분이지요. 아이들의 부모님이 일터에서 신자유주의적 경제 질서의 조건 속에서 살아가고 있으니 아이들도 부모의 말과 행동, 일상을 지켜보면서 영향을 받지 않을 수 없겠지요.

여기서는 '신자유주의'가 평범한 우리의 일상과 가치관에 영향을 주는 방식을 이해하기 위해 리처드 세넷의 『신자유주의와 인간성의 파괴』3)와 파울 페르하에허의 『우리는 어떻게 괴물이 되어가는가』4)를 중심으로 살펴보겠습니다.

1. 신자유주의와 자본주의

1880년대부터 독일 사회주의자들에 의해서 사용되기 시작한 자본주의capitalism란 용어는 그 용어가 지칭하는 의미가 시대에 따라 큰 변화를 겪어왔습니다. 18세기 후반에서 19세기 중반의 자본주의는 산업자본주의industrial capitalism로서 산업혁명을 거치면서 본격화되었습니다. 19세기 중반 이후 자본주의는 탈산업자본주의postindustrial capitalism로서 이 시기부터는 "자본가들이 기계만이 아니라 기술적 지식이나 커뮤니케이션까지도 지배하는 상태"를 의미하게 됩니다.[5]

오늘날의 자본주의는 '유연한 자본주의flexible capitalism'로서 신자본주의new capitalism의 새로운 노동 형태를 강조한 개념이며, "첨단 정보 통신 기술의 비약적 발전과 노동 생산성의 지속적 증가"를 배경으로 하고 있습니다.[6] 세넷은 『신자유주의와 인간성의 파괴』에서 오늘날의 신자본주의, 즉 신자유주의가 초래하는 새로운 질서와 우리의 인간성에 끼치는 영향을 분석하고자 합니다. 여기서 '인간성character'이란 한 개인 안에서 비교적 장기적으로 지속되는 특성과 인격, 윤리적 가치 등을 포함하는 단어로서 비슷한 용어인 'personality'보다 더 포괄적인 의미를 지닌 용어라고 세넷은 설명하고 있습니다.[7] 세넷은 『신자유주의와 인간성의 파괴』의 서문에서 다음과 같은 질문을 던지고 있습니다.

사람은 특정 순간의 감정 혼란으로부터 평소의 감정을 보호하고 평상심을 유지하려 한다. 이같이 지속 가능한 감정이야말로 인간성에 도움이 된다. 이처럼 인간성은 사람이 스스로 존중하고 다른 사람의 존중을 받고자 하는 개인적 특성에 관한 것이다.

그렇다면 온통 즉각적인 이해관계에만 혈안이 된 이 조급증 사회에서 자기 내면의 영속적 가치는 어떻게 정하는가. 또 온통 단기 목표에만 치중하는 이 조급증 경제에서 어떻게 하면 장기 목표를 추구할 수 있는가. 또 끊임없이 분열되고 재조정되는 이 명 짧은 조직에서 어떻게 하면 상호 신뢰와 헌신성을 유지할 수 있는가. 이 질문들이 바로 유연한 자본주의가 제기하는 인간성의 문제들이다.[8]

세넷은 오늘날의 유연한 자본주의, 신자유주의가 제기하는 인간성의 문제들을 다음과 같은 핵심어들을 중심으로 분석하고 있습니다.

신자유주의가 제기하는 인간성

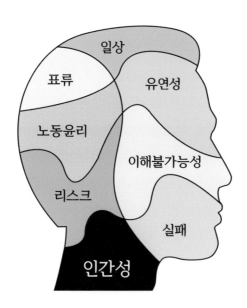

2. 신자유주의를 이해하기 위한 주제들

여기서 우리도 세넷이 제시한 주제어들 중 몇 가지를 선택하여 신자유
주의의 속성을 이해해보겠습니다.

2.1. 표류

오늘날의 자본주의, 신자유주의가 가장 강력하게 퍼뜨리고 있는 구호는
'장기longterm는 안돼!' '모든 것에서 이익과 효율을 추구하라' 입니다. 이런
구호가 울려 퍼지는 사회 속에서 산다는 것은, 한 개인이 직장과 주거지가
바뀌는 상황을 당연히 여기고, 끊임없이 자기 계발을 도모하고, 효율과 이
익을 추구하도록 하는 환경을 스스로 조성하고 있다는 문제를 넘어섭니다.
세넷은 이러한 사회는 개인의 정서와 내면세계를 '표류'하게 만든다고 진단
하고 있습니다.

사실 평범한 사람들 대다수는 '창조적 혁신'이나 자기계발이라는 주제가
다소 부담스럽잖아요. 자기만 뒤처지거나 사회 변화 속에서 소외되고 있다

는 생각, 도태될 것이라는 두려움은 오늘날 우리들 모두에게 보편적인 감정이 되어갑니다. 과거에는 평생 같은 직장에서 일하다가 퇴직을 했고 도중에 직장을 옮기더라도 그 횟수가 많지 않았습니다. 그러나 요즘은 일단 직장을 들어가면 조금씩 승진하며 정년퇴직을 꿈꿀 수 있는 직종은 이제 거의 사라지고 있지요. 세넷은 이와 관련된 미국의 상황을 이야기해줍니다.

> 한두 개 직장에서 한 걸음씩 진급하는 전통적인 직업은 이제 퇴조하고 있다. 마찬가지로 평생 한 가지 기술만으로 먹고 사는 것도 어려워졌다. 현재 2년제 전문대 졸업 이상의 학력을 가진 미국 청년은 앞으로 40년의 취업 기간 중 최소한 11차례 전직하고, 최소한 3차례 '밑천 기술'을 바꿀 것이라고 예상된다.9)

이와 같이 오늘날 직업은 많은 경우 '임시직'과 '비정규직'이며, 과거의 '일자리'는 단기간의 '프로젝트'와 '근무분야'로 대체되고 있습니다.10) 또한 오늘날의 직장은 과거의 피라미드형 조직 대신에 '단기, 계약, 임시 노동'으로 특징 지워지는 '네트워크형 조직'으로 변화하고 있습니다. 이러한 현대의 조직에서 구성원들은 '단기적 목표'를 추구하고, '단기적 시간 개념'과 '단기적 사고방식'을 가지게 되며 조직 구성원들 간의 연대 의식은 점점 약화되고 있는 거지요.

기업들은 수시로 합병과 구조 조정을 하고, 각종 프로젝트들과 일자리들은 단기적으로 생겼다가 없어지고, 가족들도 쉽게 해체되고 각자의 삶이 파편화되고 있습니다. 이와 같이 안팎으로 변화무쌍한 이 시대는 개인 정체성의 혼란을 부추기게 되어 있지요. 예전에는 하류 계층에 속했어도 자신은 자신의 '인생 스토리'의 주인공이라는 '자긍심'을 가진 사람이 많았습니다.11) 과거에는 개인에게 닥치는 급격한 변화나 불확실성이 전쟁이나 자연 재해, 질병 같은 요인으로 초래되었지요. 세넷에 따르면 오늘날의 불확실성은 '뚜렷한 원인과 실체를 알 수 없고 일상 경험 속에 녹아있다는 점에서 특이'합니다.12) 이와 같은 '신자유주의적 시간대'를 사는 평범한 개인의 의식은 끊임없이 표류하고 심리적 혼돈을 겪게 되는 거지요.

2.2. 일상

이번에는 '일상'이라는 키워드로 한 개인의 내면세계를 '표류'하게 하는 신자유주의적 상황을 이해해볼까요? 세넷은 애덤 스미스의 통찰을 통해 일상의 노동이 그 일을 하는 자들의 정신에 미치는 영향에 대해 말합니다. 1776년 『국부론』을 출간하면서 세계 경제사에 큰 영향을 끼친 '자유무역의 옹호자'이며 '신자유주의의 개척자'로 평가받는 '애덤 스미스'는 사실 굉장한 도덕주의자이며 자본주의 체제 하의 '시장의 어두운 구석을 충분히 인식'하고 있었던 경제학자라고 합니다.13) 애덤 스미스가 쓴 『도덕 감정론』과 애덤 스미스와 그 책에 감화되어 러셀 로버츠가 21세기 독자들을 위하여 해제한 『내 안에서 나를 만드는 것들』14)을 보면 애덤 스미스의 경제학 이론들은 인간의 본성에 대한 가감 없는 통찰에서 부터 출발한 것이 아닌가, 그것이 탐욕과 같은 인간의 본성을 무시하고 비현실적인 연대와 평등을 외치는 무리들보다 더 인간적인 모습이 아닌가 하는 생각을 갖게 합니다. 세넷도 '자본주의의 이데올로기'를 만든 사람이라 평가받는 애덤 스미스가 18세기 말 산업 자본주의의 모습을 지켜보면서 우려하였던 또 다른 측면들을 소개하고 있습니다. 애덤 스미스는 핀 제조 공장의 예를 통해서 분업화된 반복 노동이 노동자들의 정신을 얼마나 황폐하게 하는지 지적했습니다.

스미스는 핀 제조 공정에서 관련 업무들을 부품 단위로 세분화할 경우

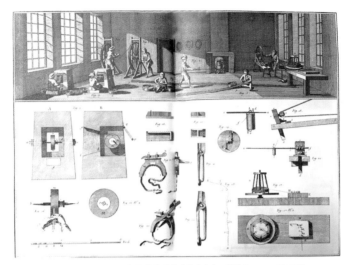

18세기 핀 제조 공장 모습과 관련 장비, 『백과전서 도판집 II』, pp.762-763.

각각의 노동자는 끊임없이 한 가지 똑같은 일을 하며 멍할 정도로 지루한 나날을 보내야 한다는 점을 잘 알고 있었다. 일정 시점에 이르면 인간은 자신의 일에 대한 통제력을 상실하기 때문에 일상은 자기 파괴적으로 변하고 만다. 노동 시간에 대한 통제력 상실은 인간이 정신적으로 죽은 것이나 다름없다는 의미이다.[15]

즉 자본주의가 필연적으로 요구하는 노동생산성과 효율을 극대화하기 위해서는 노동자는 부품 단위로 반복 노동을 하는 이른바 '분업' 체계에 귀속되게 됩니다. 분업체제 속의 반복 노동은 특정 분야의 숙련된 노동자를 만들어서 시간당 생산성을 극대화 시킬 수 있을지 모르지만 반복 노동으로 점철되는 노동자의 일상은 '인간성을 바로 그 심저에서 위협'하는 상황에 처하게 합니다. 산업 자본주의가 태동하던 18세기, 스미스가 우려한 것도 '일상에 얽매인 공장 노동자의 인간성'이지요. 마르크스는 "신체와 정신의 불구는 대체로 노동분업과 불가분의 관계가 있다. 실제로 제조업은 상황을 더욱 악화시키고, 특유의 분업방식으로 뿌리에서부터 개인의 삶을 공격함으로써 역사상 처음으로 산업 병리학이 시작되는 물적 토대를 만들어 주었다."라고 말했습니다.16) 오늘날에는 그 시대와 같은 열악한 노동 조건은 개선되었지만, 다른 문제들이 출몰하고 있습니다.

20세기에는 포드주의fordism가 확산되면서 노동자의 일상에 작용하는 분업의 폐해는 더욱 보편화되었습니다.

> 포드가 하이랜드 파크 공장을 세우기 전만 해도 자동차 산업은 고도로 숙련된 노동자가 하루 종일 여러 복잡한 일을 해내는 수작업을 기반으로 하고 있었다. 이때는 노동자가 상당한 자율성을 향유했다.[…]
>
> 포드사는 생산 과정의 공업화에 따라 다방면에 기술을 가진 장인형 기술자보다 분업에 적합한 전문가형 노동자를 선호했다. 전문가형 노동자의 일자리는 생각이나 판단을 거의 필요로 하지 않는 특정 분야의 세부 작업이었다. […] 1917년 무렵 포드사 노동력의 55퍼센트는 분업에 적합한 전문가형 직원이었고, 15퍼센트는 조립 라인 옆에서 일하는 청소부나 경비원이었다. 얼마 전만 해도 노동력의 주축이었던 장인과 기술자형 노동자의 비율은 15퍼센트 수준까지 떨어졌다.17)

조립 공정을 자동화하고 노동자들의 시간당 생산성을 최대한 끌어올리려는 시도는 테일러의 '시간-동작time-motion' 연구 등에서도 알 수 있는 것처럼 당시에 만연되어 있었습니다. 찰리 채플린의 '모던 타임즈'의 '공장 장면factory scene'을 보면 그때의 분위기를 상상해볼 수 있습니다.

그러면 오늘날 각자의 일터에서 우리의 일상은 어떠한 모습이며 우리의 인간성에는 어떤 영향을 끼치고 있는 것일까요? 일단 표면적으로 우리는

예전 자본주의가 태동하고 급격히 팽창해 가던 시대의 공장 노동자들처럼 반복되는 노동과 분초 단위로 통제받는 '시간제 노예 상태'는 아닙니다. 그러나 2천년대, 우리의 일터와 그 안에서의 시간 경험은 우리의 인간성과 정신을 어디로 이끌고 있는 것일까요? 2018년 12월에 발생한 비정규직 노동자 김용균 씨의 가슴 아픈 죽음과 아직도 열악하다는 공장이나 다른 일터의 노동 조건들에 대해서는 제가 논의할 수가 없어서 죄송합니다. 여기서는 사무직으로 분류되는 근로자들의 '일상'에 대해서, 우리 교사들의 일상에도 해당되는 문제들에 대해서 생각해 볼 것을 제안해보고 싶습니다. 우리의 일터에서 우리는 어떤 마음가짐으로 점점 일하게 되나요? 동료들과의 관계는 어떤 방식으로 흐르고 있습니까? 일하는 짬짬이 카톡 친구들과 200개의 메시지를 주고받으면 나는 '인싸'18)로 살아가고 있는 것일까요? 퇴근 후에는 어떤 시간을 보내고자 합니까? 출근 전이나 퇴근 후에는 외국어 학원이나 헬스장에 가야 나는 잘나가는 화이트 칼라 직장인의 일상을 살고 있는 걸까요? 점심시간이나 퇴근 후에 찾은 맛집이나 디저트 가게에서의 내가 먹고 즐긴 멋진 사진들을 페이스북이나 인스타그램에 게시하면, 하루

대부분을 차지하는 일터에서의 스트레스와 무의미로 가득찬 시간이 구원받을 수 있을까요? 우리 일상과 과거와 현재, 삶의 계획을 추동하는 내러티브를 구축하려면 이제는 부처님 예수님 공자님 말씀이 아닌 '자기계발서'를 뒤적거려야 하나요? 실업과 조기 퇴직의 시대에 든든한 조직 안에서 월급받으며 모닝커피로 시작할 수 있는 일상은 무조건 감사해야 하는 건가요? 무엇보다 우리는 이러한 일상 속에서 얼마나 '자유로운 자'일까요?

2.3. 유연성

오늘날의 경제 담론들은 '유연성'을 유독 강조합니다. '유연성', '유연화'와 같은 단어들이 '노동시장 유연화', '작업환경 유연화', '유연한 조직문화' 등처럼 주변에서 많이 사용되는 말이 되었습니다.

'유연성'은 'flexibility'란 단어로 15세기부터 영어 단어로 사용되었다고 합니다. '유연성'이라는 단어 자체는 '바람을 맞고 휘어졌다가도 탄력에 의해 구부러졌다가 되돌아오는 나무의 힘' 또는 '자신의 형태를 시험하고 복구하는 능력'을 일컫는 말로 쓰입니다.[19] 즉 '유연성'이란 말 자체의 기원은 시장 논리나 경제 가치들과 별 상관이 없지요. 그러나 신자유주의 담론에서 '유연성'은 무한히 확대되어 사용되는 말이 되었습니다.

예를 들어 '조직의 유연화'라는 말로 사용되면 이때의 '유연화'의 속뜻은 가차 없는 구조조정과 감원을 의미하는 것이 됩니다. '노동 시장의 유연화' 하면 이때의 실제 내용은 '저임금 비정규직'이 늘어나고 대기업이 복지비용 부담 없이 열악한 근로 조건을 수용하는 하청 업체로 실제 일감을 넘긴다는 것을 의미하기도 하지요. 현대의 기업 조직은 피라미드 조직이 아니라 '유연한' 네트워크 조직 형태를 지향한다고 하지요. 오늘날 기업들에서는 '팀'들이 프로젝트를 위해 모이고 흩어지는 경우가 많지요. 새로운 비즈니스 계획이 수립되고 조직이 개편되고, 단기 프로젝트가 끝나면 쉽게 해체 됩니다. 참으로 '유연한' 조직들이 우후죽순 만들어졌다가 목적이 다하면 없어집니다. 또한 끊임없이 변화하고 혁신하는 조직만이 시장에서 살아남는다는 담론은 오늘날 기업뿐만 아니라 교육기관, 의료기관, 공공정책을 담당하는 기관들까지 우리 사회의 모든 조직의 '행동강령'이 되었습니다.

근로자들의 노동 시간 역시 '유연해'졌습니다. 예전처럼 직장에 출근하지 않아도 미디어 기술 환경을 활용하여 재택근무 형태나 사무실 밖에서의 근무가 가능해졌습니다. 그러나 공장의 생산 라인에서 시간 단위로 생산량 압박을 받는 역할을 기계들이 대체하고, 인터넷을 활용해 사무실 책상에 앉아있지 않다고 해서 우리가 상부의 감시를 받지 않고 자유롭게 일할 수 있는 환경에 있게 된 것은 아니지요. 퇴근하여 탄 지하철에서 카톡으로 업무를 지시받는다면 유연한 작업환경과 노동 시간은 역설적으로 직장인을 어디서나 감시하고 옥죄는 환경이 되는 것입니다. 세넷은 현재의 노동환경은 컴퓨터와 SNS를 통한 새로운 통제와 감시 체계로 들어간 것이며 오늘날의 노동 형태는 이해하기가 매우 어렵다고 지적합니다. 세넷은 '유연전문화 원칙'에 따라 운영되는 보스턴의 베이커리의 사례를 들면서 현대적 노동 형태가 야기하는 또 다른 문제를 이야기합니다.

> 발레와 같은 고된 육체적 훈련을 쌓아야만 했던 과거 주방의 모습은 완전히 바뀌어서, 모든 제빵 과정이 컴퓨터로 처리되었다. 이제 제빵사들은 빵 재료나 반죽에 손가락 하나 댈 필요가 없으며, 모든 제빵 과정이, 예를 들어 오븐의 온도나 굽는 시간을 결정하려면 그에 관한 데이터를 뽑아 빵 색깔대로 만들어놓은 아이콘들을 모니터에서 고르고 마우스를 클릭하기만 하면 되었다.[20]

위 글에서 세넷은 빵을 만들기 위한 단계별로 자동화, 기계화가 이루어

18세기 제빵작업 관련 설비 및 도구 [21]

진 보스턴의 베이커리의 모습을 소개합니다. 이 부분을 읽어보면 세균 없이 깨끗한 스틸로 된 주방에 밀가루도 날리지 않고 고소한 빵 굽는 냄새도 없을 거 같은 '병원' 같은 풍경이 떠오릅니다. 과거의 제빵사들처럼 육체적 노동에 시달리지 않지만 오늘날의 제빵사들은 컴퓨터를 조작하는 역할을 할 뿐, 실제 빵을 반죽하고 구우면서 일종의 직업적 만족감과 성취를 느낄 수 있는 경험으로부터 소외되어 있습니다. 제빵 기술을 장인으로부터 배우면서 본인만의 기술력을 향상시키는 도제식 훈련 과정은 면제되어 몸은 편해졌습니다. 그러나 세넷의 말처럼 하루의 대부분을 보내는 일터에서의 모든 경험이 '피상적'이 되었다고 할 수 있지요. 이런 상황에서 '직업적 정체성'은 극히 미약해집니다. 세넷은 "일에 대한 애착심의 결핍은 심리적 혼돈과 짝을 이루게 마련"이라고 지적합니다.[22]

프리츠 슈마허에 따르면 이 시대는 육체노동이건 정신노동이건 간에 대부분의 노동을 완전히 재미없고 무의미한 것으로 만들어버림으로써 인간의 인격을 저해한다고 보았습니다.

> 산업사회의 노동은 자연과 동떨어진 기계적이고 인위적인 방식이며, 무엇보다 인간의 잠재능력 가운데 극히 미미한 부분만을 사용하도록 만듭니다. 노동자들로서는 도전할 가치도 없고, 자기완성을 위한 자극도 없으며, 발전 가능성이나 진선미의 요소도 찾을 수 없는 그런 노동에 평생을 허비하도록 종신형 판결을 받은 셈입니다.
>
> 현대 산업주의의 근본 목표는 노동을 만족스럽게 만드는 데 있는 것이 아니라 오로지 노동생산성을 향상시키는데 있습니다. 산업주의가 이룩한 가장 뿌듯한 업적은 노동시간을 절약한 것이며, 이로 인해 노동은 달갑지 않은 것으로 낙인찍히게 되었습니다. 달갑지 않은 일을 하면서 자부심을 느낄 수는 없기에 노동자들의 삶은 품위 없는 삶이 되었습니다. 그 결과 당연하지만 임금을 올려줘도 좀처럼 개선되지 않거나 임금을 올려줄 때만 조금 나아지는 그런 암울한 무책임이 널리 퍼지게 되었습니다.[23]

세넷이 인터뷰한 보스턴의 제빵사 중 한 분은 이렇게 말합니다.

> "집에 가면, 저도 진짜 빵을 굽습니다. 전 제빵사예요. 근데 여기서는 버튼만 누릅니다."

> "제빵, 제화, 인쇄, 뭐든지 말씀만 하세요."

과거의 제빵사들은 힘든 육체노동에 시달렸지만 적어도 '장인으로서의 그들의 자부심은 대단한 것이었다'하고 합니다.[24]

그러나 대기업의 프랜차이즈에 의해서 동네 소규모 빵집은 잠식당하고, 유연 전문화의 원칙에 따라, 대량 생산 체제로 전환되어 자동화되고 기계화된 작업 환경 속에서 제빵사들은 밀가루 반죽이 아닌 컴퓨터를 조정하는 사람이 되었습니다. 건축학도도 화가도 컴퓨터를 활용해 작품을 생산하게 되었습니다. 요즘 우리 주변의 식당들은 갈수록 규모가 커집니다. 좁은 주방에는 욕쟁이 할머니가 그 집만의 고추장을 얹어주시는 대신에 이제는 대형 식당들의 시설 좋은 현대식 주방에서는 젊은 아르바이트생들이 똑같이 매뉴얼에 맞춰 달착지근한 맛이 나는 고추장 소스를 튜브에서 몇 번 짠 후 음식을 내옵니다. 이러한 '유연한' 작업 환경들이 나쁘다는 비현실적인 비판을 하려는 것이 아닙니다. 문제는 '유연함'으로 대변되는 신자유주의적인 가치관들이 우리 정체성이나 시간 경험, 인간관계까지 점령하게 될 때 세넷이나 페르하에허, 콜드리와 같은 학자들이 지적하고 있는 것처럼 우리는 모든 면에 걸쳐서 '표면'과 '피상성'에 머물게 된다는 것이지요.

이렇게 형편없는 피상성에 매달릴 수밖에 없는 한 가지 이유는 시간 개념의 혼돈이다. 시간의 화살은 부러져 있다. 계속되는 리엔지니어링과 정형성에 대한 거부, 그리고 단기적인 정치·경제 속에서 그 궤도를 잃어 버렸다. 사람들은 지속적인 인간관계와 확고한 목적의식이라는 측면에서 자신이 결핍 상태임을 자각하고 있다.[25]

3. 신자유주의가 인간성에 끼치는 영향들

페르하에허는 『우리는 어떻게 괴물이 되어가는가』에서 오늘날 우리는 인류 역사상 가장 잘 살지만 가장 기분이 나쁜 사람들이며, 신자유주의는 '우리의 가장 나쁜 측면을 장려하는 사회'라고 말하고 있습니다. 여기서는 페르하에허의 책을 바탕으로 다음 주제를 중심으로 신자유주의가 인간성에 끼치는 영향들을 정리해보겠습니다.

3.1. 우리의 정체성

경제의 광기로 인해 우리는 얼마 전 까지만 해도 다른 문제로 고민했다는 사실을 까맣게 잊는다. […]

그사이 우리가 사는 세상은 날로 가상이 되어간다. 몇몇 사람들은 경제 위기 역시 실제 원인보다는 가상의 원인 탓이라고 주장한다. 하지만 우리가 사는 서구 사회가 반세기 전부터 이미 '상상 가능한 모든 세계 중 최고'

라는 사실도 부인할 수 없다. 이거야말로 우리 시대가 처한 최고의 역설이
다. 우리의 교육은 모두에게 열려 있고 가격도 저렴하며 질적 수준도 높다.
우리의 신문은 원하는 것은 무엇이든 쓸 수 있다. 검열은 아예 없다고 보아
도 좋다. 의료 시설 및 복지제도는 세계 최고 수준이며, 교육 수준과 기대
수명도 높고, 우리는 매우 건강하며 자신의 의견을 자유롭게 표현할 수 있
고 물질적으로도 매우 안락하다. 과거 상류계층만의 질병이었던 당뇨병,
비만, 심장질환은 오늘날 낮은 사회계층에서도 흔히 걸린다. 이를 두고 복
지의 역설이라 부른다.

한마디로 지금의 서구인들은 역사상 가장 잘 살지만 가장 기분이 나쁘
다.26)

신자유주의는 한마디로 '경제의 광기'가 우리 삶 전반을 지배하게 되는
상태를 초래합니다. 그래서 결과적으로 우리의 자아개념, 정체성을 혼란
스럽게 합니다. 세넷은 신자유주의 체제 속에서 우리는 다른 사람과 유대
관계를 맺으면서 '지속가능한 자아sustainable self'의 의식을 간직하는 인간성
의 중요한 특질들이 훼손될 위기에 처해 있다고 진단하고 있습니다.27) 그가
'표류'라는 말을 사용한 것처럼 이 시대는 개인의 정체성의 혼란을 부추기
게 되어 있지요. 앞에서 살펴본 바와 같이 과거에는 변화나 불확실성이 전
쟁이나 자연 재해, 질병 같은 요인으로 초래되었습니다. 오늘날 우리는 그
원인도 모른 채 미래가 불안하다는 막연한 감정에 끊임없이 시달립니다.
이러한 불안감과 혼란이 우리의 의식 속에 늘 잠재 되어있는 상태지요. 현
대인에게서 정신병리적 증상이 일상화된 것은 신자유주의 체제가 조장하는
사회 분위기와 밀접한 관련이 있지 않을까요?

개인은 사회와 분리되어 생각할 수가 없습니다. 한 개인의 정체성은 출
생 시 가지고 태어나는 것이 아니라 사회와의 상호작용을 통하여 일생을

통해 형성됩니다. 과거에 아이의 정체성 발달에 절대적인 영향을 끼쳤던 부모의 권위는 점점 축소되고 요즘은 학교나 스마트폰, 인터넷을 통해 만나는 외부 세계가 이 시대 아이들의 정체성을 형성하는데 점점 더 큰 영향력을 행사하게 되었습니다. 정체성을 구성하는 데는 개인이 성장하면서 만나게 되는 사회문화적 맥락, 그 속에서의 '지배서사'가 무엇인가가 중요합니다. 그 지배서사에 내포된 규범 및 가치관을 우리는 성장하면서 받아들이게 되는 거지요. 과거 서구에서는 기독교가 지배서사였고 한국의 조선 시대에는 '유교, 성리학'이었습니다. 오늘날 아이들의 성장 과정에서는 어떤 지배 서사가 영향력을 행사하고 있을까요? 쉽게 말해서 우리 아이들은 어른들로부터 늘 어떤 이야기를 듣고 자라고 있을까요? 주변의 말과 글, 영상은 어떤 가치관을 그들에게 심어주고 있는 걸까요?

> 인간은 자신의 이익만 노리는 경쟁하는 존재이다. 그것이 사회적 차원에서 우리 모두에게 득이 된다. 모두가 정상에 오르기 위해 경쟁하는 동안 최고의 결과를 내놓을 것이기 때문이다. 그 덕분에 우리는 국가가 전혀 개입하지 않는 공동의 자유시장에서 더 값싸고 질 좋은 제품과 더 효율적인 서비스를 제공받게 될 것이다. 이는 윤리적으로도 옳다. 개인의 성공과 실패는 오로지 자신의 노력 여하에 달려 있기 때문이다. 모두는 자신의 성공이나 실패에 스스로 책임을 진다. 따라서 교육의 중요성이 부각된다. 우리가 사는 세상은 급속도로 발전하는 지식경제로, 유연한 능력을 갖춘 많이 배운 인간이 필요하다. 대학 졸업장이 하나면 좋고 둘이면 더 좋다. 평생 공부는 의무이다. 모두가 쉬지 않고 성장해야 한다.[28]

위 글은 페르하에허가 오늘날 우리 문화를 지배하고 우리의 정체성을 형

성하고 있는 신자유주의 서사의 요약본이라고 밝힌 부분입니다. 내용을 봐도 전혀 새로운 이야기가 아니지요? 우리 사회가 끊임없이 퍼뜨리고, 어느새 우리 안에서 내면화시킨 가치관들을 가득 담고 있습니다. '정체성'은 내가 가진 나에 대한 인식만이 아니라 타인과의 관계 속에서 형성되는 것입니다. 페르하에허는 '정체성은 오로지 우리와 외부세계의 상호작용, 우리가 누구인지, 무엇을 느끼는 지, 어떻게 행동해야 하는지를 가르쳐주는 타인들과의 상호작용에 기반을 두고 있다'라고 말합니다. 오늘날 우리의 정체성에 관한 서사는 주로 미디어가 담당합니다. 모든 것을 돈과 이익으로 환산하는 것이 당연한 우리 사회 속에서 미디어는 이러한 신자유주의적 규범과 가치를 확산하는 주도적인 역할을 담당 합니다. 우리 일상을 한번 찬찬히 살펴보세요. 존 캐버너가 말한 것처럼 과거 사회의 주요 서사를 담당하던 종교가 사라진 자리를 소비사회의 신화들이 차지하고 있습니다.

> 종교가 세속화되자, 구매와 소비가 성스러움을 경험하는 매개체가 되었다. 사람들의 마음속에 있는 무한한 갈망이 가장 새롭고, 가장 좋고, 가장 값비싼, 끊임없이 품질이 향상되는 상품에 투사된다. 쇼핑몰은 '소비의 대성당'이다. 영원Eternity은 캘빈 클라인Calvin Klein의 향수병 안에 담겨 있고, 무한Infinity은 일본의 자동차 안에 들어 있다.29)

우리는 지하철에서 모두 다 자신의 스마트폰만 들여다보고 있습니다. 스마트폰 화면에서는 쉴새 없이 광고가 넘쳐나고, 특정 라이프 스타일을 추천하는 기사가 가득합니다. 카카오톡과 인스타그램, 페이스북에서는 멋지게 사는 지인들이 자신의 일상을 전시하고 있지요. 우리도 여기에 질새라 더욱 매력적인 '상품'으로 스스로를 전시하기 위해, 인스타그램에 멋진 사진들을 올리고 자신의 라이프 스타일을 광고하지요.

우리의 소비문화에서는 자긍심과 사랑받을 자격을 돈으로 구입해서 불안을 이겨 낼 수 있다고 끈질기게 가르친다. 대중매체와 광고, 유명인을 추종하는 문화를 통해 사회 곳곳에 만연해 있는 메시지는, 우리가 자신을 부의 상징으로 포장할수록, 더 괜찮은 사람이 될 수 있다는 것이다. – 리처드 라이언과 팀 캐서, 『물질주의의 값비싼 대가』 서문 30)

한마디로 말해 오늘날 우리는 주변의 담론들, 미디어의 영향 속에서, 점점 더 자신의 정체성과 자존감의 근거를 외적인 기준과 소유물에 두게 되었습니다. 자아에 대한 인식, 정체성의 근거를 외부에서만 공급받는 자는 스스로에게 소외된 자가 아닐까요?

3.2. 우리의 인간관계

신자유주의적 사회에서는 '모든 것에서 너의 이득을 추구하라' '돈으로 안 되는 것은 없다'라는 메시지가 언제나 울려 퍼집니다. 우리의 평소 언어를 관찰해보면 이 영향은 쉽게 확인할 수 있지요. 오늘 저는 제 10살 아들을 조금 혼냈는데, 아들이 그러더군요.

"엄마, 인성 실화야?"

아들은 그 말 때문에 더 혼났답니다. 아들의 변명은 자기가 즐겨보는 유튜브에서 사회자가 자주 쓰는 말이어서 쓴 거고 남들한테 이렇게 말할 때마다 웃어서 나쁜 말 인줄 몰랐답니다. 평소에 맘이 무척 따뜻한 아들이 쓰는 말을 가만히 들어보면, 정말 미디어의 영향이 너무나 강력한 것을 새삼 깨닫게 됩니다.

"그럼 내가 핵이득이지." "지금 숙제하면 뭐 해 줄 건데?"
"그러면 내가 손해인데…." "말 들을게. 대신 조건이 있어…."

이런 예들은 수없이 많지요. 얼마 전 아파트 놀이터를 지나고 있는데 아들 또래의 아이 2명이 남자 아이들 사이에서 유행하는 너프건을 가지고 가짜 총싸움 놀이를 하고 있었습니다. 그 중 한 아이가 놀이를 멈추고 말하더군요.

"에이, 시시하다. 우리 휴대폰으로 지나가는 사람 몰카 찍을까?"

이런 아이들이 자라서 여자 친구의 동의 없이 몰카를 찍고 카카오 채팅방에서 몰카 동영상을 나누고, 그것이 인간을 어떻게 다루는 행위인지에 대한 감도 못 잡는 어른이 되는 거 아닐까요?[31]

우리 아이들의 언어와 사고, 행동은 지금 인터넷의 수많은 방송들, 걸러지지 않은 채 '이윤창출'이라는 목표만으로 만들어진 오염된 방송들에 의해서 병들어 가고 있습니다. 아동문학가 이오덕 선생님이 '우리 아이들을 살려야 한다'라고 하셨던 말씀이 이 시대에는 너무나 절박한 문제이지요. 그러나 페르하에허도 지적하고 있는 것처럼 우리가 잊지 말아야 할 것은 어린이나 청소년들만 신자유주의적 정체성을 키운 것이 아니고 어른들이 이미 신자유주의 이데올로기에 한껏 물들었다는 사실입니다.[32] 우리들도 인간관계를 맺을 때, 이 사람과의 교제가 내게 이득인지 손해인지를 언제나 계산합니다. 페르하에허는 신자유주의적 인성의 특징은 목적을 위해서는 수단의 정당성에 대해 죄책감이나 책임감을 가지지 않는다고 했습니다. 특히 '말을 잘하는 것'이 매우 중요한데, 인간관계를 맺을 때는 그럴싸한 허풍과 자기 포장에 능숙한 의사소통 기술을 가져야하기 때문입니다. 그리해 타인을 '내편'으로 만들고 자기의 유익을 위해 활용할 수 있기 때문이지요.

이런 정신들이 사회 도처를 점유하고 있기 때문에 학교에서는 '왕따'와 학교 폭력이 빈번하고, 회사에서는 동료들과의 연대의식이나 심도 깊은 인간관계를 찾기 힘드며, 모두들 사이버 공간에서의 가상 만남으로, 책임과 헌신을 요구하지 않는 가볍게 즐기는 관계들로 도피하고 있는지 모릅니다. 연인으로 보이는 커플이 카페에 앉아서 각자 스마트폰으로 카톡에 열중하고 있는 장면들 많이 보셨지요? 지하철에서는 모두 다 서서 앉아서 자신의 스마트폰만 들여다보고 있습니다.

실제 친구나 지인들, 동료들과의 인간관계에서도 우리는 지나치게 '자기홍보'에 열을 올립니다. "아무도 당신을 필요로 하지 않는다. 당신을 잉여인간이다."[33]라는 메시지에 자신은 해당되지 않는다는 것을 보여주기 위해, 더욱 매력적인 '상품'으로 스스로를 전시하기 위해, 인스타그램에 멋진 사진들을 올리고 자신의 라이프 스타일을 광고하지요.

그러나 자신의 정체성과 자존감의 근거를 외적인 기준과 소유물에 두는 이러한 풍조는 우리의 내면을 황폐화시키고 끝없는 욕구 불만 상태로 몰아가기 마련입니다. 실존에 대한 두려움과 상대적 열등감을 가진 고립된 개인들은 타인과도 건강한 관계를 가꿀 수가 없지요. 우울증, 불면증, 공황장애, 흡연 및 알콜중독, 가족의 해체, 인간관계의 피상성 등은 모두 물질만능의 신자유주의 시대의 어두운 이면이지요. 페르하에허는 오늘날 겉으로 성공한 듯 보이는 수많은 사람들이 겪고 있는 여러 가지 정신병리적 징후에 대해 말하면서 다음과 같이 말합니다.

경쟁만 생각하는 개인주의가 (자제력의 요구를 대신한) 끝없는 향락의 의무와 결합되면 장기 관계에 치명적인 영향을 미친다. 소위 '관계 문제'를 겪고 있는 엄청난 숫자의 사람들은 우리가 얼마나 외로운지를 잘 보여준다.[34]

존 캐버너는 "내적 감정을 회피하는 다양한 방법들, 우리의 의식을 이미

낮과 밤이 단절된 현대인의 생활 패턴

지와 충동과 소음으로 가득 채우는 모습, 열심히 무언가를 생산해야만 한다고 생각하는 태도, 얼마나 돈을 많이 버는가가 우리의 정체성을 규정한다고 진지하게 생각하는 모습, 이 모든 것이 내면세계를 상실하고 잃어버렸음을 보여 주는 증상이다."[35] 라고 말합니다. 이런 이유에서인지 우리는 뭔지 잘 모르지만, 늘 허둥대며, 순간 탐닉할 어떤 대상을 찾고, 연봉을 높이고 쇼핑몰을 드나듭니다.

존 캐버너는 "자신의 내면과 연결되지 못하는 우리는 다른 이들의 내면과도 연결될 수 없어졌다."고 지적합니다.[36] 오늘날 우리의 인간관계가 갈수록 팍팍해지고, 개인들은 각자의 사적 공간에서 '소확행'을 추구하게 된 근본적인 이유 중의 하나는 신자유주의가 내세우는 '이상적인 인간상'이 치열한 경쟁을 통해서 살아남아 이윤을 달성하는 '기업'의 모델과 별반 다르지 않기 때문입니다. 신자유주의적 가치관 속에서 개인은 끊임없는 혁신과 자기 계발을 통해 자신의 가치를 높여야 합니다. 그렇지 않으면 '도태'되고 잉여인간이 될 테니까요. 신자유주의를 '경제의 옷을 입은 사회진화론'이라고 부르는 이유를 아시겠지요?[37] 이러한 사회 분위기 속에서 친구와 동료들은 '경쟁자'일 뿐이고, 나는 나의 생존과 유익에 대한 강박관념을 떨쳐버릴 수가 없는 거지요. 이를 위해 언제나 자기 포장과 자기 전시에 몰두해야 하는 것 역시 당연한 수순입니다.

문제는 지난 30년 동안 신자유주의적 실천이 지배하면서 진실로 자유로운 개인이 오히려 사라지고 있다는 점이다. 유례없는 빈부 격차와 실업률은 신자유주의 시대를 살고 있는 개인들에게 적자생존과 승자독식의 법칙을 각인시켰다. 신자유주의가 기치로 내세운 '자유'와 '작은 정부'라는 이상 속에서 개인은 '안전망' 하나 없이 모든 선택과 결과에 책임을 져야 한다. 살아남는 데 급급한 개인들은 타인을 돌볼 경제적 심리적 여

유 없이 원자화되어 치열한 삶을 살아가고 있다.38)

요약하면 신자유주의는 개인에게 유례없는 '자유'를 선사하는 사상인 것처럼 우리를 착각하게 합니다. 신자유주의는 개인이 '자유롭게' 선택하고, 정부의 간섭 없이 경제활동을 하고, 확대된 교육의 기회를 활용하여 계급 상승을 이루고 성공할 수 있다는 '메리토크라시meritocracy, 능력주의'의 신화를 심어주었습니다. 그러나 실제로 신자유주의가 본격화된 1980년대 이후 개인들은 뿔뿔이 흩어진 채, '고객님' 즉 소비자로서만 존중받을 뿐입니다. 신자유주의와 그 가치관에 순응하기만 할 때 우리는 갈수록 고립되고, 타인의 삶과 연결되지 못한 채, 성공하려고 애써보다가, 그 긴장과 스트레스를 잊기 위해서는 각자의 여가와 소비 생활에만 몰두하면서 살아갈 거 같습니다.

3.3. 우리의 시간경험

신자유주의는 우리의 시간 경험과 시간 사용에는 어떤 영향을 미치고 있을까요? 신자유주의는 속도와 이익, 생산성, 효율을 중시하므로 '시간'이야말로 신자유주의가 단순히 시대의 경제 체제를 넘어 우리의 일상까지 점령하는 이데올로기가 되어가는 세태를 가장 잘 파악할 수 있는 주제 입니다. 신자유주의는 시간당 노동 생산성, 투자한 시간과 돈에 비례한 나의 이익이나 조직의 효율을 끊임없이 양적으로 평가하는 체제이고 시대 문화이기 때문이지요. 이 모든 것을 위해 과학기술의 성과들이 동원되어 자동화되고 기계가 인간의 노동을 대치하는 부분이 많아지니 신자유주의의 '시간'은 필연적으로 '기술의 시간'이 되어 갑니다. 또한 효율적인 방식으로 기업의 이익을 극대화시키기 위해 생산된 수많은 제품들을 팔아야 하니 광고, 언론, 통신수단이 동원되어, 신자유주의는 우리의 시간을 '소비자의 시간'으로 만듭니다. 노동의 시간과 분리되는 우리 여가의 시간조차 특정 라이프 스타일을 홍보하고 조장하는 신자유주의적 입김으로부터 자유로울 수 있을까요? 자아 정체감을 확인받는 방식이 점점 '돈'이나 '구매력'을 기준으로, 남들의 '인증'과 관련되고 있지 않은가요? 우리는 몹시 자유롭고 개인주의인 사회 속에서 살아가는 듯하지만 우리가 시간을 보내는 방식은 점점 더 비슷비슷 해지는 것 같기도 합니다.

하루의 시간은 공적인 시간과 사적인 시간으로 크게 구분할 수 있습니다. 즉 일터에서 보내는 시간과 여가의 시간이지요. 신자유주의적인 가치관들이 우리 일상의 모든 규범에 영향을 끼칠 때 공적 시간인가 사적 시간인가에 관계없이 기업의 경제 논리가 우리가 시간을 보내는 방식에 영향을 끼칩니다.

우리의 시간은 어떻게 흐르고 있나요? 여러분은 오늘 하루의 시간을 어떻게 사용하셨나요? 신자유주의 시대의 '개인'은 '나 주식회사의 최고 경영자CEO of Me Inc'로서 끊임없이 자신의 브랜드 가치를 높여야 하는 독립된 기업처럼 스스로를 인식해야 성공할 수 있다고 합니다.

> 이렇게 기업이 자사 제품의 가치를 브랜드로 상징해 내는 것과 마찬가지로 자신이 기업이자 상품인 '나 주식회사'의 상품 가치는 '브랜드 유'가 상징하게 되고 이는 곧 자기 삶의 방식으로 표현된다. 삶의 방식을 브랜드로 표현하는 오늘날, '브랜드 유'라는 개념은 다른 상품 브랜드에 자기 재현을 의존하는 닫힌 관계 속에 갇히게 된다. 자신의 취향, 계급, 배경, 문화 정체성 등 '브랜드 유'가 증명해야 하는 삶의 방식은 여러 제품 중 특정한 제품을 선택함으로써 드러난다. 즉 자신이 누구인지를 보여 주는 것은 매일의 소비 행위와 직접적인 연관성을 지닌다. (Paterson, 2005:37) 39)

더구나 한국 사회에는 유교의 집단주의나 체면을 중시하는 가치관이 있습니다. 신자유주의 시대의 위와 같은 성향이 한국사회에 뿌리박혀 있는 남들을 지나치게 의식하는 가치관과 결합할 때, 한국인들은 남들에게 인정받을 수 있는 성공, 남들의 부러움을 사야하는 아파트와 자동차, 명품 백을 소유해야하는 욕망이 더욱 커지는 것이지요. 여가 시간에 맛있는 식당과 이쁜 케이크 집에 가도 먼저 사진을 찍고 페이스북에 올려야 하는 '자기 전시' 과정들이 동반됩니다. 인간도 끊임없이 매력적인 상품처럼 세상의 지배적인 취향에 맞게 단점이 '보완'되고 더욱 성능 좋게 '계발'되어야 하는 거지요. 결국 신자유주의 시대를 사는 개인들은 '자기계발'과 '자기치유'에 몰두하게 됩니다. 그리고 자기계발과 자기치유를 위한 시간 사용 속에서 각종 '자기 관리, 건강 산업, 패션 뷰티 산업, 레저 산업'이 번창하고, 해당 기업들은 돈을 더욱 더 벌기 위해서 무한히 광고를 생산해내지요. 우리의 시간은 이제 눈 앞의 공장 감독관의 감시와 통제가 아닌 각종 미디어들과 그들이 뿜어대는 담론들의 조종과 지배를 받는 셈이지요. 오늘날 우리는 현대인들이 잠시도 손에서 놓지 않는 스마트폰이라는 통로를 통해서 SNS와 미디어의 콘텐츠들과 그 콘텐츠들이 멋지다고 보여주는 의식주의 생활방식을 따라하며 자신을 가꾸고 누리는 방식에 골몰하게 되었습니다.

　　다양한 취미 활동, 레저, 스포츠, 종교, 자기계발 등 뭐든 가능하다. 가족들과의 공원 산책, 술자리, 나이트클럽 등을 비롯한 짜릿한 번지 점프, 패러글라이딩, 스카이다이빙, 스킨 스쿠버, 해외여행, 동굴 속에서 소리 지르며 냄비 찌그러뜨리기 등도 얼마든지 맘대로 할 수 있다. 자유다! 물론 이 자유는 치밀하게 계산된 사회 공학의 산물로서의 자유다. […] 인간은 더욱 심각한 노예가 되어 가고, 우리 사회는 더욱 끔찍하게 견고한 부동성의 체계로 경직되어 간다.40)

위 글에서 자끄 엘륄이 경고하고 있는 것처럼 오늘날 우리 사회는 개인에게 한없는 자유를 제공하는 것 같지만 자세히 살펴보면 우리는 시대가 제시하고 '시장'이 광고를 통해 유포하는 천편일률적인 삶의 방식으로 살아가며, 시간을 사용하고 있는 것은 아닐까요?

4. 신자유주의의 폐해를 줄이기 위한 교육 활동들

4.1. 신자유주의적 가치와 반대되는 사례들을 보여주기: 대항서사

디 호크는 "사람들은 돈을 더 가치 있는 것으로 여기는 게 아니라 돈 이외의 다른 것을 무가치한 것으로 여긴다. 그들이 더 탐욕스러운 게 아니라, 탐욕을 제어할 다른 가치가 더 이상 남지 않았다."라고 말했습니다. E.D.볼첼은 "가치 있는 것이 사라질 때, 돈이 중요해진다."라고 말했다고 합니다.[41] 신자유주의와 우리 아이들과의 교육과 관련하여 저는 이들의 말이 날카롭게 가슴에 박히는 느낌이 듭니다. 우리 아이들이 돈이나 자기 이익만 중시하는 '신자유주의적 인간'으로 태어나는 게 아니라 주변의 어른들, 광고들, 미디어들이 들려주고 보여주는 물질만능 일색의 가치관에 의해서 '신자유주의적 인성'을 가진 어른으로 자라나는 것입니다.

그러므로 우리가 가르치는 아이들에게 '대항서사'를 끊임없이 들려주어야 합니다. 무력하고 소용없다고 느낄 때가 많을지라도 그리해야 합니다. 여기서 '대항서사'란 어려운 이론적인 이야기가 아닙니다. 앞에서 간추려서 살펴본 신자유주의의 특성과 그것이 우리의 인간성과 시간 경험에 가하는 그 경향성을 적어도 문제제기 하거나 반성적 사고를 하게 만드는 사례들을 소개해주시라는 것입니다. 저는 개인적으로 신자유주의가 강조하는 슬로건들, 담론들과는 다른 방식으로 삶을 성취한 사람들의 이야기를 그림책이나 영화, 다큐멘터리 등으로 들려주시는 게 좋은 거 같아요. 요즘 의과대학에서는 내과나 산부인과 등이 아닌 졸업 후 돈이 되는 '안과'나 '성형외과' '피부과' 와 같은 분야로만 지원자가 몰린다고 하지요. 다분히 '신자유주의' 적 풍조이지요. 어린이들에게 이런 세태와 정 반대되는 사례를 보여 주시는 겁니다. '장기려 박사'나 '울지마 톤즈'로 잘 알려진 '이태석 신부님'의 사례를 담은 책이나 동영상을 활용하실 수 있을 겁니다. 이런 분들의 사례는 모든 분야에서 찾을 수 있기 때문에 예체능 교과, 과학 교과 등의 내용과도 결합될 수 있을 것입니다. 예를 들어 환경교육, 생태교육의 교재로도 쓰인다는 프랑스의 소설가 장 지오노가 쓴 『나무를 심은 사람』이나 이것을 가지고 만든 애니메이션 등을 보고 학생들과 그 소감을 나누는 거지요.

『나무를 심은 사람』 장 지오노 글 | 프레드릭 백 그림 | 햇살과나무꾼 옮김 | 두레아이들

이 책의 주인공인 '엘제아르 부피에'는 우리의 주제인 '신자유주의'가 추천하는 삶의 방식과는 정면으로 배치된 삶을 산 인물입니다. 그는 아내와 아들을 잃고 프랑스 남부의 외딴 산골에 정착하지요. 땅 주인도 모른 채 버려진 황무지에 매일 매일 나무 씨앗을 심습니다. 공들여 씨앗을 고르고 땅을 파서 씨앗을 심는 일을 수 년 동안 계속합니다. 그는 땅의 주인도 아니었고 나무를 심는다고 해서 자기에게 이익이 돌아오는 것도 아니었습니다.

그 어떤 보상도 바라지 않고 자신의 유익을 구하지 않고, 몇 십년간 꾸준히 수 만 그루의 나무를 심는 일을 계속합니다. 그리해 엘제아르 부피에는 황폐한 대지와 메마른 강줄기를 살려내고 그 땅에서 살아가는 마을 사람들을 살려냅니다.

> 1913년에 열두어 채의 집이 있던 그 마을에는 세 사람이 살고 있었다. 그들은 난폭하고 서로 미워했으며 덫사냥으로 먹고 살았다. 육체적, 정신적으로 원시인이나 다름없었다. 주변에는 쐐기풀이 버려진 집들을 덮고 있었다. 그들 앞에는 희망이 없었다. 죽음을 기다리는 수밖에 없었다. 그런 상태에서는 선한 일을 생각할 수 없었다.
>
> 모든 것이 변했다. 심지어 공기마저. 예전에 나를 맞이하던 세차고 건조한 돌풍 대신 부드러운 산들바람이 향기를 싣고 불어 왔다. 저 높은 곳에서는 물 소리 같은 것이 들려 왔다. 숲 속에 부는 바람 소리였다. 마침내, 더욱 놀랍게도 연못으로 흐르는 진짜 물 소리까지 들렸다. […]
>
> 1913년에 폐허였던 자리에 벽을 산뜻하게 칠한 농가가 들어서서 행복하고 안락하게 살아가고 있음을 보여 주고 있었다.
>
> 눈과 비가 숲에 스며들어 말라 버린 샘들이 다시 흐르기 시작했다. 사람들이 물길을 만들었다. 작은 단풍나무 숲 속 농장 옆에는 맑은 샘물이 솟아 싱싱한 박하 풀잎 위로 흘러 넘쳤다.[42]

장 지오노는 이 소설을 20년에 걸쳐 완성했습니다. 장 지오노의 작품 속 '나무를 심는 사람'인 엘제아르 부피에도 30년이 넘게 나무를 심고 숲을 가꾸는 인물로 나오지요. 이 작품이 만들어지는 과정이나 작품 속 주인공이 전혀 신자유주의적 가치나 시간을 살고 있지는 않지요?

장 지오노의 원작을 읽고 감동받아 프레데릭 백Frédéric Back이 만든 애니메이션도 손쉽게 구할 수 있습니다. 세계적인 애니메이션 영화감독인 프레데릭 백은 『나무를 심은 사람』을 애니메이션 영화로 제작하기 위해 5년 동안에 약 2만장의 그림을 그렸다고 합니다. 이 영화는 캐나다 CBC가 제작하였는데 이 영화를 보고 큰 감동을 받은 캐나다 국민들이 나무 심기 운동을 벌여서 2억 5천만 그루의 나무를 심었다고 하네요.43) 우리 아이들에게 『나무를 심은 사람』 그림책이나 이 애니메이션을 보여주십시오.

『**동강의 아이들**』 김재형 글그림 | 길벗어린이

이 책은 우리나라 동강의 바위와 강물, 숲과 산, 나무들로 가득 찬 한 페이지 한 페이지의 그림이 너무나 아름다워 작품처럼 간직하고 싶은 그림책입니다. 장에 깨도 팔고 콩도 팔아 순이와 동이의 색연필과 운동화를 사온다고 가신 어머니를 하루 종일 기다리는 어린 남매의 이야기지요. 엄마를 마중 나가자고 보채는 어린 동생을 같이 놀아주고 달래는 오빠 동이와 순이는 강가에서 물수제비도 뜨고 바위한테 말도 걸면서 엄마를 기다립니다. 아름다운 자연 속, 어린 남매는 엄마를 기다리는 강가 근처의 바위들 속에서 '공룡'의 모습을 보기도 하고, 탄광에 돈 벌러 가신 자애로운 아빠 모습을 보기도 합니다.

"오빠. 아빠 등은 무지무지 넓다."

"그럼. 우리 아빠 등은 저 바위처럼 아주 넓고 단단하지."

"맞아. 우리 아빠 등은 저 바위 같아. 오빠. 우리 저 바위로 가자."

동이와 순이는 바위로 갔어요.44)

　해가 산 너머로 넘어갈 무렵, 드디어 저 멀리서 돌아오는 엄마가 보이고 남매는 엄마를 향해 뛰어가는 것으로 이야기는 끝납니다. 이 그림책이 담고 있는 동강 주변의 풍경을 감상하는 것, 바위그림 속에 작가가 숨겨놓은 또 다른 그림들을 찾아보는 과정은 그 자체가 우리 아이들의 정서를 촉촉하게 해주는 읽기 과정이 될 수 있습니다. 물질적으로 궁핍했으나 자연과 가깝게 살아가며, 가족끼리 서로 그리워하고 사랑하였던 우리 어머니 아버지 세대의 잊혀져 가는 이야기들을 들려주는 것이 아스팔트 위에서 자라나고 있는 우리 어린이들에게 중요해진 시대입니다.

『아모스와 보리스』 윌리엄 스타이그 글그림 | 김경미 옮김 | 비룡소
　우리 시대는 모든 인간관계에서 이 관계가 내게 적자인지 흑자인지를 따지고, 눈앞의 이익에만 집중합니다. 나르시시즘에 기반 하거나 기업의 순이익 계산처럼 작동하는 이 시대의 공허한 인간 관계의 모습은 우리 아이들에게서도 자주 발견되지요. 사랑과 우정과 같은 사적인 관계까지 스며드는 시대의 불온한 공기들을 되돌아보게 하는 텍스트가 필요합니다. 그래서 저는 대학생들에게도 가끔 『아모스와 보리스』와 같은 그림책을 읽어줍니다. 어느날 모험심이 많은 생쥐 아모스는 배를 만들어 항해를 떠납니다.

옛날에 어떤 바다에 생쥐 한 마리가 살고 있었어. 그 생쥐의 이름은 아모스였지. 아모스는 바다를 사랑했어. […] 아모스는 바다 생각에 푹 빠져 있었어. 그리고 바다 저 멀리에는 어떤 세계가 있는지도 알고 싶어했지. 어느 날 아모스는 바닷가에서 배를 한 척 만들기 시작했어. […]

로우던트는, 이건 아모스가 지은 배 이름인데, 정말 잘 만들어진 배였어. […] 아모스는 항해가 너무도 즐거웠어. 날씨도 근사했고. 아모스는 밤낮으로 산더미 같은 파도에 실려서 위로 아래로, 위로 아래로 오르내렸고, 호기심과 모험심, 그리고 삶을 사랑하는 마음으로 부풀어 있었어.45)

이렇게 로우던트를 타고 인생의 항해를 시작한 아모스는 항해 도중 갑판에서 떨어져 바다에 빠지게 됩니다. 자신이 만든 배는 파도에 사라져버리고, 망망대해에 홀로 떠서 서서히 지쳐가던 아모스는 그 고독한 순간, 고래인 보리스를 만나게 되지요.

"넌 무슨 물고기니? 너, 물고기 맞지!"

아모스는 대답했어. "난 물고기가 아니야. 난 생쥐라고. 고등 동물인 포유류에 속하지. 난 뭍에서 살아."

고래가 말했어. "아니 세상에! 바다에서 살긴 하지만, 나도 포유류란다. 내 이름은 보리스야!"46)

이 만남의 순간부터 생쥐인 아모스와
고래인 보리스는 서로 비밀을 나누고, 차이점을 조정해나가고,
서로에게 온전히 몰입하고 감동하는 사랑과 우정의 관계를 시작합니다.

두 포유 동물은, 때로는 아주 빠르게, 때로는 느릿느릿 여유 있게 헤엄
을 치면서, 서로의 생각을 나누기도 하고, 멈추고 잠을 자기도 했어. 아모
스의 집 근처의 해안에 닿기까지는 1주일이 걸리지. 그동안에 아모스와 보
리스는 서로에게 깊이 감동하게 되었어. 보리스는 아모스의 가냘픔과 떨리
는 듯한 섬세함, 가벼운 촉감, 작은 목소리, 보석처럼 빛나는 모습에 감동
했지. 아모스는 보리스의 거대한 몸집과 위엄, 힘, 의지, 굵은 목소리, 끝
없는 친절에 감동했고.

아모스와 보리스는 가장 친한 친구 사이가 되었어. 두 동물은 서로의 생
활과 꿈들을 이야기하기도 했지. 깊이 감추고 있는 비밀들도 나누었고. 고
래는 육지 생활을 아주 신기해했고, 육지에서 살아 볼 수 없음을 안타까워
했어. 아모스는 고래가 들려준, 바닷속 깊은 곳에서 일어나는 일들에 반했
지. 때로 아모스는 운동을 한다면서 고래의 등 위를 누비며 뛰어다녔어. 그
리고 배가 고프면 플랑크톤을 먹었지. 아쉬운 거라곤 소금기 없는 신선한
물뿐이었어.47)

그러나 둘은 함께 살 수 없는 운명이었습니다. 보리스는 바다를 헤엄쳐야 하는 고래이고 아모스는 뭍에서 뛰어놀아야 하는 생쥐이기 때문이지요. 운명의 소용돌이 속에서, 인생의 항해 속에서 짧은 순간 그들은 보리스의 세계인 바다에서, 아모스의 세계인 땅에서 잠시 조우하였습니다. 보리스의 세계에 아모스가 머물렀을 때, 보리스는 아모스를 도왔고 생명을 구했지요. 아모스의 세계에 보리스가 밀려왔을 때 아모스는 자기 자신의 힘을 넘어서 보리스의 생명을 구하고, 바다로 돌려보냈습니다. 그 둘은 이제 헤어졌지만, 만남 이후 그들 가슴 안에는 늘 서로가 있게 되었습니다. 이제 땅에서 사는 아모스가 눈을 들어 바다를 보는 것은 보리스의 눈동자와 마주하는 것이 될 것입니다.

> 보리스는 코끼리 머리 위에 서 있는 아모스를 돌아보았어. 거대한 고래의 두 볼 위로 눈물이 흘러내렸지. 조그만 쥐의 눈에서도 눈물이 흘렀고. 아모스가 찍찍댔어. "안녕, 보리스!" 보리스도 천둥처럼 소리를 질렀어. "안녕, 아모스!" 보리스는 파도 속으로 사라졌어. 아모스와 보리스는 서로 만날 수 없다는 것을 알고 있었지. 하지만, 서로를 절대로 잊지 않으리란 것도 알고 있었어.48)

어린이들도 사랑과 우정, 만남과 이별을 경험합니다. 아이들은 그 순간의 기쁨과 먹먹함을 『아모스와 보리스』 그림책과 같이 아름답게 표현한 글과 그림을 통해서 만나야 합니다. 점점 아스팔트 속에서 혼자 노는 아이들이 많아집니다. 친구를 그리워하는 마음, 타인을 소중하게 생각하는 마음, 함께 하는 기쁨과 감동을 일깨워 주는 콘텐츠들을 그들에게 보여주고 들려주어야 합니다.

『**행복한 청소부**』 모니카 페트 글 | 안토니 보라틴스키 그림 | 김경연 옮김 | 풀빛

초등 교과서에도 실렸다는『행복한 청소부』[49]라는 그림책도 학년에 관계없이 활용할 수 있습니다.

이 책은 독일의 거리에서 표지판을 닦는 청소부 아저씨가 주인공입니다. 아저씨는 어느 날 아이에게 거리의 이름들이 역사상 유명한 음악가들의 이름들임을 알려주는 엄마와 아이의 대화를 듣고, 자신이 청소만 했을 뿐 표지판에 나오는 유명한 음악가들이나 작가들에 대해서 하나도 모른다는 것을 깨닫게 됩니다. 그래서 거리 이름으로 남게 된 '글루크, 모차르트, 바그너, 바흐' 같은 유명한 음악가들의 음악을 듣기 시작하고, 작가들의 책을 도서관에서 빌려 읽기 시작합니다. 그렇게 조금씩 조금씩 즐겁게 공부한 아저씨는 이제 음악과 문학에 대해 풍부한 지식을 갖게 되었고, 사람들 앞에서 강연도 하게 되지요. '참 배움을 통한 참 행복의 이야기'라고 소개되는 잘 알려진 책입니다. '신자유주의'라는 우리의 논의와 관련해서 읽으면, 자신의 직업을 단지 돈으로만 환산되는 생계수단과 자신의 개인적 유익으로만 계산하는 이 시대의 직업관을 성찰하게 하는 그림책으로도 읽을 수 있습니다. 속도와 효율성, 단기적인 이익과 같은 신자유주의적 분위기 아래서 점점 사라져가고 있는 가치, 예를 들어 소명의식과 헌신과 같은 가치를 어린이들에게 일깨울 수 있는 거지요. 마틴 셀리그만의『긍정심리학』에도 이와 관련된 에피소드가 소개 되어 있습니다. 마틴 셀리그만은 친구의 병문안 차 병원에 갔다가 병원 청소부를 눈여겨보게 됩니다.

나는 의자에 주저앉아 그 청소부를 바라보았다. 그는 설경이 그려진 그림을 내리고 그 자리에 달력을 걸었다. 달력을 찬찬히 살피더니 아무래도 안 되겠던지 다시 달력을 내려 커다란 종이봉투에 집어넣었다. 그가 달력 대신 꺼낸 건 모네의 수련 그림이었다. 그는 그 그림을 원래 액자가 있었던 자리에 걸었다. 그러더니 윈슬러 호머 Homer, Winslow의 바다 풍경화 두 점을 꺼내 밥의 침대 맞은편 벽에 걸었다. 다시 밥의 침대 오른쪽 벽으로 가서 아래는 샌프란시스코 흑백 사진을, 위에는 화사한 장미를 찍은 컬러 사진을 걸었다.

"무엇을 하시는 분인지 여쭤 봐도 되겠습니까?"

나는 조심스레 물었다.

"제 직업이요? 저는 이 층을 담당하고 있는 청소부입니다. 매주 새로운 그림과 사진들을 가져오지요. 저는 이 층에 있는 모든 환자들의 건강을 책임지고 있는 사람이니까요. 선생님 친구분은 병원에 온 뒤로 아직까지 깨어나지 못하시지만, 의식이 돌아오는 순간 이 아름다운 그림들을 볼 거라고 믿습니다.50)

이 에피소드에 나오는 병원의 청소부가 자신의 직업을 단순히 바닥이나 화장실 변기를 닦는 역할로 인식했다면 그의 일상은 완전히 다른 모습이겠지요. 오늘날은 직업의 가치를 급료의 높고 적음이나 안정성, 명예와 권력과 같은 외적 기준으로만 환산하는 경향이 지나치게 강합니다. 무엇보다 '돈'이 직업으로 부터 오는 유일한 보상인 것처럼 여겨져서 일을 하면서 느끼게 되는 다른 충만한 경험들을 깨닫지 못하고 '돈으로만 계산하는' 풍조가 만연해 있습니다. 늘 자신의 '직장일'에 대해서 생각함으로써 가족들과의 시간도 즐기지 못하고 일중독이나 사회생활의 성공만을 최우선으로 추구하자는 이야기가 아닙니다. 신자유주의는 노동자의 '애사심' '자기계발'을 조장함으로써 노동자의 사적 시간까지도 점유하기도 한다는 의심을 받기도 합니다. 통신수단이 편리해지면서 사무실 밖에서도 업무와 끊임없이 연결되는 등의 폐해도 많지요. 그러나 일터에서의 시간을 기쁘게 보내는 것과 내 일을 최선을 다해서 하는 것이 '자본가의 이익'에 봉사하는 것이라는 류의 주장들은 비현실적으로 느껴집니다. 그런 주장들도 다른 방향에서 '돈'만을 기준으로 직업의 가치를 정하고 있는 것은 아닐까요? 존 로비는 '노동에서 벗어나면 벗어날수록 더 좋다'라는 식의 주장은 우리 시대 사이비 지식인의 태도라고 말합니다.[51] 제가 여기서 말하는 것은 "노동을 하지 않으면 삶은 부패한다. 그러나 영혼 없는 노동을 하면 삶은 질식되어 죽어간다."고 말했던 알베르 까뮈의 생각과 비슷합니다.[52] 더 나아가 자신의 일을 '소명'으로 바꾸는 비현실적인 꿈, 제가 늘 꾸는 꿈, 우리 학생들에게도 전달하고 싶은 가치이지요. 일터에서 만나는 동료들과 우정을 나누고, 내게 도움을 요청하는 사람들을 섬기면서도 오히려 더 보람 있고 기쁜 것이 세상이 말하는 것처럼 손해만 보는 장사일까요?

신자유주의 대항서사

자, 이제 제가 말하는 '대항서사'를 아이들과 나누라는 말이 그다지 어려운 이야기가 아니라는 것을 아시겠지요? 조금만 관심을 기울여서 살펴보면 우리 주변에서 신자유주의가 조장하는 인성과 가치들과 반대되는 삶에 관한 수많은 콘텐츠들이 있습니다. 『애너벨과 신기한 털실』[53]은 유아나 초등 저학년을 위한 그림책이지만 어리석은 어른들처럼 '돈'을 신으로 모시지 않은 멋진 소녀 애너벨을 만날 수 있습니다. 『프레드릭』[54]은 다른 들쥐들이 모두 일할 때 혼자만 일하지 않고 봄꽃과 가을 낙엽 같은 아름다운 '이야기'와 '색깔'을 모으며, 지루한 겨울이 되었을 때 친구들에게 그동안 모아둔 이야기들을 들려주는 '시인 프레드릭'에 관한 이야기 입니다. 신자유주

▶ 레오 리오니 글그림 |
최순희 옮김 |
시공주니어

▲ 맥 바넷 글 | 존 클라센 그림 |
홍연미 옮김 | 길벗어린이

의적 관점에서 프레드릭은 '잉여들쥐'이고 이윤을 창출하지 않는 '백수들쥐'
이지요. 그러나 이 이야기에서는 프레드릭은 '시 나부랭이'를 쓰는 '게으름
뱅이'로 구박받지 않는답니다. 친구 들쥐들은 한겨울에 따뜻한 햇살과 꽃
색깔을 꿈꿀 수 있도록 멋진 이야기를 들려주는 프레드릭으로 인해 행복해
하며 '프레드릭, 너는 시인이야!' 하고 감탄하며 말하지요. 우리의 무의식에
자리 잡고 있는 '개미와 베짱이' 이야기가 완전히 뒤집히는 유머 넘치는 책
입니다. 초등 고학년일 경우 『불량한 자전거 여행』55)이나 『우주호텔』56) 같
은 작품들을 통해 우리 사회를 살아가는 다양한 직업의 사람들, 소외 계층,
가족의 해체, 삶의 의미 등과 같은 굵직굵직한 주제들과 만나게 할 수 있습
니다.

　아이들에게 사회가 천편일률적으로 제시하는 길이 아닌 자신 고유의 소
명과 가치들을 좇으면서 살아간 인물들의 이야기를 많이 보여주세요. 꼭
위인전에 나오는 인물이 아니어도 좋습니다. '돈'이나 '자신의 작은 이익'이
아닌 다른 가치를 마음에 품고 일생을 살아간 사람들의 이야기를 많이 들
려주십시오. 또는 '잉여들쥐' 프레드릭처럼 자기만의 개성으로 자유롭게 살

아가며, 자신만의 재능으로 공동체에 기여하는 동화를 들려주십시오. 『나는 곰입니다』57)나 『똥 싼 할머니』58) 처럼 신자유주의적 가치가 팽배한 사회 속에서 잉여인간으로 취급되어가는 소외된 이웃들이나 병자들과 노인들에게 아이들이 관심을 갖도록 이야기들을 들려주세요.

아이들안에 있는 인간다움, 따뜻함, 위대함의 작은 씨앗들과 이런 이야기들을 만나게 해 주십시오. 비슷한 출세, 비슷한 의식주, 비슷한 사유방식으로 가득찬 집단주의 한국 사회 속에서 그들이 다음과 같은 생각들을 할 수 있는 어른으로 자라나도록 내면을 튼튼하게 키워주십시오

▲ 장 프랑수아 뒤몽 글그림 | 이주희 옮김 | 봄봄출판사   ▲ 이옥수 글 | 김병호 그림 | 시공주니어

나는 아무 의미도 없는 치열한 경쟁에 뛰어들고 싶지 않다.

나는 기계와 관료제의 노예가 되어 권태롭고 추악하게 살고 싶지 않다.

나는 바보나 로봇, 통근자로 살고 싶지 않다.

나는 누군가의 일부분으로 살고 싶지 않다.

나는 내일을 하고 싶다.

나는 좀 더 소박하게 살고 싶다.

나는 가면이 아니라 진짜 인간을 상대하고 싶다.

내겐 사람, 자연, 아름답고 전일적인 세상이 중요하다.

나는 누군가를 돌볼 수 있는 사람이 되고 싶다.[59]

4.2. 예술 교육과 미적 체험

다른 시간 경험: 미적 체험과 몰입의 시간 체험

저는 엉뚱하게도 신자유주의적 인격을 만들지 않기 위해서는 어린이 청소년들에게 '마음챙김'과 '명상'이나 '클래식 음악 감상, 고전회화 감상' 등과 같은 예술 교육을 강화해야 한다고 생각합니다. 이 주장의 근거는 앞서 다룬 신자유주의적 시간대, 시간 경험에 관한 논의와 관련됩니다. 한 마디로 이 시대의 '시간'은 표류하듯 산만합니다. 인간관계가 갈수록 피상적이고 단기간만 지속되는 것처럼 시간 또한 단기 프로젝트와 성과로 구획되고 그 속에서의 모든 경험들은 진중한 몰입 경험과는 거리가 멉니다. 흔히 우리는 시간을 '크로노스'로 인식합니다. 쉽게 말해 크로노스의 시간이란 1년이 365일, 하루가 24시간으로 구획되어 있다고 인식하는 거지요. 양적인 시간 개념입니다. 개인이 시간에 대해서 별 성찰 없이 살아갈 때, 시간이 숫자로 표현될 수 있고 그 객관적인 양이 모두에게 똑같이 주어진 실체처럼 인식합니다. 그러나 크로노스적 의미에서의 시간 개념은 어쩌면 편의상 만든 것에 불과하지요. '템푸스, 카이로스'와 같은 용어로 시간을 접근했던 고대의 철학자들이 말한 것처럼 한 개인이 주체로서 경험하는 시간은 객관적으로 측정되거나 인식될 수 있는 것이 아닙니다. 편리한 미디어 환경과 통신 기술, 스마트폰으로 인해 우리는 마치 '멀티테스킹'이 우리의 본성인 거처럼 여러 가지 일을 동시에 수행합니다. 컴퓨터 화면에 여러 창을 띄워놓고, 텔레비전 리모컨을 이리 저리 돌리며, 동시에 스마트폰으로 메시지를 확인합니다.

난 단지 내 정신 한 부분의 스위치를 켜고, 그 다음 이 창에서 저 창으로 이동하며 그때마다 다시 스위치를 켭니다. 한 창에서는 논쟁에 참여하고, 다른 창에서는 한 여자와 채팅하고, 그리고 다른 창에서는 업무용 스프레드시트를 처리하고 있을지도 모릅니다.60)

이와 같이 이 시대의 첨단 기술 환경과 신자유주의가 조장하는 인간상이 결합될 때, 이 시대의 새로운 '시간대'가 탄생하는 것입니다. 즉 우리 동시대인들의 시간 경험은 아이나 어른 할 것 없이 표류하고 산만하며 어쩌면 조작되고 있는 거지요.

이 시대의 지배적인 시간 경험 방식에서 잠시나마 벗어날 수 있는 것이 '예술과의 만남'에서 경험하는 시간입니다. 혹시 어떤 그림을 진정으로 만난 적이 있으세요? 어떤 선율에 나도 모르게 강렬하게 사로잡힌 적이 있으십니까? 그때의 시간 경험을 언어로 표현하면 어떻게 말할 수 있을까요? 송구하지만 제가 20년 전 그림과 처음으로 진정으로 만난 순간을 한번 들려드리겠습니다.

대학교 1학년 때 미국으로 배낭여행을 간적이 있다. 스무 살 삶의 생기와 기쁨, 입시 터널에서 나와서 자유롭고 충만했던 여행. 어느 날 우리 일행은 '시카고'에 들리게 되었다. 시카고의 미술관에는 유럽에서 수집해 온 근대 미술의 세계적인 명화들이 많이 소장되어 있다고 해서 그림에 관심은 별로 없었지만 '교양 공부' 겸 우리는 미술관에 들어가게 되었다. 안내 책자도 제대로 읽지 않고 순서 없이 오르락 내리락 뛰어다니며 그림들을 가볍게 구경하던 중 나는 어두운 벽면에 걸려있던 어떤 그림을 보게 되었다.

그리고 그 순간 나는 '눈물이 폭발하는 듯한' 감동에 사로잡히면서 내 생애 처음으로 그림과 만났다. 처음엔 그 그림을 그린 사람이 누군지도 몰랐다. 그저 가슴 속에 눈물이 폭발하는 느낌, 내가 겪을 혹은 인류가 필연적으로 겪을 미래의 슬픔까지 공감되었던 그림, 신체적으로 거칠게 표현해보자면 '머리 정수리 위 뚜껑이 열리고' '백회혈로 시원한 바람이 들어오는 느낌'과 유사하다고 할까. 시공간이 잠시 정지되는 무언가와의 만남이었다. 나는 처음 겪어보는 느낌에 당황하며, 가까이 가서 그린 사람과 제목을 보았다. 피카소(Picasso)라고 써있었다. 나는 잡지에서 보았던 큐비즘 계열의 그림들, 신체가 확장되고 비틀어진 추상화 만을 본 기억이 있었으므로 순간 무식하게도 다른 '피카소'인가 했다! 여행 이후 찾아본 책에서 나는 그 그림이 피카소가 가장 힘들고 외로웠던 파리에서의 젊은 시절, '청색시대'

파블로 피카소 Pablo Picasso
늙은 기타리스트 The Old Guitarist, 1903–1904년,
Art Institute of Chicago

라고 불리는 시절에 그렸던 것이라는 것을 알게 되었다.

미술 학원 한 번 안 다녀보고, 미술에 관한 책 한 권 읽어본 적도 없었던 내가 그림을 보면서 그런 '가슴이 철렁할 정도'의 감동을 받을 수 있을 거라고는 한 번도 생각해본 적도, 기대해 본 적도 없었다. 이런 강렬한 경험 이후 미술은 나에게 문학작품처럼 삶의 위로와 감동을 주는 예술 장르가 되었다. 언젠가 내 딸도 어떤 그림과 감동적인 만남을 체험하기를 소망한다. 「쇼생크 탈출」이란 영화에서 감옥 안에 울려 퍼지는 음악 한줄기가 죄수들에게 몇 초나마 구원의 수간을 선물하는 것처럼, 작가의 영혼이 투사된 모든 예술은 생활의 편리를 위한다며 우리의 외적 내적 공간을 잠식해나가는 '위대한 디지털 기기'들이 줄 수 없는 다른 차원의 열림과 감동을 선사할 것이다.[···] 61)

예술과의 만남이 아이들에게 얼마나 중요한지 보여주는 사례를 하나 더 소개하겠습니다. 세계적인 화가로 널리 알려진 마르크 샤갈이 어린 시절에 알브레히트 뒤러의 그림과 만난 이야기입니다.

러시아의 유대인촌인 비텝스크에서 보낸, 가난했던 어린 시절을 얘기하는 마르크 샤갈의 회상록에는 애절한 장면이 있다.

어느 날 아침, 교사가 누렇게 변한 종이 한 장을 들고 교실로 들어와 조심스레 펼치더니 벽에 붙인다. 뒤러의 〈기도하는 손〉이다.

이 그림 앞에서 아이가 받은 충격은 일상의 잿빛 단조로움을 깨뜨린다. 이때부터는 아이에게는 이전과 이후가 있게 된다.

이 그림은 아이에게 창조된 세상을 보게 했다. 그 세상은 전에도 존재했다! 아이가 주변의 현실 속에서 맞잡은 노파의 손을 얼마나 수도 없이 보았겠는가! 그러나 눈을 가졌다고 다 보는 건 아니다. 예기치 않은 충돌이 있

알브레히트 뒤러 Albrecht Dürer,
기도하는 손 Praying Hands, 1508, Albertina

마르크 샤갈 Marc Chagall
에펠탑의 신랑신부 The couple of the Eiffel
Tower, 1938-1939, Musée National d'Art
Moderne

마르크 샤갈 Marc Chagall
마을 위에서 Over the town, 1918,
Tretyakov Gallery

어야 한다. 시간과 공간 저 깊은 곳에서 다른 누군가가 당신에게 눈의 사용법을 깨우쳐 주어야 한다. 마르크 샤갈은 이렇게 탄생했다.[62]

뒤러의 그림은 어떻게 어린 소년 샤갈을 감동시켰을까요? 예술 작품과 자신 안의 무언가와 강렬하게 만나는 미적 체험은 언어로 설명하기가 참 어렵습니다. 뒤러는 1471년도에 태어난 독일 화가입니다. 뒤러가 노동으로 거칠어진 형의 손을 보고 감동하여 그렸다는 '전설'[63]이 전해지는 이 그림에서 뒤러는 직접 만들었다는 푸른 종이에 브러쉬와 검은 잉크를 사용하여 매우 사실적이면서도 아름다운 손을 묘사해내었지요.

제가 뒤러와 샤갈에 관한 이 이야기에서 또 주목하는 한 분이 계십니다. 그것은 바로 러시아의 척박한 마을에 부임한 어느 시골학교의 교사, 이름도 전해지지 않는 그 교사, 뒤러의 '기도하는 손' 그림을 인쇄한 꼬깃꼬깃한 종이 한 장을 교실 뒷편에 붙이시는 선생님입니다. 그리해 어린 샤갈의 세계에 파문을 일으키시는 선생님입니다.

이와 같이 진짜 예술 작품들은 작가가 작품을 창조하는 순간과 감상하는 이가 그 작품을 보는 순간의 시공간을 초월하여 교감하게 만듭니다. 천상을 연상시키는 경험이기도 하고, 마치 사랑처럼 사랑의 순간처럼 나 자신을 떠나게 만드는 희열이기도 하지요. 에고에서 풀려난 내가 시간과 공간의 한계를 초월하여 인류 문화의 '정수'들과 만나는 순간입니다. 그런 그림들, 춤들, 멜로디를 우리 아이들이 만나도록 안내해주십시오. 문화적으로 척박한 환경에서 지내고 있는 어린이들에게 이런 경험들은 더욱더 중요합니다.

언젠가 중학교에서 음악을 가르치시는 선생님과 이야기를 나눌 기회가 있었습니다. 그분은 지방 소도시 교육환경이 매우 척박한 작은 학교에서 근무하고 계셨는데 어느 날 교육부의 보조로 아이들과 함께 진짜 콘서트홀에서 열리는 음악회에 갈 수 있는 기회가 생기셨답니다. 그런데 표를 예매하는 과정에서 교무부장 선생님과 의견 충돌이 발생하셨다네요. 음악 선생님은 음악을 진짜로 만나고 느끼는 것이 어떤 것인지 아이들에게 꼭 경험하게 해주고 싶으셔서 예산 내에서 가장 좋은 좌석으로 예매하고자 하셨답니다. 그런데 교무부장 선생님은 어차피 아이들은 친구들과 딴 짓을 할 텐데 그리 좋은 좌석에서 관람할 필요가 있냐고 가격이 싼 좌석으로 일괄 구매하자고 하셨다네요. 저는 교무부장 선생님이 음악과 진짜 만나는 경험을 하셨다면 음악 선생님의 안타까운 마음을 이해하셨을 거라고 생각합니다. 청소년 시절에 미술이나 음악, 무용 등의 예술 장르들을 감상하고 그 과정에서 '무아지경'에 빠지듯 잠시나마 자신을 잊거나 지극한 즐거움을 경험해 보았다면 그것을 아이들의 몸과 마음이 기억하지 않을까요? 그리고 그 기억은 스마트폰을 밀어 올리면서 광고들과 웹툰 사이를 왔다갔다하는 삶보다 그들의 삶을 좀 더 귀하게 이끄는 동력이 될 수 있지 않을까요? 마틴 셀리그만은 "속도와 미래지향성을 중시하는 가치관이 우리 삶에 속속들이 스며들어 우리의 현재를 빈곤하게 한다. 휴대폰에서 인터넷에 이르기까지 현대의 첨단 기술은 대부분 더 빨리 더 많은 일을 해내게 하는 것들이다. 시간 절약과 미래에 대한 설계 때문에 우리는 현재라는 광대한 터전을 잃고 있다."[64] 라고 말합니다. 저는 마틴 셀리그만이 말하는 '현재'를 풀어 말하면 '몰입하는 이 순간'이라고 생각합니다. 한 가지에 오래 집중하지 못하는 우리 아이들, 입시 경쟁, 취업 경쟁에 내몰려 미래의 시간대만을 곁눈질하며 두려움 속에 사는 아이들에게 시간을 다르게 인식하고 경험하게 하는 길을 찾아야 합니다.

앞서 살펴본 바와 같이 우리는 예술과 진정으로 만나는 미적 체험을 하는 순간, 언어로 표현하기 힘든 희열과 감동을 경험하게 됩니다. 그런데 미적 체험은 단순한 즐거움을 넘어서 우리를 순화 시키며, 아이들에게는 감정 표현과 인성 교육이 되기도 합니다.

> 예술이 추구하는 '아름다움'의 뜻은 '알다', '깨닫다'이며, 진정한 아름다움이란 세계와 자기를 대면하게 함으로써 자기와 세계를 함께 깨닫게 하는 것이다. 이렇게 볼 때 '아름다움'은 '성찰', '세계인식'과 직결된다. 지극한 지어지선의 상태에서 예술성과 인문성은 한 인간에게서 내적인 통합을 이루게 되는 것이다. 어느 음악사 전공 교수가 세계적인 성악가 공연을 본 후 소감은 "그래 목소리 좋다. 노래를 잘하는구나" 정도의 느낌과 귀가했을 때 무언가 헛헛한 기분이었다고 한다. 그런데 몇 주 후 같은 장소에서 또 다른 성악가 공연을 본 후의 느낌은 완전히 다른 감동이었다고 한다. "아, 행복하다. 감동적이다. 나도 착하게 살아야겠다."라는 생각을 했다고 한다. 그 차이는 무엇일까? 어느 쪽이 예술적 경험을 하게 해준 것일까? 지극한 지점에서 예술성과 인문성의 통합적 현상을 우리는 종종 체험하게 된다. 단순히 노래 잘하기가 아니라 음악인으로서 더 나아가 예술인으로 느껴질 때, 기능이 아니라 미적 체험으로 다가오며, 인간 마음의 진정성과 숭고함이 전달되는 예술의 경지를 느끼게 될 수 있다.[65]

저는 예술을 통한 '미적 체험'이 신자유주의가 조장하는 가치들로부터 자유하기 위하여 정말 중요하다고 생각합니다. 서울문화재단에서 엮은 『미적체험과 예술 교육』[66]이란 책을 읽어보시길 추천합니다. 연극과 음악, 무용, 미술을 통한 미적 체험과 연관된 다양한 활동들이 소개되어 있습니다.

예를 들어 음악교육 부분에는 '암전 속에서 듣기' 활동이 나와 있습니다.

＊　＊　＊

활동 01. 암전 속에서 듣기

-암전, 공간의 불을 끈다. 참가자 모두 눈을 감고 귀를 통해 들리는 소리에
 만 집중한다.

-불필요한 대화와 동작은 삼간다. 3분여 동안 진행한다.

"인내심이 필요한 시간입니다. 철저하게 청각에만 집중을 해 보세요. 내
머릿속에 떠오르는 영상, 혹은 이미지들을 물리치세요. 내 귀를 통해 어떠
한 소리가 들렸는지 기억에 담아 두세요. 다른 불필요한 대화도 접어 두세
요. 불을 끄겠습니다. 캄캄한 어둠 속에서 눈을 감으셔도 좋습니다. 오로지
들리는 소리에만 집중하세요."67)

이것은 성인들과 진행된 사례이지만 초중고 아이들 눈높이에 맞추어 주
변의 소리들을 새롭게 느껴보고, 평소의 산만함에서 탈출하여, 침묵해보
고, 마음을 집중해보고, '소리의 여러 가지 풍경'을 관찰해보는 활동으로 시
도해 볼 수 있습니다. 암전 속에서 고전음악이나 현대음악의 한 곡을 아이
들과 집중해서 들어볼 수도 있습니다.

활동 02. 소리와 제목68)

-조명은 낮추고, 몇 가지 다른 음악을 들려준다.

-참가자들은 눈을 감고 들려주는 소리에 집중한다.

"이제부터 몇 가지 음악을 들려 드리도록 하겠습니다. 집중해서 소리를
들어보고, 들리는 음악에 어울리는 제목을 떠올려 보세요. 혹은 들리는 음
악소리가 연극이나 소설의 한 장면이라면 어떤 제목이 좋을지 생각해 보세
요. 조명을 낮추겠습니다. 빛이 밝으면 음악에 집중하는 데 방해가 되니까

요. 분위기도 가라앉히겠습니다. 음악소리가 더 크게 들릴 수 있도록. 자, 시작합니다."

음악감상 1.
피에르 앙리(Pierre Henry), 〈La ville〉. 'The city' 중 No. 1

학생 답변의 예
　■ "'미로'라는 제목을 생각했어요. 공포영화의 한 장면에서 들리는 음악 같았어요. 마치 영화 속 주인공이 제한된 시간 안에 탈출해야만 할 것 같은 느낌이라고 할까요? 규칙적인 시계 소리는 정해진 시간, 초조하게 길을 나선 주인공에게는 출구가 없는 위기의 상황 같았어요."
　■ "'미행'은 어떨까요? 시계 소리처럼 들리던 "똑딱" 소리가 여자의 구두 소리 같았어요. 또 미세하게 들리는 "윙-"소리는 누군가가 그 여자를 쫓는 소리고, 잡힐 듯 말듯 아슬아슬한 느낌도 들고요."

특히 서울문화재단에서 제시하고 있는 미적 체험 예술 교육의 11가지 목표들은 여러분이 수업 목표들을 설정하시는데 도움이 될 것입니다. 제게는 우리 아이들이 시대의 지배적 담론에 휘둘리지 않고 자신의 삶을 자유롭게 살아갈 수 있는 사람으로 성장하는데 이 목표들 하나하나가 소중한 내용으로 여겨집니다.

미적 체험 예술교육의 11가지 목표 69)
　① 예술 언어에 대한 문해력 갖기
　② 예술을 사랑하게 되기
　③ 자기개방과 자기성찰을 통해 자신과의 진정한 관계 발견하기

④ 발상의 전환 및 창의적 문제 해결력 기르기

⑤ 몰입할 수 있게 되기

⑥ 자기표현에 자신감 갖기

⑦ 타인과의 차이를 수용하고 함께 공동 작업을 할 줄 알게 되기

⑧ 충분히 느끼고 몸으로 표현하기

⑨ 주위의 사물이나 일상의 삶에 더 주의력을 가지게 되기

⑩ 자신의 한계를 뛰어넘는 도전적 성취감 가지기

⑪ 추상과 모호함에 대한 탐구심 가지기

이 목표들은 예술의 다양한 장르들에서 장르별 특성에 맞게, 우리 아이들의 발달 단계에 맞게 구체화 될 수 있겠지요. 교사들이 전문적인 예술교육을 받지 않았더라도 각 분야 별로 전문가들이 제안한 활동들이 소개된 책들을 참고하시면 됩니다. 『미술관 옆 사회교실』[70]이란 책에서는 유명 미술 작품들 감상과 사회과학 융합교육에 관한 아이디어들을 얻으실 수 있을 것입니다. 『교과서로 연극하자』[71]는 문학과 영화 애니메이션을 활용한 교육연극 사례 21가지를 소개합니다. 예술 교육의 교육적 가치에 대해 확신하신다면 수많은 콘텐츠와 교육 안내서들이 이미 존재한다는 것은 이미 아시지요? 이 시대는 교사들이 수업 시간에 활용할 수 있는 교육 자료의 양이 부족하지 않습니다. 자료들을 선별하는 우리 교사들의 안목과 노력이 중요하다고 생각합니다. 특히 교사들이 스스로 인문학과 예술교육의 가치에 대해서 확신을 가질 필요가 있습니다.

미국의 언론인 이었던 얼 쇼리스Earl Shorris는 노숙자들에게 인문학과 예술사 교육을 가르치는 운동을 주도했던 '클레멘트 코스The Clemente Course in the Humanities, 희망의 인문학'를 기획한 분으로 널리 알려져 있습니다.

얼 쇼리스가 클레멘트 코스에 대한 최초의 영감을 얻은 계기는 중범죄자 교도소에서 8년 이상을 보내고 있던 한 여성 재소자와의 대화를 통해서였다. 어느 날 교도소를 방문한 얼 쇼리스는 비니스라는 여성 재소자에게 '사람들이 왜 가난한 것 같나요?'라는 질문을 하였다. 고등학교 중퇴에 할렘가와 마약 치료센터를 전전하다 교도소까지 들어온 이 여성은 다음과 같이 말하였다.

"그 문제는 아이들 이야기에서부터 시작해야 합니다. […] 우리 아이들에게 '시내 중심가 사람들의 정신적 삶moral life of downtown'을 가르쳐야 합니다. 가르치는 방법은 간단합니다. 얼 선생님. 그 애들을 연극이나 박물관, 음악회, 강연회 등에 데리고 다녀주세요. 그러면 그 애들은 그런 곳에서 '시내 중심가 사람들의 정신적 삶'을 배우게 될 것입니다."

여기에서 '시내 중심가 사람들의 정신적 삶'이란 무엇일까. 얼 쇼리스는 그것이 '성찰적 사고 능력reflexive thinking'을 의미한다는 것을 깨닫는다. 셰익스피어와 같은 고전을 읽고, 역사를 배우고 예술을 감상하면서, 즉 '인문학을 배우면서' 사회적 약자들이 성찰 할 수 있는 힘, 사고력을 확장시킬 때, 그들은 서서히 인간으로서의 자율성과 존엄성을 회복하게 되는 것이다.72)

제가 이 글을 다시 인용하는 이유는 소외된 계층에 속하는 아이들을 가르치는 선생님들에게 '예술교육' 등이 얼마나 중요한지 다시 한 번 강조하기 위해서 입니다. 산간벽지에 일하시는 어느 초등학교 선생님은 반 아이들 중에는 지하철도 한 번도 못 타 본 아이들도 있다고 제게 말씀 하시더군요. 부모가 아닌 가난한 조손 가정의 아이들은 미술관이나 박물관, 뮤지컬 공연 관람 같은 체험을 할 기회가 매우 적을 겁니다. 이들에게 선생님들께서 예술을 통한 미적 체험을 하게 할 기회들을 찾아주셔야 합니다. 어릴 때 미적 체험을 통해 '진짜'의 감동을 만날 수 있도록 말이에요.

4.3. 광고와 언론에 대한 비판적 읽기 교육

모든 것을 돈과 이익으로 환산하는 것이 당연한 우리 사회 속에서 미디어는 이러한 신자유주의적 규범과 가치를 확산하는 주도적인 역할을 담당합니다. 유튜브와 SNS 같은 대안적 미디어들이 개인들의 다양한 의견들을 게시하는 것을 가능하게 한 것 같지만, 우리는 우리의 편리한 수단들, 기술적 통로들을 통하여 우리의 '자유'를 구가하면서 다른 사람들에게도 지배 담론으로 '자유'로와질 수 있게 도움이 되는 콘텐츠들을 생산해 낼 수 있는 역량이 있는 걸까요? 한마디로 우리는 점점 정신의 자유가 없는 사람들이 되어 갑니다. 점점 더 몸은 편하고 정신은 무력한 '관람자'가 되어 살아갑니다. 필립 보빗은 '시민으로서 시민의 역할은 대폭 줄어들고 관객으로서 시민의 역할은 늘어날 것이다'라고 했습니다.[73] 이 말이 설득력 있게 들리지 않으세요? 미디어가 '먹방'이나 '서바이벌 게임' 오디션 프로그램과 같은 리얼리티 TV 엔터테인먼트[74]들을 생산해내면 우리는 그것을 멍하니 관람하면서 내 삶의 치열한 고민들, 주변의 골치 아픈 문제들을 잊고 살아갑니다. 피곤한 하루의 스트레스와 긴장을 풀고자 재밌는 방송들을 보는 것이 무엇이 문제냐고 할 수도 있습니다. 그러나 문제는 돈과 권력과 같은 자신들의 유익을 위해서 미디어를 장악한 세력들이 우리를 이용한다는 것이지요. 아이들까지도 무차별적으로 이용 범위에 포함시키면서요. 그래서 우리는 갈수록 우매한 소비자와 시민이 되어갑니다.

문제는, 거칠게 말해, 주류 미디어가 내는 제도적 목소리가 특정 방식으로 작동하여 오늘날 사회적 설명의 언어와 정책 결정을 가로막으면서 간접적으로 신자유주의 담론의 지배를 강화하는 데 한몫 거드는지 여부

다.75)

　저는 청소년들을 대상으로 하는 노래 경연 오디션 프로그램을 정말 싫어
합니다. 이런 프로그램들은 주로 엔터테인먼트 회사의 대표나 연예인들이
판정단이 되어서 청소년들의 재능을 심판하고 그들의 운명까지도 좌지우지
하는 인상을 줍니다. 그래서 우리가 만든 대중문화의 모습이란 전혀 개성
없이 똑같은 바비 인형들이 오빠 부대들을 위해 허벅지와 몸을 거의 노출
하는 옷을 입고 똑같은 춤을 추어대는 것을 당연히 여기는, 청소년들의 선
망하는 직업이 연예인이 되는, 연예기획사들이 청소년들을 착취하여 배를
불리는 그런 구조만을 만들었을 뿐입니다. 누가 그들에게 우리 청소년들의
재능을 이용하고 그 재능까지 판정할 권리를 부여하였나요? 이런 프로그
램들이 확산시키는 것은 어떤 가치들일까요? 청소년들의 꿈과 재능은 이런
세력들의 이익을 위해 어떻게 조종되고 있는 것일까요? 시청자들은 이런
프로그램들을 보면서 '감동'하고 즐기면서 그 대가로 우리 아이들에게 어떤
가치관과 '문화'를 되돌려주고 있는 걸까요?

　한국 걸그룹이 외환위기 이후에 등장했다는 사실은 의미심장하다. 특히
한국 경제가 장기침체로 들어선 2000년 후반 등장한 원더걸스나 소녀시대
는 1990년대 후반의 S.E.S나 핑클 등의 '1세대 걸그룹'과 구별되는 특성을
보인다. 훨씬 어리고, 노출 정도가 심하며, 몰개성적이고, '리드보컬'의 개
념이 매우 약하거나 존재하지 않으며 대규모 오디션과 '연습생' 제도에 의
존한다. […] 한국 대중문화 연구자인 스티븐 엡스타인과 제임스 턴불이 《한
국 대중문화 독본(*Korean Popular Culture Reader*)》 기고문에서 잘 정리했
듯, 한국 걸그룹은 '순진', '애교', '수줍음', '수동성', '도발' 등의 특성을 갖
는다. 얼핏 보면 '순진', '수줍음', '수동성'은 '(성적) 도발'과 대치되는 듯하

지만, 사실은 모두 '도발'을 위한 장치일 뿐이다. 무기력한 남성을 도발하기 위해서는 순진하고, 여리고, 수동적인 여성 이미지가 필요하기 때문이다. […] 아이돌 바람을 일으킨 기획사 대표들에게는 몇 가지 공통점이 있다. 스스로 연예계에서 활동하며 발을 넓힌 중·장년층 남자들이라는 것이다. 이들은 경제위기 이전에 사회에 진출해 상당한 부를 축적한 기성세대면서도, '비정규직 세대'와 취향을 공유할 수 있을 만큼 젊다. 다시 말해, 아이돌 기획자들은 무력한 남성들의 욕망을 이해할 만큼 젊고 영악한 '동료 남자'들인 동시에, 이 수요를 가공해 상품으로 내놓을 수 있을 만한 돈과 연줄을 지닌 사람들이다. 반면에 대다수 젊은 세대가 지닌 건 욕망과 (아르바이트로 모았을) '미니앨범'을 겨우 살 주머니 푼돈뿐이다.[…]

과거의 아이돌 그룹은 각 구성원이 뚜렷한 개성을 지니고 있었고, 서로 구분되는 역할을 했다. 그로 인해 한 명이라도 빠지게 되면 그룹 전체가 타격을 받곤 했다. 한 멤버의 탈퇴로 그룹이 해체되는 경우도 흔했다. 그러나 2000년대 후반에 나타난 아이돌 그룹은 비슷한 키에 비슷한 몸매를 갖고 있고, 그룹 내의 역할도 차별성을 갖지 않는다. 이제 구성원은 언제라도 대체될 수 있는 '규격 부품'이 된 것이다.76)

위 글을 쓰신 강인규 선생님은 한국의 아이돌 시스템 이면에 가려진 기획사들의 횡포와 신자유주의적인 착취 구조에 대해서 강하게 비판합니다. 걸그룹은 연애하기조차 힘든 비정규직 세대, '88만원 세대에 기생하는 오빠 산업'이며, 이들을 양산하는 연예 기획사들은 아이돌에 열광하며 자신도 아이돌이 되고 싶은 청소년의 꿈을 이용해 자신들의 수익을 챙기며 우리 청소년들에게 잘못된 문화를 조장하는 역할을 하고 있다고 지적하고 있습니다.

이 모든 것이 당연한 것이 아님을, 우리 아이들이 미디어나 주변에 퍼져 있는 시대 문화의 메시지들에 자신의 목소리와 생각으로 '질문할 수 있는'

어른으로 성장할 수 있도록 우리 교사들이 깨어있어야 합니다.

　얼마 전 우리 언론을 도배했던 것은 '버닝썬이나 정준영의 몰카' 사건이었습니다. 2019년 3월 15일자 신문 1면을 보면 얼마나 미디어들에 대한 비판적 읽기가 필요한지 한 번 더 절감하게 되었습니다.

　같은 날짜에 발행된 중앙일보와 한겨레 신문의 1면입니다. 정준영과 버닝썬 사건 외 1면에서 다룬 기사와 제목 역시 각 언론사의 다른 관점을 나타내고 있는게 확연히 보입니다. 그런데 2019년 3월 15일자 중앙일보의 정준영의 모습과 같은 날짜의 한겨레 신문의 정준영의 모습은 '같은 정준영'

입니까? 한겨레 신문은 정준영이 갑자기 진심으로 참회하고 있으며 정준영과 비슷한 행태를 일삼는 일군의 남성들을 교화하여 '사이버 윤리'를 가르치고 싶었던 걸까요? 아니면 '정준영'에 대한 여성들의 분노가 좀 잠잠해지길 바라고 우리 사회의 다른 이슈들이 부각되기를 바라는 걸까요? 반대로 중앙일보는 여전히 반성의 기색을 찾아볼 수 없는 정준영의 '악마'같은 모습을 부각하고 싶었을까요? 그래서 중앙일보 관계자 들에게는 어떠한 유익이 있으며, 중앙일보를 즐겨 읽는 독자들의 취향에는 어떻게 부합하는 걸까요?

이 사건으로 다른 모든 이슈들이 잠잠해진다면, 이 사건에 대한 이미지와 담론들을 이용하고자 하는 세력들에 의해서 앞으로 더욱 더 활발히 생산이 되겠지요. 어떠한 방향으로 영상과 담론들이 생산되는지는 또 수많은 이해관계가 얽힐 것입니다. 이 모든 것들을 무비판적으로 수용하는 미디어 소비자가 되지 않도록 우리 아이들에게 '의심하도록, 질문하도록' 가르쳐야 합니다.

> 왜 질문하지 않는가? 왜 우리는 지배 권력인 학교와 지배자본인 미디어가 던져준 언어로만 생각하고, 왜 자기 언어로 질문하지 않는가? 학교의 언어는 누구를 위한 것이며 매일매일 방송은 누구의 입장에서 말하는 것이냐고 매번 질문해야 한다. 「매트릭스」의 주인공 '토마스 앤더슨'이 예수의 의심 많은 제자 '도마Thomas'의 비유이듯, "우리를 움직이는 것은 질문"이다. 질문이 세상을 바꿀 것이다.77)

4.4. 인성교육

인성교육의 중요성은 오래전부터 강조되어 왔으니 새로운 이야기는 아닙니다. 그러나 어느 지점을 중시하며 인성교육을 해야 할 것인가를 고민

할 때 오늘날 아이들이나 부모들의 인성, 어쩌면 교육자인 우리 자신의 인성에 폭 넓게 영향을 끼치는 '신자유주의'나 '기술사회'라는 사회적 맥락에 대한 이해가 없이는 문제의 핵심을 놓치는 것입니다. 특히 대한민국은 전 세계에서 유래가 없을 정도로 단기간에 경제 성장을 이루었고, 집단주의와 입신양명을 중시하는 유교의 가치관과 급격하게 진행된 자본주의가 결합된 특별한 문화적 배경을 가지고 있습니다. 그리고 IT강국으로서 스마트폰 보급률과 초고속 인터넷망은 세계 최고를 자랑합니다. 이래저래 앞으로 우리 나라의 어린이들과 청소년들은 전 세계 어느 나라보다 가장 새로운 시대, 즉 신자유주의나 기술 사회 담론에 침윤된 '인격적 특성'을 가장 뚜렷하게 보여줄 가능성이 높습니다.

대한정신건강의학회에서 2015년 발표한 조사에 따르면, 우리나라 성인 절반이 분노조절장애를 겪고 있다고 한다. 이 중 10퍼센트는 지금 당장 치료를 받아야 하는 상태다. 이러다 보니 내 차가 가는 길을 막는다고 삼단봉을 휘두르거나 비비탄을 쏘고, 홧김에 불을 지르고, 칼로 찌르고, 불친절했다고 욕설과 폭언을 퍼붓고, 아무 상관도 없는 사람에게 묻지마 폭행까지 하는 등 욱으로 인한 사건이 빈번해지고 있다. 이는 모두 분노조절장애, 충동조절장애다.

경제협력개발기구(OECE) 회원국 중에 자살률이 1위인 것도 이에 대한 연장선의 결과로 보인다. 이런저런 이유로 가슴 속에 억울함이나 한이 많이 쌓여 있다고 쳐도, 우리는 왜 이렇게 화를 많이 내게 된 걸까? 왜 이렇게 분노를 조절하지 못하게 된 걸까?

어떤 측면에서 보면 이것은 지난 몇 십 년간 우리가 눈부신 경제발전을 이루는 대신 등한시했던 것들의 복수인지도 모른다. '잘살아 보자'는 구호 아래 경제 발전만 바라보면서, 모든 삶에서 가장 최고로 추구한 가치가 생산과 효율성이었다. 보이지 않는 철학적 사고나 감성적인 면은 무시해왔다. 아이가 달리기를 하다가 넘어지면, 얼마나 다쳤는지 보다 빨리 벌떡 일어나서 계속 달리지 않은 것을 탓하는 분위기였다. 넘어진 채로 울고 있으면 바보라고 혼냈다. 모든 방면에서 '빨리' '1등' '성과'만 강조해 온 것이다."[78]

위 글은 소아·청소년 정신과 전문의인 오은영 선생님이 쓰신 것입니다. 오은영 선생님은 우리 어른들이 감정을 순화하고 조절하는 법을 배우지 못하고 부모가 되었고, 현재의 스마트폰에 심취해 사는 한국 앞으로 더욱 감정조절 안 되는 사람들이 늘어날 것이라고 경고합니다.[79]

이와 같이 감정 조절이 안 되고 광고나 언론이 제시하는 소비나 성공에 대한 지배 담론들에 휘둘리며, 미래에 대한 불안에 떠는 부모들 아래서 우리 아이들이 자라고 있습니다. 요즘 아이들의 인성 교육이 시급하다고 하는데 그것은 그 아이들을 키우는 부모들의 인성과 직결되어 있다는 것은 간과되고 있는 듯합니다. 교육열이 치열한 서울의 동네에서는 별 소문이 다 떠돕니다. 아이가 중학교에서 성적표를 처음으로 받아오자 화가 난 엄마가 자고 있는 아이의 머리카락을 가위로 다 잘라버렸다는 소문부터 엄마가 직장에 다니는 아이들은 피해를 준다고 각종 과외 팀이나 과제 팀을 짤 때 배제되고, 사는 아파트의 급에 따라 친구들이 만들어지기 때문에 비싼 월세를 감당하면서도 특정 아파트에 살기를 선택하는 부모들이 있다고 합니다. 이런 부모들을 지켜보면서 아이들도 부모의 가치관에 영향을 받겠지요.

한 쪽 끝에서는 부모가 역할을 제대로 해주지 못하는 어려운 가정의 아이들이 혼자 있는 시간을 스마트폰이나 인터넷의 게임들과 무분별한 콘텐츠에 빠져 집중력과 인성이 망가지고 있습니다. 또 한쪽 끝에서는 자식들을 사회의 주류에 편입시키는 것이 무한 경쟁에서 승자가 되게 하는 것이라 철썩같이 믿는 부모들에 의해서 아이들은 사교육 시장에 내몰리며 경쟁의 식만을 내면화하며 자라고 있는 중산층의 아이들이 있습니다. 이런 아이들을 지켜보며, 교육자로서 우리는 뭔가 잘못되어 간다는 것을 느끼지만 우리 개인이 할 수 있는 것은 별로 없다는 무력감에 빠지기 쉽지요.

> 가장 먼저 만연한 냉소주의를 버려야 한다. 냉소주의는 신자유주의 시스템을 배타적 진리로 생각하게끔 유혹한다. 대안이 없다는 동화, 즉 TINA 신드롬There Is No Alternative은 오늘날의 위기가 환상의 위기이기도 함을, 아니 무엇보다도 환상의 위기임을 잘 보여준다. 이로 인해 우리는 "이러고 살다 죽지 뭐", "주어진 환경에서 최선을 다하자" 같은 식의 숙명론적인 생각을 하게 된다. 이기주의, 경쟁의식, 공격성은 인간의 타고난 본성이다. 악의 평범함이 현실이다. 하지만 이타주의, 협력의지, 연대감, 요컨대 선의 평범함 역시 똑같은 우리의 본성이며, 이중 어떤 특징이 주도권을 잡느냐는 환경이 결정한다.80)

우리 교사들도 상황이 어쩔 수 없고, 우리가 할 수 있는 몫은 많지 않다는 절망 속에서 살아갑니다. 페르하에허가 위 글에서 말하고 있는 것처럼 '대안이 없다'라는 TINA 신드롬에 우리도 걸려있지요. 힘든 사회 속에서 마음이 병든 학부모를 만날 때는 차라리 무관심한 채 교사로서 최소한의 몫만 하고 살아가고 싶을 때가 많습니다. 그러나 우리는 아이들을 가르치는 선생님이니 지쳐도 계속해서 '희망'해야 합니다. 아이들에게 신자유주의 사회에서 맹렬하게 쏟아내고 있는 서사들과는 다른 서사들을 보여주고 들려주십시오. 속도와 생산성, 효율만을 강조하는 이 시대의 시간과는 다른 시간 경험을 하도록 해 주십시오. 아이들이 내적으로 자유로운 인간으

로 성장하고, 우리 스스로도 그러하도록, 때로 힘들어도 그렇게 삶을 걸어
갑시다.

글을 마치며

'돌아가는 세계의 정지된 지점'이란 문구를 어디선가 읽었습니다.

저는 세상이 너무 시끄러울 때, 특히 주변의 언어가 너무 거칠고, 우리의 영혼이 돌이킬 수 없을 만큼 황폐한 징후를 느낄 때, '돌아가는 세계의 정지된 지점'을 찾고, 그 지점 속으로 숨어들어서 살고만 싶습니다. 그러나 학생들을 가르치면서, 그들을 이해하고 도울 길을 찾다보면, 세상으로부터 은둔하여 좋아하는 책만 읽고 내 가족만 챙기며 살 수는 없음을 알게 됩니다.

이 책은 초중고 선생님들에게 제가 건네는 대화입니다. 여러분이 교단에서 처하고 있는 다양한 현실과 그 어려움을 저는 잘 모르고 지나치게 이상적인 방향만 떠들었는지 모르겠습니다. 그러나 저는 진심으로 초중고 선생님들이 제가 이 책에서 말하는 이 세 가지 주제들에 대해서는 성찰해보셔야 하며, 이 주제들과 연관된 내용들을 중심으로 교과 및 비 교과목에 녹여내어 아이들에게 가르쳐야 한다고 믿습니다.

이 책을 쓰는 동안 세상에서는 '버닝썬 사건'이나 국회의원들 간의 막말 싸움에 관한 얘기들로 시끄러웠습니다. 자신의 욕심을 채우기 위해 한 인간을 정신을 잃게 하는 약을 몰래 먹여 성폭행을 하고, 동의 없이 신체를 촬영하고, 또 이를 자랑하여 친구들과 공유하는 식의 일들이 어떻게 이렇게 만연하게 되었는지 모르겠습니다. 초등학생 때부터 친구를 몰래 촬영하고 엉망으로 포토샵해서 친구들과 공유한 후 그걸 놀이라고 생각하는 아이들은 커서 어떤 어른이 될까요? 매일 스마트폰을 6시간 넘게 하면서 밤에 잘 때도 스마트폰을 끄지 못하는 아이들은 종이책을 읽을 수 있을까요? 아이들의 언어와 생각의 재료들이 사이버 공간에서만 길어 올려 질 때 그들은 '사유의 힘'을 가진 어른으로 성장할 수 있을까요? 가짜 프로필 뒤에 숨어 사이버 공간에서의 채팅에 익숙한 사람들은 자신의 진짜 모습으로 진정한 인간관계를 시도해볼 수 있을까요? 남녀노소 할 것 없이 우리 시대 사람들이 하루의 시간을 보내는 방식, 인간관계를 맺고 유지하는 방식, 물건을 사고 소비하는 방식 등은 '시대의 트렌드'라고 하기에는 너무나 병든 모습을 갖고 있습니다. 여기에 동조할 수 없어서 여러분에게 이 말들을 건네야 했습니다.

닉 콜드리는 '목소리'를 신자유주의에 대항하는 중요한 개념어로 제안하는 학자입니다. 닉 콜드리는『왜 목소리가 중요한가-신자유주의 이후의 문화와 정치』라는 책에서 '목소리'를 다음과 같이 정의 합니다.

나는 '목소리'라는 용어를 다른 식으로, 그러니까 두 가지 수준으로 구별해서 사용하고자 한다. 즉 (우리에게 이미 상대적으로 익숙한) 과정으로서의 목소리와 가치로서의 목소리이다.[…] 가치로서의 목소리라 함은, (과정으로서) 목소리를 그 자체로 가치 있게 여기는 인간의 삶과 자원의 조직 틀을 가치 있게 여기며 또 가치 있게 여기기를 택하는 행동을 일컫는다. 목소리를 가치로서 다루는 일은, 인간의 삶과 자원을 조직하는 방식에서 자기 선택에 따라 목소리 가치를 실천에 옮기는 방식을 분별 있게 지지함을 의미한다. 이는 복수적이고 서로 연결된 목소리 과정을 약화하거나 부정하는 게 아닌 존중과 지지로 이루어질 수 있다. 목소리를 가치로서 다루는 일은, 신자유주의처럼 목소리를 부정하거나 약화하는 사회경제적, 정치적 조직 틀에 반대함을 의미한다.1)

즉 닉 콜드리에게 '목소리'는 '우리가 스스로에 관해 이야기 하는 내러티브 과정'이며, 더 나아가 신자유주의 담론들에 휘둘리지 않고 우리 자신이 주체가 되어 생산 해내는 내러티브의 힘을 인식하는 태도와 행동까지를 포함하는 개념입니다.2) 저는 개인적으로 TV도 안보고 SNS도 거의 안하며 온라인 쇼핑조차 안 해서 '중세인'이라는 별명까지 있는 사람이지만 교육자로서 제 '목소리'를 내지 않는 것은 책임을 다하지 않는 것이라 생각해서 감히 제 연구 분야를 넘는 주제들을 다루면서 이 책을 썼습니다.

저는 대학에서 만나는 학생들을 보면서 그들이 보낸 12년 동안의 공교육 기간은 어떤 시간이었을까를 종종 생각해보았습니다. 그 과정에서 제가 사랑하는 제자들과 여러분이 사랑하고 염려하는 제자들이 결국 같은 사람들이라는 단순한 깨달음에 이르렀습니다. 그리해 여러분과 같은 동료 의식을 가지고, 우리 모두 '교육자의 심장'을 가졌음을 믿어보며, 여기, 이 말들을 건넵니다. 19세기 덴마크에서 인간의 실존에 대해 고뇌하던 철학자 키에르케고르는 '나는 믿는다. 나는 말할 것이다Je crois, Je parlerai'라고 했다지요. 저는 아직 공부가 한참 부족한 사람이지만, 이 책은 제가 오늘날 우리 아이들의 교육을 위해 중요하다고 믿는 것들을 말한 것입니다. 저는 계속 관찰하고, 공부하고, 어눌할지라도 말하겠습니다. 여러분도 옳다고 믿는 것을 가르치시고 말하시길 바랍니다.

2019년 10월 정우향

미주

서문

1) 에드워드 할로웰, 『행복의 발견』, 김연수 옮김, 이레, 2003, pp.161-162.
2) 어빈 D. 얄롬, 『보다 냉정하게 보다 용기있게』, 이혜성 옮김, 시그마프레스, 2008, pp.198-199.

I. 회복탄력성

1) 레프 N. 톨스토이 글, 최숙희 그림, 『사람은 무엇으로 사는가』, 두레아이들, 2010.
2) *Oxford Advanced Learner's Dictionary of Current English*, p.1291, Oxford University Press, 2015.
3) 케네스 R. 긴스버그·마샤 M. 재블로우 지음, 『넘어져도 다시 일어서는 아이』, 안진희 옮김, 양철북, pp.36-37.
4) 조앤 보리센코, 『회복탄력성이 높은 사람들의 비밀』, 안진희 옮김, 이마고, 2011, p.27.
5) Aida Alayarian, 『트라우마 회복탄력성과 상담실제』, 김현아 외 공역, 시그마프레스, 2011, p.29.
6) 리기 웹, 『성공에너지 회복탄력성』, 임소연 옮김, 인사이트앤뷰, 2013, p.23.
7) 김주환, 『회복탄력성』, 위즈덤하우스, 2011, p.17.
8) 김주환의 『회복탄력성』 pp.46-57을 보면 자세히 소개되어 있다.
9) 김주환, 『회복탄력성』, 위즈덤하우스, 2011, pp.54-55.

10) 조앤 보리센코, 『회복탄력성이 높은 사람들의 비밀』, 안진희 옮김, 이마고, 2011, p.38.

11) 조앤 보리센코, 『회복탄력성이 높은 사람들의 비밀』, 안진희 옮김, 이마고, 2011, p.38.

12) 앞의 책 p.51에서 재인용.

13) 다이앤 L. 쿠투 외 지음, 『회복탄력성-실패와 위기에도 무너지지 않는 항체 만들기』, 김수미 옮김, 21세기 북스, 2018, pp.21-22.

14) '지적인 낙관주의자'는 옌스 바이드너의 책 제목이기도 하다.

15) 조앤 보리센코, 『회복탄력성이 높은 사람들의 비밀』, 안진희 옮김, 이마고, 2011, p.40.

16) 그리스어 어원을 가진 '로고스(Logos)'는 '의미(meaning)'라는 뜻이다. 로고테라피 (logotherapy, 의미치료)는 삶의 의미와 실존의 의미가 결여된 채 살아가는 사람을 다루는 심리 치료 방법이다. 『성장심리학』 pp.175-176에 설명되어 있다.

17) Duane Schultz, 『성장심리학』, 이혜성 옮김, 이화여대출판문화원, 2007, p.181.

18) 황주환, 『아주 작은 것을 기다리는 시간』, 생각의 나무, 2011, p.109.

19) Duane Schultz, 『성장심리학』, 이혜성 옮김, 이화여대출판문화원, 2007, p.184.

20) 넬슨 만델라, 『자유를 향한 머나먼 길』, 김대중 번역, 두레, 1994, p.902.

21) 앞의 책, pp.898-899.

22) 황주환, 『아주 작은 것을 기다리는 시간』, 생각의 나무, 2011, p.113.

23) 류시화, 『새는 날아가면서 뒤돌아보지 않는다』, 더숲, 2017, p.89.

24) 조앤 보리센코, 『회복탄력성이 높은 사람들의 비밀』, 안진희 옮김, 이마고, 2011, p.44.

25) 문정우, 『나는 읽는다』, 시사 in 북, 2013, pp.186-187.

26) 김주환, 『회복탄력성』, 위즈덤하우스, 2011, pp.70-71. 도표는 재구성하였다.

27) 앞의 책, pp.61-65.

28) 다중지능이론(multiple intelligences)은 하워드 가드너가 1983년에 제시한 것으로서 인간에게는 적어도 7가지의 비교적 독립적인 유형의 지능이 있다는 것이다.

29) 케네스 R. 긴스버그 & 마샤 M. 재블로우 지음, 『넘어져도 다시 일어서는 아이』, 안진희 옮김, 양철북, 2015, pp.35-48. 긴스버그와 재블로우의 책은 부모를 대상으로 '회복탄력성'을 설명한 것이며 질문 목록도 중복되는 내용이 많아 여기서는 교사입장에서 핵심적인 사항만 간추려서 정리하였다.

30) 앨리스 밀러, 『폭력의 기억, 사랑을 잃어버린 사람들』, 신홍민 옮김, 양철북, 2006, pp.93-94

31) 케네스 R. 긴스버그 & 마샤 M. 재블로우, 『넘어져도 다시 일어서는 아이』, 안진희 옮김, 양철북, 2015, p. 47-48

32) 에드워드 할로웰, 『행복의 발견』, 김연수 옮김, 이레, 2003, p.309.

33) 앞의 책, pp.314-315.

34) 긍정심리학은 1998년 당시 미국 심리학회 회장이었던 펜실베니아 대학교 심리학 교수인 마틴 셀리그만에 의해서 창시되었다. 마틴 셀리그만은 심리학이 인간이 가

진 병리적인 측면에만 집중하고 있던 시기에 인간의 긍정적인 심리와 미덕과 강점을 연구할 것을 강조하면서 긍정 심리학 발전의 토대를 확립하였다.

35) 마틴 셀리그만, 『긍정심리학』, 김인자·우문식 옮김, 물푸레, 2014, pp.191-192.

36) 앞의 책, pp.183-194.

37) 김주환(2011:148)의 표를 참고했으나 뜻이 명확하게 전달되도록 용어와 순서를 바꾸었다.

38) 최성애, 『나와 우리 아이를 살리는 회복탄력성』, 해냄, 2014, p.259.

39) 앞의 책, p.260.

40) 가로축은 호르몬계, 세로축은 자율신경계를 나타낸다. A칸은 큰 두려움이나 화가 났을 때, C칸은 에너지가 낮은 부정적 감정, 우울한 상태, B칸은 감정이 긍정적이면서 에너지가 높은 경우, D칸은 긍정적이지만 에너지는 낮을 때, 편안하고 차분한 상태를 가리킨다. 최성애(2014:73)는 32개의 감정카드를 네 칸 중에 배치하면서 감정을 인식하고 표현하는 활동을 소개하고 있다. 본 그림은 최성애(2014:73)와 HD행복연구소에서 사용하는 자료를 다시 그렸다.

41) 최성애, 『나와 우리 아이를 살리는 회복탄력성』, 해냄, 2014, pp.267-268.

42) 존 고다드 지음, 『존 아저씨의 꿈의 목록』, 임경현 옮김, 글담 어린이, 2015.

43) 박효남 외 글, 『나는 무슨 씨앗일까』, 샘터사, 2005.

44) 존 고다드 지음, 『존 아저씨의 꿈의 목록』, 임경현 옮김, 글담 어린이, 2015. pp.31-41.

45) 케네스 R. 긴스버그 & 마샤 M. 재블로우 지음, 『넘어져도 다시 일어서는 아이』, 안진희 옮김, 양철북, 2015, p.220.

46) 이보나 흐미엘레프스카, 『블룸카의 일기』, 이지원 옮김, 사계절, 2011.

47) 토미 웅게러 글 그림, 『곰인형 오토』, 이현정 옮김, 비룡소, 2001.

48) 강무홍 지음, 최혜영 그림, 『천사들의 행진』, 양철북, 2008.

49) 카트린 마이어 글, 아네테 블라이 그림, 『슬픈 란돌린』, 허수경 옮김, 문학동네, 2017.

50) 린다 월부어드 지라드 글, 로드니 페이트 그림, 『내 몸은 나의 것』, 권수현 옮김, 문학동네, 2017.

51) 제시 글 그림, 『말해도 괜찮아』, 권수현 옮김, 문학동네, 2018.

52) J. 슈타이너 글, J. 뮐러 그림, 『난 곰인 채로 있고 싶은데…』, 고영아 옮김, 비룡소, 2017.

53) 리기 웹, 『성공에너지 회복탄력성』, 인사이트앤뷰, 2013, pp.89-90.

54) 샤를로트 문드리크 글, 올리비에 탈레크 그림, 『무릎딱지』, 이경혜 옮김, 한울림 어린이, 2010. 책 내용 중에서 발췌하였다.

Ⅱ. 의사소통능력

1) Eric Sutter, "Pour une écologie de l'information", *Documentaliste-Sicences de l'information*, Vol. 35, n° 2, 1998, pp.83-86.
2) 데이비드 버킹엄, 『전자매체 시대의 아이들』, 정현선 옮김, 우리교육, 2004, p.4.
3) 이 부분은 정우향(2013:39-45)을 대부분 그대로 참고 하였다.
4) J. Rey-Debove, *Le Robert méthodique*, Le Robert, 1985, p.266.
5) Defays(2003:87)에 인용된 도표를 번역하여 재구성하였다.
6) 정우향(2013:39)에서 재인용.
7) 이 도표는 정우향(2011:176)에서 제시한 도표를 다시 재구성한 것이다. 작가의 세계와 독자의 세계 아래의 요소들(지위, 역할, 태도, 역사, 귀속집단, 참조집단)은 S.Moirand(1979:10)에서 제시된 것이다. 위 도표에서는 문어 의사소통에 초점을 두어서 작가의 세계와 독자의 세계로 표시되었지만 이를 구어 의사소통 상황으로 적용한다면 발화자의 세계나 청자의 세계로서 표기될 수 있다.
8) 정우향(2013:42)에서 제시한 도표를 수정하였다.
9) 정우향, 『소통의 외로움』, 한국문화사, 2013, pp.60-63.
10) Hymes, D.(1972), On communicative competence, in J. B. Pride & J. Holmes(eds), *Sociolinguistics*, Harmondsworth: Penguin Books, pp.269-293.
11) Canale(1980), Moirand(1982), J-P. Cuq et al(2003:245-246)등을 참조하였다.
12) 가비리노 원저, 『문화인류학의 역사』, 한경구·임봉길 역, 일조각, 2006, pp.73-74.
13) 패트릭 R. 모란(2004:37)을 주로 참고하였으나 빙산 모형을 변형하였다.
14) 패트릭 R. 모란, 『문화교육』, 정동빈 외 공역, 경문사, 2004, p.106.
15) 윤소영, 『프랑스학에 기반을 둔 대학 상호문화교육』, 박영story, 2016, p.53.
16) Ronald B. Adler & Russell F. Froctor, 『인간관계와 의사소통의 심리학』, 정태연 옮김, 교육과학사, 2015, pp.280-281.
17) 데이비드 버킹엄, 『전자매체 시대의 아이들』, 정현선 옮김, 우리교육, 2004, p.7.
18) 아비투스(habitus)란 동일한 집단이나 계급 구성원들에게 공통적인 인지, 개념, 행위의 도식을 말한다. 홍성민(2014)을 참고할 것.
19) 패트릭 R. 모란, 『문화교육』, 정동빈 외 공역, 경문사,2004, p.143.
20) 아마르티아 센, 『정체성과 폭력』, 이상환·김지현 번역, 바이북스, 2009, p.65.
21) 센(2009:67)에 따르면 "우선, 특정 정체성의 중요성은 사회적 맥락에 따라 다를 것이다. 예를 들어, 저녁 식사 모임에 갈 때는 채식주의자로서의 정체성이 언어학자로서의 정체성보다 더욱 중요할 것이다. 반대로 언어학자로서의 정체성은 언어학 연구에 대한 강연을 할 경우 특히 중요할 것이다". 즉 개인의 정체성은 필연적으로 '다원적 소속관계와 사회적 맥락'의 영향 속에서 구성되는 산물이다.
22) 질 베르분트, 『상호문화사회』, 장한업 번역, 교육과학사, 2012, p.50.
23) 장한업(2014), Pretceille(1999), Chaves et al(2012)를 참고하였다.
24) 엘렌 랭어, 『마음챙김』, 이양원 옮김, 더퀘스트, 2014, p.216.

25) 윤소영,『프랑스학에 기반을 둔 대학 상호문화교육』, 박영story, 2016, p.27.

26) 빌 조지 외 지음,『진정성 리더십』, 도지영 옮김, 21세기북스, 2018, pp.78-79.

27) 한국어문교육연구소·국어과교수학습연구소 편,『독서 교육 사전』, 교학사, 2006, p.245.

28) 노명완·박영목 외,『문식성 교육 연구』, 한국문화사, 2008, p.172.

29) 엄훈,『학교 속의 문맹자들-공교육의 불편한 진실-』,우리교육, 2012, p.9.

30) 앞의 책, pp.92-93.

31) 앞의 책, p.61.

32) 엄훈,『학교 속의 문맹자들-공교육의 불편한 진실-』,우리교육, 2012, p.10.

33) 앞의 책, p.29.

34) 앞의 책, p.317.

35) 이오덕,『어린이를 살리는 글쓰기』, 우리교육, 1996, p.5.

36) 니콜라스 카,『생각하지 않는 사람들』, 최지향 옮김, 청림출판, 2011, p.35.

37) 앞의 책, pp.35-36.

38) 앞의 책, p.101.

39) 앞의 책, p.22.

40) 앞의 책, pp.21-22.

41) 엄훈,『학교 속의 문맹자들-공교육의 불편한 진실-』,우리교육, 2012, p.332.

42) 앞의 책, p.332.

43) 앞의 책, p.338.

44) 엄훈(2012:318)에 따르면 "읽기 발달에서 나타나는 개인차는 많은 경우 시간이 지날수록 점점 심화되는 양상을 보인다. 읽기에서의 빈익빈 부익부 현상이라고 할 만한 이러한 경향으로 인해 환경적 요인의 차이에 따라 발생하는 취학 연령 무렵의 읽기 발달의 개인차는 학년이 올라갈수록 증폭되는 양상을 보인다. 그러므로 환경적 요인의 결핍으로 읽기 발달이 뒤처지는 아이들을 조기에 발견하여 필요한 교육적 지원을 해 주는 것이 매우 중요하다."

45) 앞의 책, p.318.

46) 노명완·박영목 외,『문식성 교육 연구』, 한국문화사, 2008, p.27.

47) 마이클 니콜스,『듣는 것만으로 마음을 얻는다』, 이은경 옮김, 한국경제신문, 2016.

48) 앞의 책, pp.113-114.

49) 정우향,『소통의 외로움』, 한국 문화사, 2013.

50) 정우향,『소통의 외로움』, 한국 문화사, 2013, pp.58-59.

51) 빌 맥고완,『세계를 움직이는 리더는 어떻게 공감을 얻는가』, 박여진 옮김, 비즈니스북스, 2014, p.14.

52) 앞의 책, p.26.

53) 앞의 책, pp.279-280.

54) 앞의 책, p.165.

55) 하임 G. 기너트,『교사와 학생사이』, 양철북, 1993, p.6.

56) 앞의 책, p.69.

57) 앞의 책, p.71.

58) 하임 G. 기너트, 『교사와 학생사이』에서 1) 87p, 2) 92p, 3) 102−103p, 4) 88p, 5) 112−114p, 6) 141p에 나온 예들이다.

59) 문휘창, 『K−전략』, 미래의 창, 2012, pp.4−24.

60) 정우향, 『소통의 외로움』, 한국 문화사, 2013, pp.56−57.

61) 하임 G. 기너트, 『교사와 학생사이』, 양철북, 1993, p.113.

62) 빌 맥고완, 『세계를 움직이는 리더는 어떻게 공감을 얻는가』, 박여진 옮김, 비즈니스북스, 2014, p.48.

63) 앞의 책, pp.47−52.

64) 앞의 책, pp.197−198.

65) 하이츠 야니쉬 글, 질케 레플러 그림, 『내 말 좀 들어 주세요, 제발』, 김라합 옮김, 상상스쿨, 2007, p.2.

66) 앞의 책, p.24.

67) 김미경, 『청소년을 위한 비폭력 대화』, 우리학교, 2013, pp.169−170.

68) 이정주, 『스마트폰 중독 이기는 아날로그 교육』, 중앙위즈, 2014, pp.147−148.

69) 읽기의 경우에는 내가 읽은 책을 쓴 필자나 등장인물들이며, 쓰기의 경우에는 내 머릿속에 잠재적으로 상정된 가상의 독자들이 해당된다.

70) 정우향, 『바흐친의 대화주의와 외국어 읽기 교육』, 박이정, 2011.

71) Christophe André, *La vie intérieure*, france culture, 2018, p.39.

72) 이민혜 글, 오정택 그림, 『너는 나의 달콤한 ㅁㅁ』, 문학동네 어린이, 2008.

73) 김영주 외, 『온작품 읽기』, 휴먼에듀, 2017, pp.196−198.

74) 앞의 책, p.39.

75) 앞의 책, p.35.

76) 앞의 책, pp.46−47.

77) 앞의 책, p.134.

78) Eugene H. Cramer & Marrietta Castle, 『행복한 독서를 위한 독서 태도 교육』, 이경화 외 옮김, 2017, 박이정, pp.147−148.

79) 김영주 외 글, 『온작품읽기』, 휴먼에듀, 2017, p.25.

80) 김미경, 『어린이를 위한 비폭력 대화』, 우리학교, 2015.

81) 김미경, 『청소년을 위한 비폭력 대화』, 우리학교, 2013.

82) 김미경, 『어린이를 위한 비폭력 대화』, 우리학교, 2015, pp.52−55.

83) 마셜 B. 로젠버그, 『비폭력 대화』, 캐서린 한 옮김, 바오, 2004.

84) 김미경, 『청소년을 위한 비폭력 대화』, 우리학교, 2013, pp.65−66.

85) 앞의 책, pp.66−67.

86) 김미경, 『청소년을 위한 비폭력 대화』, 우리학교, 2013, pp.70−71.

87) 앞의 책, p.186.

88) 앞의 책, p.209.

89) 마이클 니콜스, 『듣는 것만으로 마음을 얻는다』, 이은경 옮김, 한국경제신문,

2016, p.363.

90) 앞의 책, p.336.

91) 앞의 책, pp.118-120.

92) 앞의 책, pp.114-115.

93) 앞의 책, pp.94-95.

94) 스콧 펙, 『아직도 가야 할 길』, 최미양 옮김, 율리시즈, 1997, p.139.

95) 김용옥, 『도올의 도마복음 한글역주 3』, 통나무, 2017, p.89.

96) 나탈리 골드버그, 『글쓰며 사는 삶』, 한진영 옮김, 페가수스, 2010, p.228.

Ⅳ. 신자유주의

1) 닉 콜드리, 『왜 목소리가 중요한가』, 이정엽 옮김, 글항아리, 2014, p.353.

2) 앞의 책, p.55.

3) 리처드 세넷, 『신자유주의와 인간성의 파괴』, 조용 옮김, 문예출판사, 2002.

4) 파울 페르하에허, 『우리는 어떻게 괴물이 되어가는가』, 장혜경 옮김, 반비, 2017.

5) 리처드 세넷, 『신자유주의와 인간성의 파괴』, 조용 옮김, 문예출판사, 2002, pp.7-8.

6) 앞의 책, p.8.

7) 리처드 세넷, 『신자유주의와 인간성의 파괴』, 조용 옮김, 문예출판사, 2002, p.10.

8) 앞의 책, pp.10-11.

9) 앞의 책, p.26.

10) 앞의 책, p.26.

11) 앞의 책, p.17.

12) 앞의 책, p.40.

13) 리처드 세넷, 『신자유주의와 인간성의 파괴』, 조용 옮김, 문예출판사, 2002, p.45.

14) 애덤 스미스 원저, 러셀로버츠 지음, 『내 안에서 나를 만드는 것들』, 이현주 번역, 세계사, 2015.

15) 리처드 세넷, 『신자유주의와 인간성의 파괴』, 조용 옮김, 문예출판사, 2002, p.47.

16) E.F.슈마허, 『굿워크』, 박혜영 옮김, 느린걸음, 2011, p.80.

17) 리처드 세넷, 『신자유주의와 인간성의 파괴』, 조용 옮김, 문예출판사, 2002, pp.50-52.

18) 다음 국어사전에 따르면 인사이더(insider)라는 뜻으로, 각종 행사나 모임에 적극적으로 참여하면서 사람들과 잘 어울려 지내는 사람을 이르는 말이다. '인사이더'를 세게 발음하면서 다소 변형한 형태로 표기한 것이다.

19) 리처드 세넷, 『신자유주의와 인간성의 파괴』, 조용 옮김, 문예출판사, 2002, p.60.

20) 앞의 책, p.92.

21) 드니 디드로 외, 『백과전서 도판집 I』, 프로파간다, 2017. p.345.

22) 리처드 세넷, 『신자유주의와 인간성의 파괴』, 조용 옮김, 문예출판사, 2002, p.97.

23) E.F.슈마허, 『굿워크』, 박혜영 옮김, 느린걸음, 2011, pp.57-58.

24) 리처드 세넷, 『신자유주의와 인간성의 파괴』, 조용 옮김, 문예출판사, 2002, p.89.

25) 앞의 책, pp.140-141.

26) 파울 페르하에허, 『우리는 어떻게 괴물이 되어가는가』, 장혜경 옮김, 반비, 2017, p.124.

27) 리처드 세넷, 『신자유주의와 인간성의 파괴』, 조용 옮김, 문예출판사, 2002, p.33.

28) 파울 페르하에허, 『우리는 어떻게 괴물이 되어가는가』, 장혜경 옮김, 반비, 2017, pp.128-129.

29) 존 캐버너, 『소비사회를 사는 그리스도인』, 박세혁 옮김, ivp, 2011, p.74.

30) 앞의 책, p.64.

31) 2019년 3월 11일 SBS에 의해서 보도된 가수 정준영의 몰카 동영상 유포와 카카오톡 채팅방의 대화내용을 보면 일련의 문제들은 정준영 개인의 인성 문제에 국한된 것이 아니라는 것을 알 수 있다. 3월 12일 '디스패치'는 2016년 전 여자 친구의 몰카를 찍어 논란을 빚은 정준영이 기자회견 직전 지인에게 "죄송한 척 하고 올게"라고 말했다는 사실을 보도했다. 그때의 제보자에 따르면 "정준영이 무엇이 문제인지 모르는 거 같았다. 정준영에게 영상은 놀이였다. 몰카는 습관이었다."라고 하였다고 한다.

32) 파울 페르하에허, 『우리는 어떻게 괴물이 되어가는가』, 장혜경 옮김, 반비, 2017, p.250.

33) 앞의 책, p.191.

34) 앞의 책, p.221.

35) 존 캐버너, 『소비사회를 사는 그리스도인』, 박세혁 옮김, ivp, 2011, p.66.

36) 앞의 책, p.68.

37) 파울 페르하에허, 『우리는 어떻게 괴물이 되어가는가』, 장혜경 옮김, 반비, 2017, p.135.

38) 김고연주 외, 『친밀한 적』, 반비, 2010, p.9.

39) 앞의 책, p.145.

40) 신광은, 『자끄 엘륄 입문』, 대장간, 2010, p.232.

41) 존 캐버너, 『소비사회를 사는 그리스도인』, 박세혁 옮김, IVP, 2011, pp.72-73.

42) 장지오노 글, 프레데릭 백 그림, 『나무를 심은 사람』, 두레 아이들, 2002, pp.38-43.

43) 앞의 책, pp.50-51.

44) 김재홍 글 그림, 『동강의 아이들』, 길벗어린이, 2000, pp.27-28.

45) 윌리엄 스타이그 글 그림, 『아모스와 보리스』, 우미경 옮김, 시공주니어, 2013, pp.5-9.

46) 앞의 책 p.15.

47) 앞의 책, pp.20-21,

48) 앞의 책, p.32.

49) 모니카 페트 글, 안토니 보라틴스키 그림, 『행복한 청소부』, 김경연 옮김, 풀빛, 2018.

50) 마틴 셀리그만, 『긍정심리학』, 김인자·우문식 옮김, 물푸레, 2014, pp.290-291.

51) E.F.슈마허, 『굿워크』, 박혜영 옮김, 느린걸음, 2011, p.10.

52) E.F. 슈마허 책 『굿워크』의 속표지에서 인용. 박혜영 옮김, 느린걸음, 2015.

53) 맥 바셋 글, 존 클라센 그림, 『애너벨과 신기한 털실』, 홍연미 옮김, 길벗어린이, 2013.

54) 레오 리오니 글 그림, 『프레드릭』, 최순희 옮김, 시공주니어, 1999.

55) 김남중 글, 『불량한 자전거 여행』, 창비, 2009.

56) 유순희, 『우주호텔』, 해와 나무, 2012.

57) 장 프랑수와 뒤몽 글 그림, 『나는 곰입니다』, 이주희 옮김, 봄봄, 2012.

58) 이옥수 글, 『똥 싼 할머니』, 시공주니어, 2018.

59) E.F.슈마허, 『굿워크』, 박혜영 옮김, 느린걸음, 2011, pp.90-91.

60) 리처드 세넷, 『신자유주의와 인간성의 파괴』, 조용 옮김, 문예출판사, 2002, p. 195.

61) 정우향, 『너와의 시간, 당신과의 시간』, 엘도론, 2014, pp.89-91.

62) 크리스티안 생제르, 『그대 참 눈부시다』, 백선희 옮김, 다른세상, 2011, p.155.

63) 이 그림에 얽힌 인터넷에 떠돌아다니는 일화는 모두 역사적으로 확인할 수 없고, 출처도 명확하지 않은 것이다. 프랑스어와 영어로 된 자료들(인터넷 블로그들에서는 대부분 출처를 밝히지 않았고 P. lila Desy가 쓴 'History or fable of the Praying Hands Masterpiece'에서는 J. Greenwald의 'The legend of the praying hands by Albrecht Dürer'를 인용하였다고 밝혔다)에는 대부분 다음과 같은 일화가 소개된다. 뒤러는 형제가 18명이나 되는 너무나 가난한 가정에서 태어났는데 형인 Albert도 동생인 Albrecht도 모두 화가의 꿈을 가지고 있었다. 가난 때문에 도저히 형제 두 명 다 미술 공부를 할 수가 없었다. 둘이 동전 던지기 내기 끝에 동생이 이겼고, Albrecht는 형인 Albert의 도움으로 그림 공부를 계속 할 수 있었다. 반면에 형의 손은 갈수록 노동으로 거칠어져 뒤러가 그림 공부를 마치고 형을 도울 수 있었을 때는 더 이상 그림을 배우기에는 적합하지 않게 되었다. 이 일화에 따르면 뒤러의 작품 '기도하는 손'은 형의 헌신에 감동하여 형의 손을 그린 그림이라는 것이다. 반면에 한국어로 된 자료들에서는 대부분 이 일화가 뒤러의 그림 공부를 뒷바라지한 친구 한스의 헌신과 그의 손을 모델로 한 것이라는 사실 확인도 할 수 없고, 인용 출처도 밝히지 않은 일화들이 소개되고 있다.

64) 마틴 셀리그만, 『긍정심리학』, 김인자·우문식 옮김, 물푸레, 2014, pp.201-205.

65) 곽상근, 『현대인의 삶과 문화예술교육』, 집문당, 2016, pp.99-100.

66) 서울문화재단 엮음, 『미적체험과 예술 교육』, 커뮤니케이션북스, 2017.

67) 앞의 책, p.106. 사운드스케이프(soundscape)는 듣는 방향이나 대상에 따라 같은 시간과 공간에 있어도 제각기 다른 소리를 듣고 보는 체험을 말한다.

68) 앞의 책, p.111.

69) 앞의 책, p.178.

70) 이두현 외, 『미술관 옆 사회교실』, 살림, 2018.

71) 구민정·권재원 지음, 『교과서로 연극하자』, 다른, 2019.

72) 정우향, 『소통의 외로움』, 한국문화사, 2013, pp.194-195.

73) 닉 콜드리, 『왜 목소리가 중요한가』, 이정엽 옮김, 글항아리, 2014, p.138.

74) 닉 콜드리에 따르면 리얼리티 TV 엔터테인먼트는 "각본 없이 실제로 벌어지는 '현실' 상황을 주로 관찰자 시각에서 영상에 담는 장르로서 1990년대 이후 널리 유행하여 수많은 하위 장르를 낳았다."

75) 앞의 책, p.139.

76) 강인규, 『망가뜨린 것, 모른 척 한 것, 바꿔야 할 것』, 오마이북, 2012, pp.169-174.

77) 황주환, 『왜 학교는 질문을 가르치지 않는가』, 갈라파고스, 2016, p.199.

78) 오은영, 『못참는 아이, 욱하는 부모』, KOREA.COM, 2016, pp.43-44.

79) 앞의 책, pp.45-46

80) 파울 페르하에허, 『우리는 어떻게 괴물이 되어가는가』, 장혜경 옮김, 반비, 2017, p.251.

글을 마치며

1) 닉 콜드리, 『왜 목소리가 중요한가』, 이정엽 옮김, 글항아리, 2014, pp.16-17.

2) 앞의 책, pp.354.

■ 국내 서적

강인규, 『망가뜨린 것, 모른 척 한 것, 바꿔야 할 것』, 오마이북, 2012.

곽상근, 『현대인의 삶과 문화예술교육』, 집문당, 2016.

구민정·권재원, 『교과서로 연극하자』, 다른, 2019.

김고연주 외, 『친밀한 적』, 반비, 2010.

김미경, 『청소년을 위한 비폭력 대화』, 우리학교, 2013.

김미경, 『어린이를 위한 비폭력 대화』, 우리학교, 2015.

김영주 외, 『온작품읽기』, 휴먼에듀, 2017.

김용옥, 『도올의 도마복음 한글역주 3』, 통나무, 2017.

김주환, 『회복탄력성』, 위즈덤하우스, 2011.

나탈리 골드버그, 『글쓰며 사는 삶』, 한진영 옮김. 페가수스, 2010.

넬슨 만델라, 『자유를 향한 머나먼 길』, 김대중 번역, 두레, 1994.

노명완·박영목 외, 『문식성 교육 연구』, 한국문화사, 2008.

니콜라스 카, 『생각하지 않는 사람들』, 최지향 옮김, 청림출판, 2011.

닉 콜드리, 『왜 목소리가 중요한가』, 이정엽 옮김, 글항아리, 2014.

다이앤 L. 쿠투 외, 『회복탄력성–실패와 위기에도 무너지지 않는 항체 만들기』, 김수미 옮김, 21세기 북스, 2018.

데이비드 버킹엄, 『전자매체 시대의 아이들』, 정현선 옮김, 우리교육, 2004.

듀에인 슐츠, 『성장심리학』, 이혜성 옮김, 이화여대출판문화원, 2007.

드니 디드로 외, 『백과전서 도판집 I』, 프로파간다, 2017.

드니 디드로 외, 『백과전서 도판집 II』, 프로파간다, 2017.

러셀 F. 프록터 & 로널드 B. 아들러, 『인간관계와 의사소통의 심리학』, 정태연 옮김, 교육과학사, 2015.

류시화, 『새는 날아가면서 뒤돌아 보지 않는다』, 더 숲, 2017.

류이근 외, 『아동학대에 관한 뒤늦은 기록』, 시대의 창, 2017.

리기 웹, 『성공에너지 회복탄력성』, 2013, 인사이트앤, 2013.

리처드 세넷, 『신자유주의와 인간성의 파괴』, 조용 옮김, 문예출판사, 2002.

마셜 B. 로젠버그, 『비폭력 대화』, 캐서린 한 옮김, 바오, 2004.

마이클 니콜스, 『듣는 것만으로 마음을 얻는다』, 이은경 옮김, 한국경제신문, 2016.

마틴 셀리그만, 『긍정심리학』, 김인자·우문식 옮김, 물푸레, 2014.

문정우, 『나는 읽는다』, 시사 in 북, 2013.

문휘창, 『K-전략』, 미래의 창, 2012.

빌 맥고완, 『세계를 움직이는 리더는 어떻게 공감을 얻는가』, 박여진 옮김, 비즈니스북스, 2014.

빌 조지 외, 『진정성 리더십』, 도지영 옮김, 21세기북스, 2018.

서울문화재단 엮음, 『미적체험과 예술 교육』, 커뮤니케이션북스, 2017.

스콧 펙, 『아직도 가야 할 길』, 최미양 옮김, 율리시즈, 1997.

스콧 펙, 『그리고 저 너머에』, 황혜조 옮김, 율리시즈, 2011.

아마르티아 센, 『정체성과 폭력』, 이상환·김지현 번역, 바이북스, 2009.

아이다 알라야리안, 『트라우마 회복탄력성과 상담실제』, 김현아 외 공역, 시그마프레스, 2011.

알프레드 그로세르, 『현대인의 정체성』, 심재중 역, 한울, 2002.

얼 쇼리스, 『희망의 인문학』, 고병헌·이병곤·임정아 역, 이매진, 2006.

엄훈, 『학교 속의 문맹자들-공교육의 불편한 진실-』, 우리교육, 2012.

애덤 스미스 원저, 러셀로버츠 지음, 『내 안에서 나를 만드는 것들』, 이현주 번역, 세계사, 2015.

앨리스 밀러, 『폭력의 기억, 사랑을 잃어버린 사람들』, 신홍민 옮김, 양철북, 2006.

에른스트 F. 슈마허, 『굿워크』, 박혜영 옮김, 느린걸음, 2011.

엘렌 랭어, 『마음챙김』, 이양원 옮김, 더퀘스트, 2014.

오은영, 『못참는 아이, 욱하는 부모』, KOREA.COM, 2016.

유진 H. 크래머 & 마리타 캐슬, 『행복한 독서를 위한 독서 태도 교육』, 이경화 외 옮김, 박이정, 2017.

이기동 외 역, 『말의 모습과 쓰임』, 한국문화사, 2000.

이두현 외, 『미술관 옆 사회교실』, 살림, 2018.

이정주, 『스마트폰 중독 이기는 아날로그 교육』, 중앙위즈, 2014.

정우향, 『바흐친의 대화주의와 외국어 읽기 교육』, 박이정, 2011.

정우향, 『소통의 외로움』, 한국 문화사, 2013.

정우향, 『너와의 시간, 당신과의 시간』, 엘도론, 2015.

정우향, 『외국어와 문화의 소통 교육』, 박이정, 2016.

조앤 보리센코, 『회복탄력성이 높은 사람들의 비밀』, 안진희 옮김, 이마고, 2011.

존 고다드, 『존 아저씨의 꿈의 목록』, 임경현 옮김, 글담 어린이, 2015.

존 캐버너, 『소비사회를 사는 그리스도인』, 박세혁 옮김, IVP, 2011.

질 베르분트, 『상호문화사회』, 장한업 번역, 교육과학사, 2012.

최성애, 『나와 우리 아이를 살리는 회복탄력성』, 해냄, 2014.

케네스 R. 긴스버그 & 마샤 M. 재블로우, 『넘어져도 다시 일어서는 아이』, 안진희 옮김, 양철북, 2015.

크리스티안 생제르, 『그대 참 눈부시다』, 백선희 옮김, 다른세상, 2011.

파울 페르하에허, 『우리는 어떻게 괴물이 되어가는가』, 장혜경 옮김, 반비, 2017.

패트릭 모란, 『문화교육』, 정동빈 외 공역, 경문사, 2004.

하임 G. 기너트, 『교사와 학생사이』, 신홍민 옮김, 양철북, 1993.

한국어문교육연구소·국어과교수학습연구소 편, 『독서 교육 사전』, 교학사, 2006.

홍성민, 『문화와 아비투스』, 나남출판, 2014.

황주환, 『아주 작은 것을 기다리는 시간』, 생각의 나무, 2011.
황주환, 『왜 학교는 질문을 가르치지 않는가』, 갈라파고스, 2016.

■ 국외 서적

Bakhtine, M., *Le marxisme et la philosophie du langage*, Les Éditons de Minuit, 1977.

Christophe A., *La vie intérieure,* france culture, 2018.

De Carlo, M., *L'interculturel*, CLE international, 1998.

Defays, J. M., *Le français langue étrangère et seconde*, Mardaga, 2003.

Jakobson, R., *Essais de linguistique générale*, Les éditions de Minuit, 1963.

Hall, E. T., *La dimension cachée*, Le seuil, 1971.

Hymes, D., *Vers la compétence de communication*, Hatier, 1984.

Orvig, S., *les mouvements du discours*, Hartman, 1999.

Sutter, E., "Pour une écologie de l'information", *Documentaliste-Sicences de l'information*, Vol. 35, n° 2, 1998.

■ 그림 책 및 아동 청소년 도서 목록

강무홍 지음, 최혜영 그림, 『천사들의 행진』, 양철북, 2008.
김남중 글, 『불량한 자전거 여행』, 창비, 2009.
김재홍 글 그림, 『동강의 아이들』, 길벗어린이, 2000.
레오 리오니 글 그림, 『프레드릭』, 최순희 옮김, 시공주니어, 1999.
레프 N. 톨스토이 글, 최숙희 그림, 『사람은 무엇으로 사는가』, 두레아이들, 2010.
린다 월부어드 지라드 글, 로드니 페이트 그림, 『말해도 괜찮아』, 문학동네, 2017.
맥 바셋 글, 존 클라센 그림, 『애너벨과 신기한 털실』, 홍연미 옮김, 길벗어린이, 2013.
모니카 페트 글, 안토니 보라틴스키 그림, 『행복한 청소부』, 김경연 옮김, 풀빛, 2018.

박효남 외 글,『나는 무슨 씨앗일까』, 샘터사, 2005.

샤를로트 문드리크 글, 올리비에 탈레크 그림,『무릎딱지』, 이경혜 옮김, 한울림 어린이, 2010.

요르크 슈타이너 글, 요르크 뮐러 그림,『난 곰인 채로 있고 싶은데…』, 고영아 옮김, 비룡소, 2017.

유순희,『우주호텔』, 해와 나무, 2012.

윌리엄 스타이그 글 그림,『아모스와 보리스』, 우미경 옮김, 시공주니어, 2013.

이민혜 글, 오정택 그림,『너는 나의 달콤한 ㅁㅁ』, 문학동네 어린이, 2008.

이옥수 글,『똥 싼 할머니』, 시공주니어, 2018.

장 프랑수와 뒤몽 글 그림,『나는 곰 입니다』, 이주희 옮김, 봄봄, 2012.

제시 글 그림,『말해도 괜찮아』, 권수현 옮김, 문학동네, 2018.

카트린 마이어 글, 아네테 블라이 그림,『슬픈 란돌린』, 허수경 옮김, 문학동네, 2017.

토미 웅게러 글 그림,『곰인형 오토』, 이현정 옮김, 비룡소, 2001.

하이츠 야니쉬 글, 질케 레플러 그림,『내 말 좀 들어 주세요, 제발』, 김라합 옮김, 상상스쿨, 2007.

수업지도안

(창체)과 교수 · 학습 과정 안

충남 예산 대흥초등학교 교사 최하니

단원명	긍정의 나를 찾아서	일시	2018. 6. 21 5교시	대 상 (지도장소)	4학년 (4학년 교실)	지도 교사	최하니
본시 학습주제	감정·행동카드를 활용해 감정 표현하기						
학습목표	감정·행동카드를 활용해 나의 감정을 표현해시다.			수업모형 (수업형태)	일반 학습 모형		
지성·감성· 인성 요소 (핵심역량)	자아존중감, 자신감, 배려, 자긍심, 의사소통						
교수·학습 자료	교사	감정·행동카드, PPT					
	학생	보드마카, 지우개					

학습 단계	주요 활동	교 수 · 학 습 활 동		시 간 (분)	자료 및 유의점 협력 학습 기법
		교 사	학 생		
도입	동기 유발	◎ 학습 내용 동기 유발 • 모바일메신저 살펴보기 – 모바일메신저 대화에서 자주 등장하는 것은 무엇인가요?	◎ 학습 내용 동기 유발 • 모바일메신저 살펴보기 – 다양한 상태를 나타내는 이모티콘입니다.	5 5	• 모바일메신저 사진 1점
	학습 문제 확인	– 이모티콘이 어떤 상태를 나타내는 것 같나요? ◎ 학습 문제 확인	– 기쁜 상태, 화난 상태 등을 표현하는 것 같습니다. ◎ 학습 문제 확인		• PPT
		감정·행동카드를 활용해 나의 감정을 표현해봅시다.			
	학습 활동 안내	◎ 학습 활동 안내	◎ 학습 활동 안내		
		〈활동1〉 나는야 흉내쟁이 〈활동2〉 나만의 감정·행동 만들기			

학습 단계	주요 활동	교 수 · 학 습 활 동		시 간 (분)	자료 및 유의점 협력 학습 기법
		교 사	학 생		
전개	활동 1	◎ 〈활동1〉 나는야 흉내쟁이 • 감정·행동카드 살펴보기 – 감정카드와 행동카드 중에 자신이 원하는 카드를 각각 3장씩 골라봅시다. – 카드를 고른 이유를 이야기 해봅시다. • 감정·행동카드 흉내 내기 – 자신이 선택한 감정·행동 중 가장 마음에 드는 것을 한가지 씩 골라 흉내내봅시 다.	◎ 〈활동1〉 나는야 흉내쟁 이 • 감정·행동카드 살펴보기 – 감정카드와 행동카드 중 에서 각각 3장을 선택한 다. – 카드를 고른 이유를 말한 다. • 감정·행동카드 흉내 내기 – 자신이 선택한 감정카드 와 행동카드를 친구들 앞에서 흉내내본다.	15	• PPT, 감정·행동 카드 ※ 카드를 선택할 때 그 카드를 선택한 이 유를 간략히 설명할 수 있도록 지도한다. 감정·행동카드를 사 용해 수업을 진행하 는 동안 편안한 분위 기에서 스스로의 감 정을 이해할 수 있도 록 수업을 진행한다.
		◎ 〈활동2〉 나만의 감정·행동 카드 만들기 • 활동 순서 익히기	◎ 〈활동2〉 나만의 감정·행 동카드 만들기 • 활동 순서 익히기	15	• PPT, 색도화지 ※ 자신이 갖고 있는 장점을 다른 친구에게 나누어주며, 자신이 갖고 있지 않은 장점 은 다른 친구에게 선 물 받 는 과정임을 인 지하도록 한다. ※ 나의 장점이 친구 들에게 갖고 싶은 것 임을 느끼도록 한다. ※ 나의 많은 장점에 대해 감사함을 느끼도 록 한다.
		1. 나의 주된 감정을 표현할 수 있는 단어를 떠올린다. 2. 초록색 카드에 자신의 감정을 그림으로 그리고 카드 뒷 면에 감정을 표현하는 단어를 적는다. 3. 나의 감정과 관련된 행동을 떠올리고, 마찬가지로 초록 색 카드에 그림을 그린 뒤 단어를 적는다. 4. 친구들에게 자신이 그린 그림과 이유를 설명한다. 5. 친구의 카드 중 마음에 드는 카드와 자신의 카드를 교환 한다.			
		• 활동 후 느낌 발표하기 – 자신이 그린 카드 중 마음에 드는 카드를 자랑해봅시다. – 친구와 카드를 교환해 본 느 낌을 이야기해봅시다.	• 활동 후 느낌 발표하기 – 자신이 그린 카드를 친구 들에게 자랑한다. – 친구의 감정과 현재 상태 를 알 수 있었습니다. – 친구가 그린 감정·행동 카드가 나와 어떤 점이 다른지 알 수 있었습니 다.		

학습 단계	주요 활동	교 수 · 학 습 활 동		시 간 (분)	자료 및 유의점 협력 학습 기법
		교 사	학 생		
정리	학습 내용 정리	◎ 학습 내용 정리 – 자신의 감정을 그림으로 나 타내 본 느낌을 이야기 해 봅시다. – 친구와 카드를 교환하며 감 정을 공유해 본 느낌을 이 야기 해 봅시다.	◎ 학습 내용 정리 – 자신의 감정을 그림으로 나타내 본 느낌을 이야 기한다. – 친구와 카드를 교환하며 감정을 공유해 본 느낌 을 이야기한다.	5	• PPT
	다음 차시 예고	◎ 다음 차시 예고 – 다음 시간에는 감정·행동카 드를 활용 해 나의 감정을 말로 설명해보는 시간을 갖 겠습니다.	◎ 다음 차시 예고 – 다음 시간에 배울 내용을 확인한다.		

〈평가계획〉

평가 목표	자신의 감정을 적극적으로 표현 할 수 있는가?		
평가 방법	관찰평가	평가물	학습지
평가 내용	상	활동에 긍정적으로 참여하며, 자신의 감정을 이해하고 적극적으로 표현할 수 있다.	
	중	활동에 참여하며 자신의 감정을 이해하고 표현할 수 있다.	
	하	활동에 소극적으로 참여하여 자신의 감정을 이해하는데 어려움이 있다.	
피드백	자신의 감정을 파악하는데 중점을 두며, 카드를 교환해보는 심화활동을 통해 상대의 감정 상태를 헤아려볼 수 있도록 지도한다.		

(창체)과 교수·학습 과정안

서울 신정초등학교 교사 정다연

단 원 명	긍정의 나를 찾아서	일 시	2019. 3. 20. 5교시	대 상 (지도장소)	6-8 교실	지도 교사	정다연
본시 학습주제	나의 장점 찾고 감사하는 마음 가지기							
학습목표	'장점 선물하기' 활동을 통해 나의 장점을 찾아보고 감사하는 마음을 가져봅시다.			수업모형 (수업형태)		체험 학습 모형		
지성·감성· 인성 요소 (핵심역량)	자아존중감, 자신감, 배려, 자긍심, 의사소통						
교수·학습 자료	교사	PPT, 동영상					
	학생	포스트잇 2종, 색도화지, 학습지					

학습 단계	주요 활동	교 수 · 학 습 활 동		시간 (분)	자료 및 유의점 협력학습 기법
		교 사	학 생		
도입	동기 유발 학습 문제 확인 학습 활동 안내	◎ 학습 내용 동기 유발 ■ '강점을 찾아라' 동영상 시청하기 - 영상에 어떤 사람들이 나왔나요? - 그 사람들의 공통점은 무엇이었나요? ◎ 학습 문제 확인	◎ 학습 내용 동기 유발 ■ '강점을 찾아라' 동영상 시청하기 - 가수, 발레리나 등이 나왔습니다. - 자신이 잘 하는 것이 무엇인지 알고 노력했습니다. - 자신의 장점과 특징을 잘 알고 그것을 잘 살려 꿈을 이루었습니다. ◎ 학습 문제 확인	5	■ 동영상(4'30") ※ 등장인물들이 자신의 장점을 잘 알고, 잘 활용했음을 알도록 유도한다. ■PPT
		나의 장점을 찾아봅시다.			
		◎ 학습 활동 안내	◎ 학습 활동 안내		
		〈활동1〉 나의 장점 찾기 〈활동2〉 장점 선물하기			

학습 단계	주요 활동	교 수 · 학 습 활 동		시간 (분)	자료 및 유의점 협력학습 기법
		교사	학생		
전개	활동 1	◎ 〈활동1〉 나의 장점 찾기 ■나의 장점 생각하기 – 자신이 가진 장점을 4가지 정도 생각하여 학습지에 적어 봅시다. – 나의 장점 4가지를 포스트잇에 옮겨 적어봅시다. – 모둠친구들의 장점도 하나씩 포스트잇에 적어줍시다. – 모둠친구들이 적어준 나의 장점도 학습지에 적어봅시다. ■나의 장점 발표하기 – 자신이 생각한 장점 중 1가지, 친구들이 적어준 장점 중 1가지를 골라 발표해봅시다.	◎ 〈활동1〉 나의 장점 찾기 ■ 나의 장점 생각하기 – 자신의 장점을 4가지 이상 학습지에 적는다. – 나의 장점 4가지를 포스트잇에 옮겨 적는다. – 모둠친구들의 장점을 각각 적어 각 친구들에게 전해준다. – 모둠친구들이 적어준 자신의 장점을 학습지에 옮겨 적는다. ■나의 장점 발표하기 – 여러 가지 장점 중 마음에 드는 것을 골라 발표한다.	15	■ PPT, 학습지, 포스트잇 2종 ※ 내가 생각하는 장점과 모둠 친구들이 생각하는 장점을 각각 다른 색의 포스트잇에 적게 한다. ※ 전체 학생들이 신속하게 장점 2가지를 발표하도록 한다.
정리 및 확대 적용과 실천 생활화	학습 내용 정리 자기 평가 차시 예고	◎ 〈활동2〉 장점 선물하기 ■활동 순서 익히기 1. 내가 생각한 나의 장점 4가지와 친구들이 적어준 나의 장점 3~4가지를 색도화지 앞면에 붙입니다. 2. 색도화지를 들고 돌아다니면서, 친구들의 장점을 서로 읽어봅니다. 3. 그 중 내가 가지고 싶은 장점을 골라 교환합니다. (※ 단, 상대방도 동의해야 바꿀 수 있습니다.) 4. 교환하여 받은 장점 포스트잇은 색도화지 뒷면에 붙입니다. 5. 처음 갖고 있던 장점을 다 교환한 친구는 자리에 앉아 기다립니다.	◎ 〈활동2〉 장점 선물하기 ■활동 순서 익히기	15	■ PPT, 색도화지 ※ 자신이 갖고 있는 장점을 다른 친구에게 나누어주며, 자신이 갖고 있지 않은 장점은 다른 친구에게 선물 받는 과정임을 인지하도록 한다. ※ 나의 장점이 친구들에게 갖고 싶은 것임을 느끼도록 한다. ※ 나의 많은 장점에 대해 감사함을 느끼도록 한다.
		■ 활동 후 느낌 발표하기 – 새로 갖게 된 장점 중 가장 마음에 드는 것을 이야기해봅시다. – 이 활동을 통해 무엇을 느꼈나요?	■ 활동 후 느낌 발표하기 – 각자 마음에 드는 새 장점을 발표한다. – 내 장점이 누군가에게는 갖고 싶은 장점이란 걸 느꼈습니다. – 나에게도 많은 장점이 있다는 걸 알았습니다. – 친구들이 정말 다양한 장점을 갖고 있다는 걸 알았습니다. – 내가 이렇게 많은 장점을 가지고 있다는 것이 자랑스럽고, 감사한 일임을 느꼈습니다.		

〈평가계획〉

평가 목표		자신의 장점을 찾아 긍정적인 자아상을 형성할 수 있는가?		
평가 방법		관찰평가, 자기평가	평가물	학습지
평가 내용	상	'장점 선물하기' 활동에 적극적으로 참여하며, 자신의 장점을 잘 찾아 긍정적인 자아상을 형성할 수 있다.		
	중	'장점 선물하기' 활동에 참여하여, 자신의 장점을 찾을 수 있다.		
	하	'장점 선물하기' 활동에 소극적으로 참여하여, 자신의 장점을 찾는 데 어려움이 있다.		
피드백		잘 하는 점을 부각시켜 더 많은 칭찬과 격려를 통해 스스로의 장점을 찾을 수 있도록 한다.		

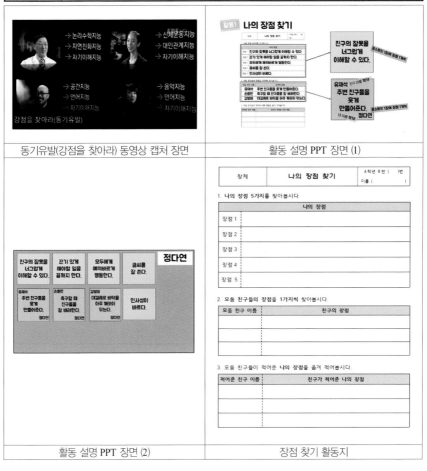

동기유발(강점을 찾아라) 동영상 캡처 장면	활동 설명 PPT 장면 (1)
활동 설명 PPT 장면 (2)	장점 찾기 활동지

장제	나의 장점 찾기

1. 나의 장점 5가지를 찾아봅시다.

나의 장점	
장점 1	색깔이나 선모양, 느낌까지를 미술 그리로 된 것을 잘 있다.
장점 2	운동을 좋아해서 뭐든지 할 수가 있다.
장점 3	준비물이 잘 챙긴다.
장점 4	친구들과 금방 친해진다.
장점 5	발표를 잘 한다.

2. 모둠 친구들이 장점을 1가지씩 찾아봅시다.

모둠 친구 이름	친구의 장점
신○서	재밌고 귀엽고 선생님말을 잘 듣는다.
김○희	운동을 잘 하고 달리기를 잘 잘한다.
이○니	친구들과 잘 어울리고 믿음직 스럽다.

3. 모둠 친구들이 적어준 나의 장점을 옮겨 적어봅시다.

적어준 친구 이름	친구가 적어준 나의 장점
신○서	그림을 잘 그린다.
김○희	친구를 잘 사귄다.
김○희	잘 먹는다.

〈장점 찾기 학습지 예시(1)〉

장제	나의 장점 찾기

1. 나의 장점 5가지를 찾아봅시다.

나의 장점	
장점 1	저는 사회, 과학, 수학을 잘합니다.
장점 2	저는 활달을 좋아서 발과 함으로 노련합니다.
장점 3	저는 한번 읽은 것 제까지 잘합니다.
장점 4	저는 친구들과 항상 ( ) 잘 어울린고 싸우지 않으려고 노력합니다.
장점 5	저는 운 내일이 활기차야 머리 준비 해 나요.

2. 모둠 친구들이 장점을 1가지씩 찾아봅시다.

모둠 친구 이름	친구의 장점
김○호	키가 크고 재미있다.
박○언	축하고 항상 새롭다.
박○석	똑같대로 할 잘 한다.

3. 모둠 친구들이 적어준 나의 장점을 옮겨 적어봅시다.

적어준 친구 이름	친구가 적어준 나의 장점
박○언	목소리가 크다
김○언	목소리가 크다
박○준	수학에 모든 문제가 있으면 잘 가르쳐 준다.

〈장점 찾기 학습지 예시(2)〉

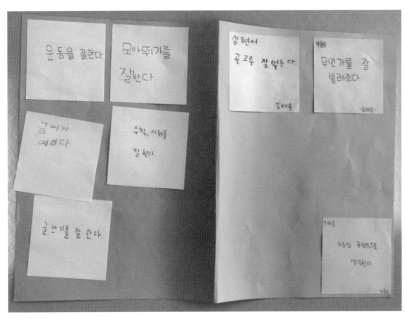

〈마음에 드는 장점을 선물로 받은 후 모아놓은 모습(1)〉

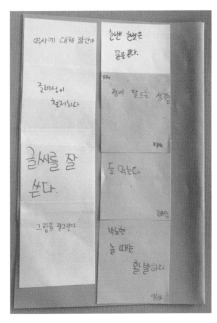

〈마음에 드는 장점을 선물로 받은 후
모아놓은 모습(2)〉

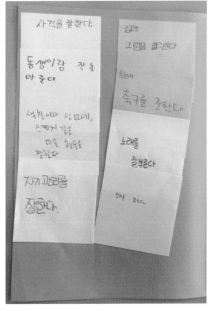

〈마음에 드는 장점을 선물로 받은 후
모아놓은 모습(3)〉

(국어)과 교수 학습 과정안

경남 창원 토월초등학교 교사 박선후

단원명 (차시)	4. 인물의 마음을 짐작해요(연차 시-9,10/10)	대상	2학년	지도 교사	박선후
배움주제	나와 친구들의 마음을 들여다보고 우리 반 마음사전을 만들어 봅시다.				
핵심역량	의사소통, 창의적 사고, 자기성찰 및 계발 역량				
성취기준	[국1234-2] 자신이 경험한 일에 대한 생각과 그렇게 생각한 까닭을 글로 쓸 수 있다.				
교수·학습 자료	PPT, 아홉 살 마음사전, 마음카드, 배움 활동지(마음사전 속지), 싸인펜, 색연필, 센터 피스, 토킹스틱, 포스트잇				

학습 단계	주요 활동	교수 • 학습 활동		시간 (분)	자료(▷) 및 유의점(※)
		교사	학생		
도입	마음 열기	◎ 마음열기 ■ 마음 짐작하기 – 화면에 등장하는 캐릭터나 인물의 행동, 표정을 살펴보며 어떤 마음일지 생각해 봅시다.	◎ 마음열기 ■마음 짐작하기 – 캐릭터나 인물의 마음을 짐작하여 이야기한다. 예) 라이언이 친구랑 싸워서 속상한 것 같아요, 어피치가 춤을 추는 게 신나는 것 같아요. 등	5	▷ PPT ※마음과 함께 구체적인 이유도 이야기할 수 있도록 유도한다.
	배움 문제 확인	◎ 배움 문제 확인	◎ 배움 문제 확인		
		나와 친구의 마음을 들여다보고 우리 반 마음사전을 만들어 봅시다.			
	배움 활동 안내	◎ 배움 활동 안내	◎ 배움 활동 안내		
		〈배움1〉 함께 읽어요 〈배움2〉 마음사전을 만들어요 〈배움3〉 마음을 나눠요			

학습 단계	주요 활동	교 수 · 학 습 활 동		시 간 (분)	자료 및 유의점
		교사	학생		
전개	배움 1	◎ 〈배움1〉 함께 읽어요 ■ 아홉 살 마음사전 읽기 – 아홉 살 마음사전 중 읽고 싶은 부분을 각자 1개씩 선 택해 봅시다. – 가위바위보로 읽을 순서를 정해 봅시다. – 그림 책 속 인물의 표정과 상황을 살펴보며 모둠 친구 들과 돌아가며 아홉 살 마음 사전을 읽어 봅시다. ■ 경험 떠올리기 – 선생님이 보여주는 마음카 드와 같은 마음이 들었던 경 험에 대해 이야기해 봅시다.	◎ 〈배움1〉 함께 읽어요 ■ 아홉 살 마음사전 읽기 – 아홉 살 마음사전을 살펴 보며 읽고 싶은 부분을 정한다. – 모둠 친구들과 읽을 순서 를 정한다. – 모둠 친구들과 돌아가며 아홉 살 마음사전을 읽 는다. ■ 경험 떠올리기 – 마음카드와 같은 마음이 들었던 경험을 떠올려보 고 발표한다.	10	▷ 아홉 살 마음사 전(그림책), 마음카 드 ※ 읽기에 어려움을 느끼는 학생이 있 는지 살펴본다. ※ 마음을 나타내는 말을 다양하게 접 하며 브레인스토 밍 할 수 있도록 한다.
	배움 2	◎ 〈배움2〉 마음사전을 만들어 요 ■ 우리 반 마음사전 만들기 – 여러 가지 경험 중에 친구들 과 함께 나누고 싶은 경험을 한 가지 골라 봅시다. – 그 때의 마음이 어땠는지 떠 올리며 마음을 표현하는 말 을 적어 봅시다. – 어떤 상황에 어떤 마음이 들 었는지 짧은 문장으로 표현 해 봅시다. – 그림으로 상황을 표현해 봅 시다.	◎ 〈배움2〉 마음사전을 만 들어요 ■ 우리 반 마음사전 만들기 – 친구들과 나누고 싶은 경 험을 한 가지 고른다. 예) 친했던 친구가 전학을 갔어요. – 그 때의 마음을 떠올리며 마음을 표현하는 말을 적는다. 예) 슬퍼요. – 짧은 문장으로 상황과 마음을 표현한다. 예) 1학년 때 친했던 친구 가 갑자기 전학을 가서 슬펐어요. – 그림으로 상황을 표현한 다.	25	▷ 배움 활동지, 색연 필, 싸인펜 ※ 마음을 표현하는 말을 떠올리기 어려워 하는 학생은 칠판에 부착한 마음카드를 참고할 수 있도록 한 다.

학습 단계	주요 활동	교수 · 학습활동 교사	교수 · 학습활동 학생	시 간 (분)	자료 및 유의점
전개	배움 3	◎ 〈배움3〉 마음을 나눠요 ■ 써클로 마음 나누기 – 책상을 밀고 의자만 가져와서 써클을 만들어 주세요. – 센터피스에 우리 반 친구들의 마음을 담은 종이가 놓여있습니다. 토킹스틱을 잡은 친구가 한 장 골라 와서 친구들에게 소개해 주세요. 그리고 같은 마음을 경험해 본 친구가 있는지 이야기 나눠 주세요. – 모두의 마음을 잘 나눴습니다. 이제 우리 반 마음을 모아 '우리 반 마음 사전'을 만들어 학급문고에 두도록 하겠습니다	◎ 〈배움3〉 마음을 나눠요 ■ 써클로 마음 나누기 – 써클활동 대형을 만든다. – 토킹스틱을 옆 친구에게 전달하며 서로 이야기를 주고받는다. 예) **토킹스틱을 가지고 있는 학생** – 00이의 마음은 '슬퍼요'입니다. 1학년 때 친했던 친구가 갑자기 전학을 가서 슬펐어요. 00이와 같은 마음을 경험한 친구 있나요? **같은 마음이 들었던 학생** – 저는 동생이 아플 때 슬픈 마음이 들었습니다.	30	▷ 토킹스틱, 센터피스 ※ 토킹스틱을 가지고 있는 사람(발언자)과, 나머지 학생(경청자)의 역할에 대해 충분히 이해할 수 있도록 한다. ※ 친구들의 다양한 경험과 마음을 충분히 나눌 수 있는 시간을 준다. ※ 학생들이 언제든지 우리 반 마음사전을 꺼내 읽어볼 수 있도록 학급문고에 비치한다.
정리	소감 나누 기	◎ 소감 나누기 – 친구들과 마음을 나누고 마음 사전을 완성한 후의 마음을 포스트잇에 표현하여 마음사전 표지에 붙여봅시다.	◎ 소감 나누기 – 포스트잇에 소감을 적어 표지에 붙인다. 예) **'신기해'** 마음이 이렇게 많을줄 몰랐어. **'뿌듯해'** 우리 반 마음사전을 만들어서 뿌듯해. **'재밌어'** 우리 반 친구들이랑 같이 하니까 재밌어.	10	▷ 포스트잇

〈평가계획-교사평가〉

평가 관점		경험을 떠올려 마음이 나타나게 우리 반 마음사전을 만들 수 있는가?
평가 방법		관찰평가
평가 내용 평가 내용 평가 내용	상	다양한 경험을 떠올려 자신의 마음이 나타나게 마음사전을 만들 수 있다.
	중	자신의 경험을 떠올려 마음사전을 만들 수 있다.
	하	자신의 경험을 떠올려 마음사전을 만드는데 어려움을 느낀다.
피드백		서로 협력하여 우리 반 마음사전을 완성하는 기쁨을 알게 하고 자신의 경험과 연관시켜 그 때의 마음을 떠올릴 수 있도록 한다.

〈평가계획-학생평가〉

핵심역량		의사소통 역량
평가 방법		동료 상호평가, 자기평가
평가 관점	상호평가	써클 활동을 하며 다른 친구의 생각을 잘 들었나요?
평가 관점	자기평가	써클 활동 중에 자신의 생각을 잘 전달할 수 있나요?
피드백		경청과 공감하는 자세로 친구들의 이야기를 들을 수 있도록 분위기를 조성한다.

▲써클활동을 하고 있는 모습 토킹스틱을 가지고 이야
기하고 있는 친구를 바라보며 경청하고 있는 아이들

▲그림책 아홉 살 마음사전

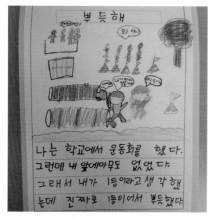

▲ '우리반 마음사전'의 내용 일부

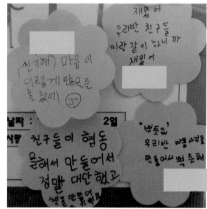

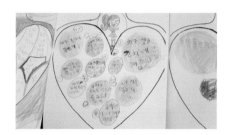

▲번외 마음그림 활동지 아이들의 감정을 어울리는 색깔과 간단한 상황으로 표현해보는 활동

▲번외 칭찬망토 활동을 하고 있는 아이들 친구들의 등에 붙인 종이 망토에 칭찬하는 말을 적어주는 활동

(도덕)과 교수 • 학습 과정안

울산 무거초등학교 교사 박진경

단 원 명	8. 우리 모두를 위하여	일시	2019. 2. 13.	대 상 (지도장소)	5-4 교실	지도 교사	박진경
본시 학습주제	함께하는 삶의 중요성을 알고 공익을 추구하려는 마음을 다지기						
학습목표	함께하는 삶의 중요성을 알고 공익을 추구하려는 마음을 다져봅시다.			수업모형 (수업형태)	가치 심화 수업모형		
지성·감성·인성 요소 (핵심역량)	공동체 역량, 의사소통 역량						
교수·학습 자료	교사	PPT, 동영상					
	학생	학습지					

학습 단계	주요 활동	교 수 • 학 습 활 동		시간 (분)	자료(▷) 및 유의 점(※)
		교 사	학 생		
학 습 문 제 인 식 및 기 유 발	동기 유발	◎'스카이 캐슬' 영상 제시하기 - 영상에서 어떤 모습을 보았습니까? - 이런 모습을 보니 생각이 드나요? - 우리는 어떤 마음을 가지고 살아가야 할까요?	◎ '스카이 캐슬' 영상 시청하기 - 공부를 위해 형제끼리 경쟁을 하는 모습이었습니다. - 경쟁이 너무 심한 것 같다는 생각이 듭니다. - 경쟁보다는 협동하는 마음을 가져야할 것 같습니다.	5	■ 영상#1(스카이캐슬, 1)
		◎ 학습 문제 제시하기	◎ 학습 문제 확인하기		
	학습 문제 확인	인물이 추구하는 삶에 비추어 **함께하는 삶**의 중요성을 알고 공익을 추구하려는 마음을 다져봅시다.			
	학습 활동 확인	◎ 학습 활동 안내하기	◎ 학습 활동 확인하기		
		〈활동1〉 쉐플러의 선택 〈활동2〉 만화로 돋보기! 〈활동3〉 나의 선택은?			

학습 단계	주요 활동	교수·학습활동		시간(분)	자료 및 유의점
		교사	학생		
가치 사례 제시 및 관련 규범 파악	〈활동1〉 쉐플러의 선택 (짝)	◎ '공익을 위한 적절한 기술' 영상 제시하기 – 쉐플러는 어떤 기술을 발명하였습니까? ◎ 짝 Q&A 활동 안내하기 – 영상을 보고 2가지 질문을 만들어 짝과 함께 묻고 답해봅시다. – 쉐플러는 왜 특허를 내지 않았습니까? – 쉐플러가 특허를 냈다면 어떻게 되었겠습니까?	◎ '공익을 위한 적절한 기술' 영상 시청하기 – 태양열을 이용한 조리기를 발명하였습니다. ◎ 짝 Q&A 활동하기 – (영상의 내용을 바탕으로 관련된 질문을 만들어 짝과 묻고 답한다.) –가난한 사람들이 조리기를 사용하게 하려고입니다. – 돈을 더 많이 벌었을 것입니다. – 가난한 사람들은 조리기를 사용하지 못했을 겁니다.	10	■ 영상#2(공익을 위한 적절한 기술, 4′05″) ■ 짝 Q&A 학습지 27장 ※학생들이 발표한 내용에서 자연스럽게 쉐플러가 사익을 추구했을 경우와 공익을 선택한 이유를 정리한다.
가치 규범 탐구 및 이해의 심화	〈활동2〉 만화로 돋보기! (개인, 모둠)	◎ 4컷만화 그리기 활동 제시하기 ① '쉐플러 같은 사람이 없었으면 어떻게 되었을까?'라는 질문에 대한 답변을 4컷 만화로 그려본다. ② 모둠원들과 만화를 공유하여 본다. ③ 모둠원들이 그린 만화내용을 바탕으로 '공익이 왜 중요할까?'에 대하여 모둠끼리 토의를 하여 한 가지 의견을 도출한다. ④ 모둠의 의견을 자석칠판에 적고 반 친구들에게 발표한다 – 만약 모든 사람들이 사익만을 추구한다면 사회의 모습이 어떨지 생각하여 4컷 만화로 나타내 봅시다. – 자신이 그린 만화를 모둠친구들과 함께 돌려봅시다. – 만화를 바탕으로 모둠원들과 함께 공익을 추구해야하는 까닭에 대해 토의해 봅시다.	◎ 4컷만화 그리기 활동하기 – 영상을 보고 생각한 것을 바탕으로 4컷만화를 그린다. – 친구들과 함께 만화를 돌려보며 생각을 나눈다. – 모둠원들과 공익을 추구해야하는 까닭에 대해 토의한다.	12	■4컷만화 학습지 27장 ※ 활동1에서 나온 질문으로 4컷만화를 그리도록 할 수 있다. ※학생들이 직접 산출한 만화컨텐츠를 통해 공익을 추구해야하는 까닭을 스스로 깨닫게 한다. ※ 토의의 과정을 통해 공익을 추구해야 하는 까닭에 대해 깊이 생각해 볼 수 있는 기회를 제공한다. ※ 토의 결과를 자석칠판을 이용해 반 친구들과 공유하며 다양한 생각을 접할 수 있게 한다.

학습 단계	주요 활동	교 수 · 학 습 활 동		시 간 (분)	자료 및 유의점
		교 사	학 생		
도덕 적 정 서 및 의지 의 강 화	〈 활 동3〉 나 의 선택 은? (개 인)	−여러분이 죽기 전 아주 많은 돈을 가지고 있다면 어떻게 할 것 같습니까? ◎ '나의 재산은 나만의 것이 아니다.' 영상 제시하기 −영상에서 무엇을 보았습니 까? −영상을 본 후에 자신의 생각 을 발표해 봅시다.	− 자식에게 물려 줄 것 같 습니다. − 다 쓰고 싶을 것 같습니 다. ◎ '나의 재산은 나만의 것 이 아니다.' 영상 시청하 기 − 자신의 재산을 많은 사람 들을 위해 쓴 사람들을 보았습니다. −저도 영상의 사람들처럼 저의 재산을 사회에 기 부하고 싶다고 생각이 바뀌었습니다.	10	■영상('내 재산은 나 만의 것이 아니다.' 3´25″) ■학습지 27매 ※영상을 보기 전과 영상을 본 후의 생각 을 학습지에 적어 생 각의 변화를 비교해 볼 수 있도록 한다.
정 리 및 확 대 적 용 과 실 천 생 활 화	학습 내용 정리 자 기 평가 차 시 예고	◎학습 내용 정리하기 −오늘 무엇에 대해 공부해 보 았습니까? ◎자기 평가안내하기 ◎차시 예고하기 −다음 시간에는 공익과 사익 이 충돌할 때에 올바른 판 단에 대해서 알아보도록 하 겠습니다.	◎학습 내용 정리하기 − 공익에 대해 알아보았습 니다. − 함께하는 삶이 왜 중요한 지 생각해 보았습니다. ◎자기 평가하기 ◎차시 확인하기 −(오늘 배운 내용을 떠올 리며 다음차시를 확인한 다.)	3	■배움공책

〈평가계획〉

평가 목표	공동체 의식을 갖고 공익을 추구하는 생활의 중요성을 종합적으로 이해하고, 일상생활에서 공익실현을 위해 노력하는 적극적인 태도를 지닐 수 있는가?		
평가 방법	자기 평가, 관찰 평가	평가물	학습지
평가 내용 평가 내용 평가 내용	상	공동체 의식을 갖고 공익을 추구하는 생활의 중요성을 이해하며, 일상생활에서 공익실현을 위해 노력하는 태도를 지닐 수 있다.	
	중	공동체 의식을 갖고 공익을 추구하는 생활의 중요성을 이해하며 단편적이지만 일상생활에서 공익실현을 위해 노력하는 태도를 지닐 수 있다.	
	하	공동체 의식을 갖고 공익을 추구하는 생활의 중요성과 일상생활에서 공익실현을 위해 노력하는 태도의 중요성을 이해한다.	
피드백	학생들이 공익을 실천하려는 의지를 다지고 실생활에서 실천할 수 있는 기회를 제공한다.		

3) 수업 단계별 지도 내용 및 수업 결과물
가) 동기유발

■ 드라마 '스카이 캐슬' 영상자료
형제 사이에도 더 높은 성적을 받기 위해 경쟁을 강요하는 모습을 통해 성과만을 중시하며, 이를 위한 경쟁을 부추기는 사회의 부정적인 면을 인지하게끔 한다. 이를 통해 함께하는 삶의 중요성과 공동의 이익을 추구하는 마음을 가지게 하는 학습목표를 학생들 스스로 도출하도록 한다.

나) 활동 1: 쉐플러 이야기

■ 지식채널e-적절한 기술
① 학습목표를 생각하며 지식채널e 영상을 시청한다.
② 영상을 시청하고 궁금한 점을 2가지 생각하여 학습지에 적는다.
③ 짝과 함께 서로 질문을 하고 답변을 한다.
④ 짝과 함께 질문과 답변한 내용을 반 친구들에게 발표한다.

질문과 답변 활동을 통해 학생들의 영상에 대한 이해도를 높일 수 있었다. 학생들은 단순한 내용 질문부터 영상의 내용을 바탕으로 상상력을 펼친 질문, 학습목표와 관련된 질문까지

▲ 활동 1 자료

다양한 질문들을 만들었다. 가능한 많은 학생들에게 만든 질문을 발표하고, 학습목표와 관련이 있는 질문은 반 전체 학생들이 답변을 하게 해 봄으로써 공익에 대해 생각해 보게끔 하였다. 우리 반의 경우 홍♡♡학생이 '쉐플러 같은 사람이 없었으면 어떻게 되었을까?'라는 질문을 만들었는데, 생각할거리가 많은 질문이라 생각되어 〈활동2〉의 4컷만화 그리기에 활용하였다.

다) 활동 2: 만화로 돋보기!

'공익'이란 개념이 초등학교 5학년 학생들에게는 생소한 개념이기에, 단원의 첫 차시에서 무작정 학생들에게 왜 공익이 중요한지 생각하도록 한다면 학생들은 어려움을 겪을 것이다. 그래서 〈활동1〉과 연계하여 쉐플러와 같은 사람, 즉 공익을 추구하는 사람이 없다면 사회가 어떻게 될 것인지에 대해 상상의 나래를 펼쳐보도록 했다. 친구가 그린 만화는 그 어떤 교육 콘텐츠보다 학생들의 눈높이에 딱 맞는 콘텐츠였다. 교사는 알아보기 힘든 만화들도 학생들 끼리는 서로 질문을 주고받으며 돌려보았다. 이 과정을 거친 후 학생들에게 '공익이 왜 중요한가?'에 대해서 토의해보게 하자, 학생들은 평소보다 수월하게 생각을 모았다. 수업이 끝난후 학생들의 학습지를 보니 학생들이 도출한 의견은 모두 직접 그렸던 만화의 내용과 상통했

▲ 활동 2 자료

다. 또한, 대부분의 모둠이 공익이 중요한 까닭에 대해서 비슷한 의견을 도출했다.

라) 활동 3: 나의 선택은?

- EBS culture 영상–내 재산은 나만의 것이 아니다.
① 만약 죽기 전 나에게 아주 많은 재산이 있다면 어떻게 할 것인지 학습지에 쓴다.
② 영상을 시청한다.
③ 영상을 시청한 후 재산을 어떻게 할 것인지 학습지에 다시 쓴다.

〈활동3〉의 의도는 학생들이 알고 있는 유명한 사람, 그리고 우리 주변에서 쉽게 볼 수 있는 사람들이 공익을 중시하는 모습을 보며 공익을 중요시하고 실천하는 것이 어려운 것이 아니라는 것을 알며, '공익'이라는 가치를 중시하는 삶의 태도를 다지게 하는 것이다. 학생들이 영상을 보기 전 생각을 실제 자신의 생각과 다르게 보여주기 위한 답을 적으면 어떡하지 하는 걱정을 했다. 하지만 학생들은 아주 솔직하게 자신의 생각을 적었다. 영상을 보고 다시 생각을 적을 것이라고 하자 "영상을 봐도 저는 똑같을 거에요!"라고 말하는 학생들도 있었다. 물론 실제로 그런 학생들도 있었다. 하지만 자신의 이익보다 공공의 이익을 중시하는 사람들의 영상을 보는 아이들의 눈빛에는 감동이 느껴졌다. 그 결과, 예상보다 많은 학생들이 조금이나마 나의 재산을 통해 공익을 실현하고자하는 방향으로 생각을 바꾸었다.

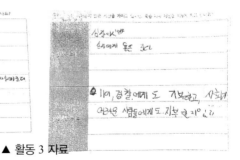

▲ 활동 3 자료

(창의적 체험활동)과 교수 · 학습 과정안

경남 진해 중앙초등학교 교사 양인선

대 상	6학년 학생	교과	창의적 체험활동		수업자	양인선
본시 주제	삶에서 중요한 가치 찾기				관련 교과	도덕
학습문제	삶에서 중요한 가치는 무엇인지 생각해보고 나의 삶의 태도 돌아봅시다.					

단계	학습 과정 내용	교수·학습 활동	자료(■) 및 유의점(−)
학습문제 인식 및 동기유발	동기유발	◎ '가치 TOP3' 작성하기 ㅇ 나에게 중요한 것들을 생각해보고 순위 매기기 − 가장 제일 이루고 싶은 것, 갖고 싶은 것, 지키고 싶은 것은 무엇인가요? ◎ 공감하기 ㅇ 만화와 책을 보고 드는 생각과 감정 나누기 − 〈공부하기 좋은 날〉을 보고 공감되는 부분은 어떤 곳인가요? − 〈동화 없는 동화책〉 속의 아이들은 어떤 상황인가요?	■학습지 − 학생들이 자유롭게 쓸 수 있도록 분위기를 조성한다. − 다양한 질문을 던지며 학습문제에 접근한다.
	학습문제 확인	◎ 학습문제 확인하기 삶에서 중요한 가치는 무엇인지 생각해보고 나의 삶의 태도를 돌아봅시다.	
	학습활동 안내하기	◎ 학습활동 확인하기 활동1 찰리와 초콜릿 공장 활동2 찰리에게 중요한 것 활동3 나에게 중요한 것	
도덕적 모범의 제시와 관련 내용 파악	[활동1] 찰리와 초콜릿공장	◎ 영화 감상하기 ㅇ 〈찰리와 초콜릿 공장〉 영화 감상하기 ◎ 내용 파악하기 ㅇ 〈찰리와 초콜릿 공장〉 내용 이야기하기 − 찰리와 초콜릿 공장의 줄거리를 이야기해봅시다. − 영화 속에서 마음에 드는 장면은 무엇입니까? − 영화 속의 등장인물들에 관해 이야기해봅시다.	■영화 − 등장인물의 행동이나 대사에 집중하면서 볼 수 있도록 한다.

		※ 참고자료 (영화 속 등장인물과 대사)	

"초콜릿 먹고 싶어? 그럼 가져오지."
식탐(욕심)을 절제하지 못하며 나눌 줄 모르는
아우구스투스 그룹

"그럼 지거든, 너처럼 패배자 돼."
매 순간 경쟁하고 1등만이 최고라고 생각하는
바이올렛 뷰리가드

"아빠! 다람쥐 사주세요."
가진 것에 만족하지 못하며 돈으로 무엇이든
만족시켜주려는 아빠를 가진 버루카 솔트

아저씨는 천재 같지만 바보라고요! 난 달라요"
단 기술을 폭력적이고 상업적인 용도로만
생각하는 마이크 티비

이미지 출처: 영화「찰리와 초콜릿 공장(2005)」중

"넌 어디서 행복을 얻니?" "제 가족이요."
가족('같이'의 가치)의 소중함을 알고 지키려고
노력하는 찰리 버켓

도덕적 모범의 탐구 및 감동 감화	[활동2] 찰리에게 중요한 것	◎ 도덕적 모범 탐구 ○ 등장인물들의 가치 파악하기 【 1단계 】	■학습지 – 활동 집단을 짝 →모둠→전체 로 점차 확대해 나간다. –'가치'의 정의에 관해 설명한다.

【 1단계 】

등장인물	성격	부족한 것	필요한 것	대사 바꾸어보기
아우구스투스				

– 등장인물 중 나와 비슷하다고 생각되는 아이는 누구입니까?
– 왜 그렇게 생각합니까?
– 등장 인물에게 부족한/필요한 것은 무엇이라고 생각합니까?
– 제시된 대사 중에서 골라 바꾸어봅시다.

		◎ 도덕적 감동 감화 ○ 주인공 '찰리'의 가치 살펴보기 【 2단계 】 | 찰리 버킷	중요하게 생각하는 것	이유
			  – '찰리'가 중요하게 생각하는 것은 무엇입니까? – 어떻게 알 수 있습니까? (말/행동)	– '찰리'의 가치를 이야기할 때 이유를 함께 말하도록 한다.
---	---	---	---
도덕적 정서 및 의지의 강화	[활동3] 나에게 중요한 것	◎ 도덕적 정서 ○ '가치 TOP3' 수정하기 【 가치 Top 3 】 수업 전 → 수업 후 1순위 / 이유 2순위 / 이유 3순위 / 이유 – '찰리'의 가치 중 내가 선택한 것과 비슷한 것은 무엇입니까? – '가치 TOP3'을 다시 보고 수정해봅시다. ◎ 도덕적 의지의 강화 ○ 내가 할 수 있는 일 생각하기 【 생활실천 점검표 】 | 가치	실천사항	날짜 / / / / /
			  – 나의 'TOP3'을 지키기 위해 내가 할 수 있는 것은 무엇입니까? – 생활 속에서 실천할 수 있는 '실천표'를 작성해 봅시다.	■학습지 – 가치를 수정하지 않는다면 그 이유를 설명할 수 있도록 안내한다. – 실천 가능한 행동들을 적는다.
정리 및 확대 적용과 실천 생활화	활동 정리	◎ 확대 적용 ○ 실천표 공언하기 – 실천표를 교실 뒤에 붙이고 친구들 앞에서 공언해봅시다. – 친구들의 실천표를 보고 친구를 격려하는 말을 합시다. ◎ 실천 생활화 ○ 실천표 점검하기 – 스스로 실천표를 보며 자신의 하루를 되돌아보는 시간을 가집시다.	■학습지 – 뒤에 게시하는 것은 학생들의 선택에 맡길 수 있다. – 아침 활동이나 점심시간을 활용한다.

268 · 소통의 시선

▣ 평가 계획

- 올바른 삶의 가치를 찾을 수 있는가?
- 올바른 삶의 가치에 관해 설명할 수 있는가?
- 실천 가능한 계획을 세울 수 있는가?

- 실천표를 생활 속에서 실천하고 있는가?
- 실천표를 보며 스스로 반성할 수 있는가?
- 삶의 가치를 탐구하는 태도를 보이는가?

성취수준		평가수준	평가방법
도덕적 주체로서 도덕적 삶의 중요성과 도덕적 행동을 하는데 필요한 것이 무엇인지에 대해 올바르게 이해하고, 삶의 목적과 행복에 대해 적극적으로 탐구하고 성찰할 수 있다.	상	도덕적 주체로서 도덕적 삶의 중요성과 도덕적 행동을 하는데 필요한 것이 무엇인지에 대해 올바르게 이해하고, 삶의 목적과 행복에 대해 적극적으로 탐구하고 성찰하며 이를 지속해서 실천할 수 있음	관찰 평가 및 자기 평가
	중	도덕적 주체로서 도덕적 삶의 중요성과 도덕적 행동을 하는데 필요한 것이 무엇인지에 대해 알고 있으며, 삶의 목적과 행복에 관해 탐구하고 성찰하며 이를 실천할 수 있다.	
	하	도덕적 주체로서 도덕적 삶의 중요성과 도덕적 행동을 하는데 필요한 것이 무엇인지 이해하며, 삶의 목적과 행복에 관해 탐구하고 성찰하며 이를 실천하려고 노력한다.